ハナ

ワンコリア道草回顧録

鄭甲寿

ころから

はじめに「ワンアジア」への挑戦

この本は、市民運動の回顧録としては、とても変わった書き方をしているかもしれない。1985年、「解放40周年」に始まったワンコリアフェスティバルの30年の歩みを振り返りつつも、ぼくの思想遍歴と現在の認識、未来への想像を行ったり来たりして書くというスタイルを取っているからである。過去、現在、未来をいわば寄り道するように書いたから、書名に「道草回顧録」と付けた由縁である。

ワンコリアフェスティバルが樹の幹だとすれば、根っこがある。近代の日本とコリアの関係の中で在日コリアン3世として生まれたことが、ぼくの根っこである。そこには植民地支配以来の民族差別とコリア南北の分断と対立が立ちはだかっていた。3つの国家の狭間の中で翻弄されてきた歴史があった。

だから、在日コリアンのアイデンティティは非常に複雑だ。コリア南北と日本は、歴史の断絶とともに、それぞれナショナリズムが強く、国民国家意識が強い。その上、地球上でもっとも単一民族意識が強い。

つい100年ほど前まで国旗も国歌もなく、共通語もなく、少し離れた地方の人間どうし言葉も通じなかったのに、今では、その国で生まれ、その国の言葉を話し、その国の国籍、パスポートを持てば、その国の人間であることはあまりに自明になってしまって、改めて自分が何人か考えることもないのである。

だが、それら3つの国家の狭間にいる、ぼくら在日コリアンにとって、それは自明ではないのだ。日本における差別と祖国の分断の中で、韓国国籍、朝鮮籍、日本国籍とバラバラであり、言葉も朝鮮語、韓国語が話せる人間は少ない。一方で、大人になってからやってきた1世は日本語の読み書きができないなど、社会的なハンディを負ってきた。だからこそ、国家とは、国民とは、民族とは何かを深く考えざるをえなかった。それは世界を考えることだった。

もうひとつの根っこがある。それは、大学生になったぼくが、文学、哲学に目覚め、世界に向き合ったことである。

そして世界の近代を徹底的に知らなければ自分を発見できないことに気付いたのである。とくに近代誕生の地ヨーロッパの思想を学び、批判して超えなければならないと。

ぼくが学生だった70年代後半、マルクス主義はすでに懐疑の目で見られ、そのマルクス主義を実存主義で補完し再生しようとしたサルトルの人気も落ち、構造主義とポストモダンが流行し始めた頃だった。

その時代に青年期を過ごしたこともあり、結果的にはフランス革命の理論的支柱となったルソー、そのフランス革命に人類の進歩を見たカントやヘーゲルの哲学に、ぼくはたどりついたのである。

ワンコリアフェスティバルの実践は、それまでぼくがしてきた政治的な運動や社会批判から、一見かけ離れたように見える。文化を中心としたフェスティバルであり、批判や反対を一切しないため、闘っているように見えない闘いだったのだが、それが新しい運動スタイルの創造でもあったのである。

だから、ぼくは今述べたような自分の思想遍歴のようなものを、少なくともワンコリアフェスティバルを始めてからは書くことはなかった。今回初めて書かせてもらったのである。それもまたワンコリアフェスティバルの根っこだからである。

さて、そんな根をもつぼくが、ワンコリアフェスティバルという樹にどんな花を咲かせたいと思っているのか。それは、「ワンコリアからワンアジアへ」である。

さっそく「道草」になるが、フランス革命によって、フランスは国民国家が典型的に成立した人類史上最初の国家となった。この時から、常に国家の内と外、国民と外国人が峻別されるようになり、それはあらゆる国家の仕組みによって強化されてきた。シンボルとして国旗、国歌が発明され、同じ教科書で行う教育と新しい書き言葉を流通させるメディアが、国民の共通の言葉を作り出し、共通の国民意識を不断に広めた。それは、わずか２００年の間に世界各国に広まった。

しかし、いまその国民国家を乗り超えようとする地域統合の動きが地球上に表われている。それが、第二次世界大戦後、国民国家誕生の地ヨーロッパからＥＣ（ヨーロッパ共同体）としてまず始まったことが意味深い。その動きが、北アメリカのNAFTA（北米経済機構）をはじめ、形態は多様だが、アジア、南米、中東、アフリカなど世界中に広がっている。

ＥＵ（ヨーロッパ連合）は、ギリシャの財政問題で揺れながらもしたたかに前進している。アジアにおいてもまた、自由と民主主義は進んできている。ついには、同じアジアの東南アジア諸国が、２０１５年12月に正式にヨーロッパについで「東南アジア共同体」を発足させる。「東南アジア共同体」は、ＥＵが「ヨーロッパ市民」を目的としているように、「東南アジア市民」を目的としている。すなわち、国民国家を超えた東南アジアにおける自由と民主主義の普遍的実現を目指している。

しかし、地球上で唯一、地域統合どころか、いかなる地域機構、地域システムも存在しないのが、ぼくたちが住む、コリア南北と日本、中国が属する東北アジア地域である。しかし、東北アジア地域も、地域統合に進まざるをえないだろう。そのためには、コリアは南北統一、日本はアジアに対する過去の清算を果たさなければならない。

ワンコリアフェスティバルは、１９９０年、冷戦終結とともに、いち早く「(東)アジア共同体」を掲げ、以来一貫して掲げ続けてきた。在日コリアンは、コリア南北、日本という3つの国家の狭間で翻弄されはしたが、だからこそ国家を超えた発想ができたと言えるだろう。そして、ワンアジアのためには当然のこととしてワンコリアが必要なのである。

歴史的な困難に挑むという考えよりも、当たり前のこととしてワンコリアを捉えると、それを乗り越える力の湧き方が違うようにぼくは思う。

歴史は、一歩前進二歩後退する時もあるが、１００年単位で世界史を見るなら、自由と民主主義は、確実に二歩前進一歩後退しながらも進んできた。それは、人間が自由を求めて闘い続けてきたからにほかならない。人類の歴史の発展は、停滞や回り道はあっても、来た道を戻ることはできないのであり、愚かにもそうしようとする者は、歴史から裁かれるしかない。

ワンコリアフェスティバルは、ここ日本に生を受けた在日コリアンが、ここから祖国に、東アジアに、世界の進歩の歴史につながる運動にほかならない。そして、本書は、そのチャレンジの記録である。

目次

【国名表記について】

本書では、朝鮮民主主義人民共和国を「北朝鮮」、大韓民国を「韓国」と表記しています。ただし、引用文については公表時の表記を使用しています（例：朝鮮民主主義人民共和国＝共和国）。

プロローグ

「甲寿《カプス》、人生には空手よりも大事なものがあるんやで」と、先輩は言った。

「何ですか？」と、ぼくは尋ねた。

高校時代からずーっと空手に打ち込んでいて、大学に入ったら思う存分空手ができるものだと思っていたのもつかの間、大学に入学した途端、先輩がやってきて、ぼくに「空手よりも大事なものがある」というのである。

先輩というのは、ぼくが通っていた建国小学校、そして中学校、高校の、ずっと2年上の先輩だった。

建国というのはいまも大阪にある、在日コリアンの生徒が通う民族学校である。小学校、中学校、高校の一貫教育なので、小学校の先輩は高校でも先輩だ。宋君哲《ソンクンチョル》氏が、その先輩だった。

建国に通っていたときから、先輩の甥がぼくの友人であることも手伝って、近しい仲だった。

先輩はぼくより2年前に同志社大学に入学しており、同じ京都の立命館大学に入ったぼくに、入学するや否や、学生運動の勧誘にやってきたというわけである。

「祖国統一や。祖国の統一のために、ぼくら在日朝鮮人も貢献する必要があるんや。甲寿《カプス》も空手ばっかりやってる場合と違うやろ」と言われてしまった。１９７４年のことだ。

そもそも、大学に入った動機が「空手を思う存分やる」ということだったぼくは、その場は、「そうですか」とだけ答えたが内心反発したものだった。

それでも一応顔だけは出すことにした。先輩が属していた団体は、在日本朝鮮留学生同盟（以下、留学同）という在日本朝鮮人総連合会（以下、総連）傘下の学生団体だった。

もともと12年間も民族学校に通っていたので、留学同であれ何であれ、民族団体に抵抗はなかったのだ。

それが、在日韓国学生同盟（以下、韓学同）や在日本大韓民国民団（以下、民団）系の団体であっても同じだったろう。ぼくにとって、自分が朝鮮人あるいは韓国人であることは自明であったからだ。

だから民団系ではなく、総連系の留学同に入ったのは偶然にすぎなかった。

実際、ぼくの建国の同期で関西大学に入った友人は民団系の韓学同に入り、その後委員長にまでなっている。

後で知ったことだが、建国出身者は、以前から民団、総連その他の団体を問わず、その入った団体で幹部にまでなった人材を数多く輩出していたのだ。

ぼくは、大学入学と共に否応なしに社会や政治と向き合うことになったが、それまではスポーツに明け暮れ、学校の部活でバスケットボールをして、夜は道場で住み込みながら空手に打ち込んでいた。

中学、高校とほとんど勉強せず、本も読んでいなかった。大学に行くつもりなど毛頭なかったのである。

そんなぼくに親はこう言って大学に行くよう説得にかかってきた。

「甲寿《カプス》、大学に入らんかったら、まともな就職口もない朝鮮人は一日中働かなあかんで。好きな空手どころやない言うとや。分かるか？　せやけどや、大学にさえ入れば、日本の大学は卒業が簡単やから、好きな空手も思う存分できるんや。それやったら親としても全面的に応援してやるで」と言われた。

この親の巧みなとも脅しとも思えるような説得に乗せられて、結局3カ月間にわか受験勉強をし、運良く立命館大学文学部・中国文学科に合格したのである。

中学、高校とまったく勉強せず（自慢にはならないが本当です）3カ月の勉強で立命館大学に通ったというと、すごく勉強ができたかと思われるかもしれないが、けっしてそうではない。

親から説得されて受験はしたが、ほとんど勉強せず、というよりあまりにも勉強の習慣がなかったので勉強の仕方も分からず、当たり前だが現役で受けた時はあっさり落ちた。

しかし、親は見捨てることなく、浪人してもう一度チャレンジしてみろと言った。予備校に行かせてやるからと。

それで行った予備校が、天王寺駅近くにあった天王寺予備校だった。

大学を目指して浪人した優秀な友人は、近くのＹＭＣＡ予備校に行ったものだが、その予備校にはぼくは到底入れる学力がなかったので、試験がない天王寺予備校に行ったのである。

予備校に行ったものの、そう簡単に勉強モードに入れるはずもない。しかも予備校に入って間もない5月初め頃だったと思うが、喧嘩をしてしまったのである。

ある日、ＹＭＣＡ予備校に行っていたぼくの友人２人が天王寺予備校に遊びに来てくれた。ＹＭＣＡ予備校と天王寺予備校は近所だった。

予備校の玄関付近の階段に座って3人で話していると、5メートルほど離れた飲料の自動販売機のそばにいる2人が、箒をゴルフのクラブ代わりにして、自動販売機の紙コップをボールに見立てて地面に置き、前を通る学生や通行人に向けて打ち出した。

紙コップが当たったり、すぐ側をかすめると学生や通行人は当然打った2人に振り向くが、彼らを見ると何も言わず立ち去ってしまうのである。それというのも、１人は１９０センチくらい、もう１人も１８０センチくらいあるガタイのいい、人相も恐そうな大きな男だったからである。

ここで喧嘩するわけにもいかず無視していたが、通行人が途絶えた時、彼らは紙コップをこちらに飛ぶように方向を変えて置き、箒を持って構えるのが視野に入った。

まさかこっちに打つ気かと、ぼくらは顔を見合わせた。

こちらは3人、相手は2人、しかし彼らは5、6人のグループに対しても同じことを平気でしていた。よほど喧嘩に自信があるようだった。

しかし、ぼくらの通っていた建国は、大阪で喧嘩が強いことでも有名な学校だった。

ぼくの友人２人も大阪で1、2を争うサッカーの強豪校だった建国で、２人ともレギュラーで、しかも1人はキャプテンまで務めたほどで、２人とも運動神経抜群だった。

気も強く、もちろん喧嘩も強かった。しかし、2人とも身長は170センチくらいでそれほど大きくはない。ぼくは165センチだ。

彼らを睨んで牽制したが、彼らはなんら躊躇することなく打ってきたのである。

完全になめられている。やむをえずぼくが彼らに向かって「誰に向けてやっとんじゃ、こらあ!」と怒ると、「なんや、こらあ、やるんか!?」と言うので「当たり前やろ」と当然のように喧嘩をすることになった。

場所を移そうということになり、友人の2人に「ちょっと待っとってくれ」と言って3人で喧嘩のできそうな場所へと歩き出した。

友人たちはぼくの強さは知っているので、喧嘩は任せたという感じで落ち着き払ってその場を動かなかった。

実は、この時ぼくは友人2人が恨めしかった。本心をいうと一緒に来てほしかったのである。ルールのある空手の試合と喧嘩は違う。ぼくは内心極度に緊張していた。生来、気が弱いのである。小学校の頃から空手が強くなるまで喧嘩に勝った試しがなかった。

相撲や片足でするけんけん相撲、プロレスごっこをすれば結構強かったのだが、いざ喧嘩になるとからっきしダメなのである。

目の前が暗くなり、夢の中のように、手足に力が入らなくなるのだ。これでは勝てるわけがない。

空手を始めたのは、それを克服するためには、人の何倍も強くならなければ無理だと思ったからである。

空手のおかげでかなり克服できて建国でも一目置かれる存在にはなったが、それでも気の弱さはそう簡単に治るものではない。「三つ子の魂百まで」とは良く言ったものである。

それでもぼくは平静を装っていた。見栄っ張りでもあるのだ。

しかし、この状況が逆に彼らをビビらせてしまったのだろう、いきなり横から殴りかかってくる気配を感じた。180センチの方だった。先手必勝というわけだ。さすが喧嘩慣れしている。

ぼくは反射的に反撃していた。右のパンチ、空手式に言うと右正拳突きが完全に相手の顔面に命中した。

相手はふらふらしていたが、久しぶりの喧嘩なのと内心の恐怖で興奮していたぼくは、相手がまだ戦闘態勢でいるように見えた。もう一発殴った。

もう1人の190センチの方は呆然としているだけだった。

　倒れた相手をさらに上から肘打ちを落とそうとした瞬間、友人に後ろから抱えられるように止められた。

「それ以上やったら殺してまうぞ」と叫びながら。

　我に返って相手を見ると、耳から血を流していた。ぼくも怖くなった。190センチはなんと立ちつくして泣いていた。

　友人は「もう、ほっといて行こう」とぼくを促したので、3人でその場を急いで立ち去った。

　この日からぼくは予備校で英雄になってしまった。玄関や教室の窓から多くの予備校生がこの光景を見ていたのである。大声で怒鳴り合う声が聞こえたので喧嘩が始まったと思って、皆いっせいに窓に駆け寄って見たと言う。

　例の2人がどこにいるかも分かった。同じ天王寺予備校の生徒だった。彼らを知る者から、2人とも某高校で番長格だったと教えられた。

「いやあ、あの大きい2人を相手に、小さいチョンさんがあっと言う間に倒したから、みんなほんまに驚いていたわ」と口々に言われた。

　その大きい2人はその後、自分で言うのもおかしいが、かわいそうにぼくの子分になった。ぼくが建国出身だと言うと「先に言ってほしかったですわ」というので「アホか。言う前に殴ってきたお前らが悪いんや」と言ってやったりした。

　彼らのおかげで予備校が居心地のいい場所になってしまったのである。予備校を卒業するまでその関係は続いた。そうなると勉強より彼らを連れ回して遊んでいる方が楽しいので、ついつい勉強がおろそかになってしまっていた。もちろん、まだ時間的に大丈夫だろうと空手の稽古も続けていた。

　こうして夏が過ぎ秋になった。さすがにこのままではまずいと思うようになった。

　急に、安くない予備校代をこのまま無駄にしては親に悪い、もったいないという気がにわかに湧いてきたのである。

　すでに10月に入っていた。私立大学の入学試験は早い。翌年早々にはあるのだ。ぼくは一念発起して真面目に受験勉強を始めることにした。

　といっても、なにしろ6年間、いや7年近くほとんど勉強していなかったので、机に座ると、とたんに眠たくなる。ぼくは水の入った洗面器を横に置いて、眠くなる度に顔を洗うことにした。

1カ月もすると身体は慣れてくるもので、3カ月間ほぼ睡眠3時間ほどで、空手ができることを夢見て必死に勉強を続けた。スポーツで鍛えた体力が役に立ったのだろう。

受験勉強に先立って受けた英語の模擬試験でほとんど点が取れないという当然の結果だったので、まずは英単語を覚えなければ話にならないと思った。『試験に出る英単語』という受験問題に出てくる英単語を頻出順に並べた辞書を買って、たしか1800語ほどあったと思うが、これを1週間で丸覚えした。

わら半紙を大量に用意して、ボールペンのインクがなくなってしまうほど、ひたすら1字ずつ何十回も書きまくって覚えたのである。後は、ひたすら予備校の問題集を解くだけであった。入試直前の英語の模擬試験では、満点の8割近い点が取れて志望校合格圏内に入った。

立命館大学は、世界史の問題が難しいといわれていたので、もっとも詳しい世界史の参考書を買ってきて、これまた、ひたすら書いて覚えた。

北方民族の興亡などややこしい歴史は、色鉛筆で色分けしながら、たとえば遼という国は青で、金という国は赤でという風に色とともに覚えるようにしたのである。

これは効果があった。受験で実際に北方民族の興亡に関する問題が出たが、目をつむって記憶をたどると色とともに思い出すことができたのである。

ちなみに立命館大学の中国文学科を選んだのは、『傾向と対策』という当時の受験対策本を見ると、立命館大学文学部の学科の中で偏差値が一番低かったからで、通る確率がもっとも高いだろうと思っただけである。

立命館大学の入学試験を受け終えたとき、ぼくは合格を確信した。それほど手応えがあった。親や友人たちに間違いなく受かっているので、さっそく空手の稽古を再開すると宣言し、稽古に飢えていたぼくは、翌日から実際に嬉々として本格的に稽古し出した。

大学に入って大きく運命が変わろうとは思いもせずに。

第1章

3つの国のはざまに生まれて

猪飼野

ぼくが生まれ育った猪飼野は、日本であって、日本でないような街だった。ぼくは、１９５４年に生まれてから小学校卒業まで猪飼野に住んでいたが、その頃の番地は大阪市生野区猪飼野西3丁目（現在の桃谷3丁目）だったと記憶している。今は、コリアタウンと呼ばれている「御幸通り商店街」から細い路地を入ったところにあった長屋の小さな家だった。入ってすぐに台所があり、４畳半と3畳、裏に物置のような部屋があるだけだった。

そこに両親と母方の祖母、ぼくと弟が住んでいた。台所にはかまどがあり、まきを炊いて炊事をしていた。水道も家にはなく、ポンプ式の共同井戸を近所の人たちと一緒に使っていた。１９６０年代の大阪で、家にガスも水道も通っていなかったのは、猪飼野の他にはあまりなかったはずだ。

もっともチェサ（祭祀）の度に行っていた大阪・西成の芦原橋に住んでいたぼくの親戚の家は、猪飼野より劣悪な環境だった。そこは日本の被差別部落と隣接した、家のすぐ横を路面電車が通っているような地域だった。

劣悪な環境と言えば、猪飼野に隣接していた通称「トットナリ」と言われた学校の友人が住んでいた地域は、さらに貧しい地域だった。ぼくを留学同に誘った宋君哲先輩もここに住んでいた。ぼくとは比べものにならないくらい苦労している。「トットナリ」とは鶏小屋という意味で、実際鶏小屋をアパートにしたものだった。階段や廊下のあちこちの板が抜けているような状態だった。要するに日本が高度経済成長期に入ろうとしていたが、在日コリアンの生活環境はまだまだ劣悪で差別が歴然としていた頃だった。

いや、後に大学生となって、差別の実態を知るために各地の朝鮮人部落に行くようになった70年代半ばでも、高度経済成長真っ只中の状況に取り残されているような地域がまだあることに、衝撃を受けたこともあった。

猪飼野でさえ、かなりマシな方だったのだ。とくに御幸通り商店街は当時から「朝鮮市場」と言われていたが、ここに来れば朝鮮のものは何でも揃うということで、全国から同胞が買い物に来るところだったから、それなりに豊かになり、生活も安定していた方だったといえるだろう。

日本の中で「朝鮮市場」がどのように形成されてきたのか、それを説明しようとすれば、どうしても日本近代の朝鮮植民地支配に遡《さかのぼ》ることになる。

１９１０年の「韓国併合」という名の植民地化以来、日本には多くの朝鮮人が仕事を求めて渡って来るようになった。植民地支配と共に始まった「土地調査事業」で土地を奪われ、１９２０年から始まった「産米増殖計画」で食糧は日本への輸出用になったりして、生活が困窮したからである。

ぼくの祖父も、やはりそうだった。故郷は慶尚北道、今の韓国側だったが、祖父は最初満州に渡った。どういうわけか当時珍しかった蓄音機を手に入れて、それを聴衆に聴かせながら放浪していたという。

しかし、満州でも生活が厳しく、日本が第一次世界大戦後の好景気で労働力不足となり、それまで制限されていた日本への渡航が大幅に緩和されたことを知った祖父は、日本に渡ることにした。１９２０年代初め頃のことだ。祖父は、日本では主に全国各地の工事現場を転々としながら土方として働いていたが、最後は滋賀県で小作農として働くようになり、日本の敗戦を迎えた。

祖父は、故郷の慶尚北道に帰る準備をするが、家族が一緒に帰れる船の調達などに苦労する。日本で生まれたぼくの父も中学生になる歳を迎える頃だった。日本に渡って来て20年経ち故郷に生活基盤もなくなっていた。祖父は、わずかばかり貯めた財産を頼りに故郷へ帰るつもりだったが、日本からの財産持ち出しが厳しく制限されてしまう。それでも帰る準備をしていたが、１９５０年祖国で勃発した朝鮮戦争によって、決定的に帰郷を断念せざるをえなくなったのである。祖父のようなケースはたくさんあった。こうして約60万人の在日コリアンが日本に残って生活せざるをえなくなったのである。

そして息子をできたばかりの民族学校であった建国中学に入学させる。事実上一期生だった。母も一期生で、父と母は建国で出会った。それから20数年後にぼくが建国に入ったわけである。

一方、徴用という名の強制連行が始まった１９４０年以降、日本に単身で連れて来られ、炭鉱、トンネル工事など、過酷な労働現場に従事させられていた朝鮮人の多くは日本に身寄りもなく、戦後、大陸から帰って来る日本人が乗ってきた船で入れ替わるように、その多くが帰っていったのである。

両親が住むことになった「朝鮮市場」もまた、１９２０年代、世界最大の工業都市イギリスのマンチェスターに譬えられて「東洋のマンチェスター」といわれ、日本最大、いやアジア最大の工業都市だった大阪に、多くの朝鮮人が渡って来るようになったことがきっかけとなって形成されていった。

とくに1923年、関東大震災の年に大阪と済州島を結ぶ直行の船便が開設され、下町の工場密集地だった生野に済州島の出身者が集まるようになった。同じ頃、大雨の度に氾濫していた生野区を蛇行して通る平野川（旧百済川）を直線状にし、合わせて物資の運搬を可能にできるように運河にする改修工事が始まり、その工事の労働者としても多くの朝鮮人が働くようになった。工事は1939年まで続いた。

こうして生野区猪飼野にはたくさんの朝鮮人が住むようになったが、そうなると日本人とはキムチ、焼き肉などの食生活、チェサ（祭祀）など習慣がまったく違う朝鮮人のための商店が20年代後半から徐々に増えていった。戦前から賑わっていた表通りの御幸通り商店街は日本人の商店だけで、朝鮮人の商店は、裏通りの長屋に形成されていったのである。

しかし、戦争もほとんど終わりに近づいた1945年になると米軍機による空襲が激しくなり、御幸通り商店街の日本人商店主たちも疎開するようになった。空き家になった店の家主は、空き家にしておくと建物が傷むので、家賃を安くしてでも借り手を必要とした。

そこに裏通りで店を開いていた朝鮮人が入るようになったのである。さらに戦後になっても、疎開から戻らない日本人の商店主が多かったので、引き続き朝鮮人が進出するようになり、ぼくが物心ついた頃には「朝鮮市場」と呼ばれるようになっていたというわけである。

また、その頃は「東洋のマンチェスター」の名残で、周りには小さな町工場もたくさんあった。ガラス工場、ゴム工場、はさみ工場、靴工場、プラスチック成型工場など、今考えると労働環境の劣悪な工場が多かった。

生野区を通る平野川（運河）も小学校低学年の頃はまだきれいで、木材が流されていたが、そうした工場から出る工業排水などで急速に汚れて、メタンガスが浮き、悪臭を放つようになっていった。

川沿いに住んでいたぼくの建国学校の友人は、高校生の頃それが原因で蓄膿症になったほどだ。その頃ぼくは、八尾の河内山本という所に住んでいたが、故郷ともいえる猪飼野の猥雑な雰囲気が好きで、よくその友だちの家に泊まりに行ったものだった。だが、その強烈な臭いには同情を禁じ得なかった。今は工場もかなり減り、平野川も魚が住めるまでにはなっているが。

それにしても、すでに敗戦必至だった戦争の終結を日本が半年でも早く決断していたら空襲もなく、朝鮮市場は、少なくとも今の場所にはなかっただろう。もっと言えば7月26日発表された日本に「無条件降伏」を求めるポツダム宣言をすぐに受け入れていたら、8月9日のソ連軍参戦もなく、したがって祖国が南北に分断され、1950年同族相食む朝鮮戦争が起こることもなかった。朝鮮戦争によって猪飼野に住む朝鮮人が故郷に帰りたくても帰れなくなっていなかったら、猪飼野の姿は今とは大きく違っていただろう。

また、猪飼野が朝鮮人の街というイメージが強すぎたためであろう、日本の住民のほぼ総意によって73年に猪飼野は行政の地名から消されてしまったが、歴史がことなれば日本最古の歴史書である『日本書紀』にも出ている古く由緒ある地名=猪飼野がなくなることもなかっただろう。

そう考えると、ぼくが猪飼野に生まれ猪飼野の風景を見ながら育ったことも、日本による朝鮮植民地支配や朝鮮戦争といった歴史を抜きには語れないことが分かる。

2つの民族学校で養われた視点

この猪飼野で、ぼくは小学校に入学する年を迎えた。近所に大阪朝鮮第四初級学校という朝鮮学校があった。ぼくの両親は、北朝鮮支持でも韓国支持でもなく、民団にも総連にも属してはいなかった。よく勘違いされるが、総連や民団に入らずにいる在日コリアンは少なくない。特に両親の場合、政治的にもノンポリだった。共に民族学校の建国を卒業しているので民族心はあったが、ぼくを朝鮮学校にも建国にも入れるつもりはなかった。日本の大学への進学を考えて日本の学校に行かすつもりだったのだ。しかし、朝鮮学校の先生の勧誘があまりにも熱心だったので根負けして、ぼくを朝鮮学校に入れることにしたという。

小学校3年の一学期まで朝鮮学校に通ったが、最終的には日本の大学に進学させるつもりだった親は、仮に高校まで行っても大学受験資格が認められていない朝鮮学校に不安を感じるようになって、改めてぼくを日本の学校に入れようと思うことになる。ところが、当時は、朝鮮学校から直接日本の学校に転校できなかった。文部省の認可を得ていない朝鮮学校からの転校は認められていなかったのである。そこで親は、当時唯一の「学校教育法」第一条に基づく文部省認可校の民族学校だった建国にいったん転校させて、日本の学校に再転校させることにした（今では多くの日本の大学が朝鮮高校卒業生の受験資格を認めているが、国公立大学では今も個別審査などの制限がある）。

なぜ親がぼくを日本学校に行かせたかったのか。朝鮮人への差別が厳しい日本で生きるためには、就職も難しい朝鮮人は、手に技術や資格を持っていなければならないと考えていたが、とくに医者になるのが一番いいと思っていた。両親の母校である建国は文部省認可校なので日本の大学を受験する資格はあるのだが、医学部は学力的に難しいと思っていたのである。そこで一学期間だけ建国に在籍して日本の学校に入れようとしたわけである。

ぼくは建国小学校に転校したが、日本の小学校への再転校はしなかった。朝鮮学校から建国に転校する時、友だちと別れるのがすごく寂しかった。友だちと別れるつらい思いをしたので、せっかく建国でできた友だちとまた別れるのが辛かったのである。「絶対に他の学校に行きたくない。友だちと別れたくない」と親に必死に訴えた。建国からは日本の大学を受験する資格があるので、「医学部に行けるようちゃんと勉強しますから」と。結局両親は、ぼくのこの訴えを聞き入れてくれて、建国に残り、中学、高校も建国を卒業することになったのである。

いま考えると、朝鮮学校と建国という民族学校に通えたことは、ぼくにとって本当に幸運なことだったと思う。ぼくが入学した1960年当時の朝鮮学校は、北朝鮮への「帰国運動」の只中にあった。「帰国運動」は、北朝鮮の赤十字社と日本の赤十字社が合意して1959年に始まり、84年までに9万4千人が北朝鮮に渡ったものであるが、そのまさにピークの時にぼくは朝鮮学校に通ったのである。その後、北朝鮮での厳しい生活が知られるようになると急速に減っていったが。

しかし、当時の朝鮮学校には希望に満ちた雰囲気があった。「帰国運動」も希望の象徴のように思われていた。生徒が描く絵も新潟港のテープが飛び交う帰国船の様子が多く、そういう絵が教室にいっぱい貼り出されていたものである。生徒もどんどん増えていた時代で、教員の養成が追いつかないほどだった。そのため朝鮮高校にも「師範科」を置いて教員を養成し、高校卒業と同時に各地の朝鮮学校に派遣されていた。したがって若い先生が多く、情熱的で献身的だった。ぼくが絵が上手だということで、放課後に本格的な画材を用意して個人教授してくれたり、才能や個性を伸ばそうと、非常に熱意のある教育をしていた。

日本の学校に較べれば建物も粗末で、プールも体育館もなく、運動場もはるかに狭かったが、生徒たちは元気溌剌としていた。運動会も運動場が狭くて学校ではできず、広い公園を借りてしていたものだった。ちなみに、ぼくの子どもをぼくの母校である朝鮮学校の幼稚園に入れていた時があるが、生徒も激減していたので、十分学校の運動場で運動会ができたことに、すこし寂しさも感じたものだった。

朝鮮学校の授業で、今でも強く記憶に残っているエピソードがある。教科書に、北朝鮮の指導者である金日成首相（当時）が中学生の頃、同じ年頃の少年たちと一緒に本を読んでいる挿絵があった。それを若い女の先生は「ほかの生徒を指導している」というふうに説明した。ぼくは、子ども心にそう見えなかったので、手を上げて先生に質問した。「一緒に本を読んで勉強しているところではないですか」と。

すると先生は、改めてその絵を良く見て、「そうかもしれませんね。これはほかの人にも聞いてみましょう」と答えてくれた。その結果「この絵は一緒に勉強しているところです」と訂正してくれたのである。小学校1年か2年の子どもの意見を丁寧に聞いてくれたことは今も忘れられない。

金日成首相は、建国の父であり、指導者として尊敬されてはいたが、のちに強まる個人崇拝のような雰囲気はその頃はなかったように思う。朝鮮学校でぼくは、活き活きとした良い雰囲気の中で民族教育を受けることができた。神格化とも言える個人崇拝をぼくは認めることはできないが、朝鮮学校は、在日コリアンにとって必要であったし、それを運営していた総連の役割は、やはり大きな貢献を在日コリアン社会にしていたと思う。そのバックボーンに北朝鮮があったことも時代の流れであったと言えよう。

当時こういう教育と組織がなければ、在日コリアンは日本社会の中で見えない存在として、謂わば水面下でアウトローのような存在になった可能性もあっただろう。実際にやくざになった人間も多かったわけだが、まともな進路が阻まれて差別と偏見に晒されれば、アンダーグラウンドに行かざるをえなくなるものである。総連と朝鮮学校が、その防波堤の役割を一定果たしてくれたことは認めるべきだろう。ぼく自身も自然に国と民族に誇りを持てたのである。

その朝鮮学校から建国に転校したわけだが、建国は文部省の認可を受けているために、日本の検定済教科書をほとんどの科目で使わなければならなかった。これは、日本の教科書を一切使わない朝鮮学校とまったく違うところであった。朝鮮学校では自分たちで教科書も作っている。授業もすべて朝鮮語である。建国は、日本の国語という教科書は「日語」といい、国語は別にあって韓国の教科書を使い「クゴ」（国語）と呼んでいた。また、自国の歴史と地理も韓国の教科書を使っていた。ほかは全て日本の教科書であるため、朝鮮学校のような語学教育はできなかった。建国に転校して何年か経って朝鮮学校の先生に会った時、「甲寿《カプス》トンム（トンムは総連での相手の呼び方、漢字では同務と書く。友だちという意味）、ウリマル（わが言葉すなわち朝鮮語）がすこし下手になりましたね」と言われたものである。

しかし、建国にはある大きな特徴があった。民団系でも総連系でもない、全国で唯一の民族学校だったということである。建国以外は総連系か民団系だった。民族学校は、圧倒的に総連系が多く、民団系の学校は、大阪の金剛学園、京都の京都韓国学園（現京都国際学園）、東京の東京韓国学園しかなかった。総連系は最盛期日本全国に約１５０校を擁し、生徒数も4万人をはるかに超えていた。現在は、１００校を大きく割り、生徒数も1万人を大きく切っているようである。

建国が唯一の「中立」校であったのは、初代校長李慶泰《イギョンテ》先生の信念と方針によるものだった。建国は、１９４６年解放の翌年に創立されたもっとも古い民族学校である。李慶泰先生は、祖国が南北に分断され、在日コリアンも民団、総連に分裂して対立を深める中で、あくまで政治的中立を貫き、民族教育の自主性を守って、南北どちらにも偏らずに統一を目指すという姿勢を堅持されたのである。それがどんなに困難だったことか、ぼくもワンコリアフェスティバルを通して実感することがいまはできる。李慶泰先生が健在だった１９７０年代前半まではその方針は守られていたが、ぼくの卒業後は韓国系の学校になった。

ぼくが建国に在学していた頃は、先生もいろんな考えの持ち主がいた。民団に属している先生も総連に属している先生もいた。理事の中にも総連系の人、民団系の人がいた。しかし、先生方も学校では自分の思想的、政治的考えを学生に表明することはなかった。それどころか、北であれ南であれ祖国の非難はいっさいしないという原則があった。むしろなるべく両方のいいところを教えるようにしていた。

たとえば、ある1世の先生は、「祖国の北では、たばこを吸っている間にアパートができる」と言って北朝鮮の経済発展ぶりを話してくれた。ユニット工法で早かったのは事実だろうが、「たばこを吸っている間」というのは、あまりに大げさだ。しかし、祖国の発展を称えることで、ぼくたちに誇りを持たせようとしてくれていた。

その同じ先生が、韓国の李承晩《イスンマン》初代大統領も褒める。李承晩は、根っからの反共主義者で、北朝鮮とは敵対関係にあった。植民地時代にアメリカに亡命して、戦後アメリカの後押しで大統領になる。その李承晩大統領を、「植民地時代、日本に捕まって、その時の拷問で指の爪をすべてはがされた。それでも独立運動をした愛国者だ」と称えるのである。南北の肯定面を教えてくれていたのである。こういう教育は、建国でしか受けられなかっただろう。

また、建国にはもう一つの名物があった。それは、運動会で総連系の朝鮮高校と民団系の金剛学園を招いて、最後に「3校対抗リレー」があったことだ。こんなことができたのも建国だけだった。その成績は、いつも朝鮮高校一位、建国二位、金剛学園3位だったが、それは生徒数に比例してのことで、誰も勝負にこだわる者はいなかった。年に一回でも同じ民族学校どうし集まれることが大事であった。そんな場をよく作り守ってくれたものだと、いまにして思う。建国でこうした南北を公平に見る視点と南北をつなぐ行事を体験できたことものちに、ぼくがワンコリアフェスティバルを続ける源につながっているのかもしれない。

ところで、小学校の時だけは親との約束を守り、一生懸命勉強して成績も一番になり、学級委員長にもなって、卒業式も総代で答辞を読んで親を喜ばせたものだった。しかし、中学生になると、とたんに反抗期なのか、親や先生に褒められる「いい子」である自分が嫌になるのである。勉強も大好きだった読書も突然しなくなり、その代りスポーツに熱心になっていった。中学ではバスケットボール部に所属し、高校になってからはクラブ活動でバスケットボールを続けながら、空手道場で空手もするようになった。とくに空手にのめり込んでいった。プロローグで書いたように喧嘩が強くなりたかったのである。

空手を始めると空手の先生に目をかけていただけるようになり、空手道場がある大阪・八尾の山本球場で宿直するバイトを推薦していただいた。これは最高のバイトだった。球場と用具の倉庫を夜中に2回見回るだけでいいのだが、(それも今だから言えるが)ほとんどしたことはなく、日誌に常に異常なしと書いていただけだった。このバイトでもらった給料で学校の授業料も自分で払っていた。親から小遣いをもらう必要もなかった。

さらに、このバイトのおかげで、道場の稽古が終わってからも一人空手の稽古ができた。巻き藁、サンドバッグ、バーベル、ダンベル、腹筋台など、練習用具は何でも揃っていた。建国の友人も時たま泊りにきた。なにしろ親がいないので自由を満喫できたからである。これでは勉強する時間もなかった。一日5時間以上スポーツに没頭していたので、授業中も眠たく、当然成績も悪かった。民族学校だから卒業させてもらったようなものだった。それでも大学に行けたのは、プロローグに書いたように空手をしたくて3カ月間猛勉強をしたからである。

大学で知ったチュチェ思想とマルクス

大学に入学してもしばらくは大学にも行かず、空手の稽古に明け暮れていたが、せっかく大学に入ったので、授業が始まって1カ月くらい経って、一応自分の専門のクラスぐらいは覗いてみようと思った。

しかし、入学時のオリエンテーションにも出ていなかったので、教室がどこかも分からなかった。留学同で知り合ったトンムに教えてもらってなんとか行けたのである。

教室に行くとそこで知り合った学生が教科書ももっていないぼくに呆れていたが、単位の取り方などいろいろ教えてくれて、ようやくテキストなど一通り必要なものを揃えることができたという有様であった。

学生たちと接し、彼らが話をしているのを聞いていると、学生たちの話す内容がさっぱり分からない。司馬遷《しばせん》や魯迅《ろじん》、高橋和巳、竹内好など中国文学に直接関係する名前はもちろん、ドストエフスキーや小林秀雄など聞いたこともない名前ばかりだった。マルクスやレーニンの名前さえ知らなかったのは、ぼくぐらいのものだろう。当時の学生にとって、新入生でもそれくらいは常識であり、また中国文学を学ぶというはっきりした目的をもっている学生も多かったのである。

いくらなんでもこれではまずいなと、一応話について行けるくらいは知っておこうと、聞きかじった名前を憶えて、図書館で読んでみることにした。これが嵌《はま》ってしまった。

最初に読んだのは、ドストエフスキーの『罪と罰』だった。それからは『悪霊』『カラマーゾフの兄弟』などドストエフスキーの小説を次々と読んでいった。ドストエフスキーの長編小説を読み終わるのももどかしく、いきなり知的好奇心に目覚めたぼくは、同時にチェーホフやカミュといった作家の短編や中編の小説、マルクスやレーニン、デカルトなどの思想、哲学の本を同時に読み進めていた。

これがその後のぼくの読書スタイルともなったが、この新しい世界は本当に新鮮で、学問こそ男子一生の仕事などと思うようになったのである。まさに180度転換である。あっという間にあれほど夢中だった空手は後景に退いてしまい、趣味として続ける程度になってしまった。1年も経った頃には、いっぱしの文学青年、哲学青年になっていた。

大学に入って勉強するようになった息子を見て、はじめは喜んでいた親も、寝ない、食事も上の空で本ばかり読む息子を心配するようになったほど、受験勉強の時よりさらに集中して本を読むようになったのは、純粋な好奇心と知識欲からだった。

本を読み込んで「理論武装」をしていくと、先輩に誘われた学生団体である留学同にも自然とより深く関わるようになり、周りの日本人学生、同じ文学部の学生はもちろん、日本共産党系の民主青年同盟や新左翼のセクトの学生とも接し、議論を盛んにするようになった。

かじったばかりの知識を見せられ、自分なりに考えたことを話せる機会が楽しかったのだ。大学に入るまで本を読んだことがないとは誰にも言わなかったので（相変わらず見栄っ張りなのである）、みんなは、ぼくがもともと相当の読書家であったと思って、一目おいてくれるようになった。

しかし、自分なりに知れば知るほど、勉強すればするほど、祖国の北半部である北朝鮮を含む現実の社会主義に対する失望と疑問が深まっていった。

とくに社会主義において個人崇拝は正当化されるのか、疑問はさらに深まるばかりだった。周知のように、総連はその北朝鮮を支持する民族団体であり、北朝鮮の指導を受け入れている。北朝鮮の指導とは、取りも直さず最高指導者の指導であり、「教示」と称されるその指導は絶対であり、無条件で従うことが求められるのである。しかし、マルクスやレーニンを自分なりに読めば読むほど、その理論と祖国の現実との落差に失望せざるをえなかったのだ。

しかし、日本の高校を卒業して大学に入ってきた在日コリアンの学生は、多くがそうではなかった。彼らのほとんどは、高校まで日本の学校で自分の出自を隠し、日本名で生活していた。自分が朝鮮人であることがばれないか、いつも心の底で怯えていた。授業で「ちょうせん」という発音が出ただけで緊張したという。うつむいたまま耳まで真っ赤になるのが分かったと。先輩たちは、そんな新入生を熱心に勧誘するのであるが、先輩たちは自分たちも同じような経験をしているので彼らの気持ちがよく分かるのである。

それでも多くの場合、彼らの心を開くには根気強い勧誘と忍耐強い説得が必要であった。

たとえば、立命館大学は「本名入学」を義務付けていた（こういう規則を設けていたのは立命館大学くらいのものだろう。今はない）が、ある新入生は、教室で自分の本名の名前を呼ばれると返事をせず、後で直接先生を訪ね、それは自分の名前だが、これからは日本名で呼んでほしいと直談判し、日本名で呼んでもらえるようにした。

また、ある新入生は、たしかに金という名前だが、これはキンではなく、コンと読むれっきとした日本人の名前で自分は日本人なんだと言い張っていた。涙ぐましい、笑うに笑えないこういうエピソードは幾らでもあった。時には、遠くで勧誘熱心な先輩を見ただけで隠れてしまう「同胞」もいたほどである。

しかし、いったん心を開き、留学同の活動に参加するようになると、彼らは先輩たち同様、自らの民族劣等感を払拭して、民族的誇りをもてるようにしてくれた祖国の北朝鮮と総連に感謝するようになり、その指導や教えに無批判に従うようになる場合が多かった。

それがまた、絶対的に正しいと思い込むので、立ち居振る舞いも堂々と自信に満ちたものになる。周りの新左翼の学生たちの長髪、ジーパン姿まで、単なる反抗的スタイルで大衆から遊離しているなどと批判したりしていた。

そうした極端にも見える変化と態度に、民族的劣等感と無縁だったぼくは、戸惑いと違和感を禁じ得なかった。しかし、ぼくがそうした日本社会の差別がもたらす劣等感や自己否定の無残な感情に無知だったことも痛感させられた。

「生野区猪飼野」という日本最大の在日コリアン集住地域に住み、朝鮮学校と建国学校で民族教育を受けてきたという環境が、いかに日本で例外的な恵まれた環境だったかに気づかされたことも事実だった。日本の差別社会にあって、民族的には「温室育ち」だったと言えるだろう。日本の差別問題については後で述べる。

さて、大学に入って一応留学同に所属することになると、北朝鮮の社会主義や「チュチェ（主体）思想」について学ぶようになり、『金日成著作集』や『金日成伝』、パルチザン時代の同志による『回想記』なども読んだ。

はじめは、まったく知らなかった世界なので新鮮な感動を覚えたものであった。とくに「チュチェ思想」において展開される人間の自主性と創造性の関係についての説明は、深く納得できるものであった。

「チュチェ」とは漢字で「主体」と書き、創造性は自主性から生まれるから人間にとって何より大切なのは自主性であると説く。自分の運命は自分が決定すると。これは、素晴らしい原理を明快に語っていると思った。ここまでは納得できたが、その自主性は、突き詰めると個人の自主性より民族の自主性であり、国家の自主性であった。

また、徹底的に人間中心主義であり、社会と自然を改造するのも人間のためであるというが、これは近代そのものの考え方であり、それが行き詰っているのが現代であることには思い至らないようだった。

それでいてその人間は、やはり個人ではなく人民であった。そこには個人が抜け落ちていたのである。「一人は全体のために、全体は一人のために」というスローガンはあったが、個人より集団が優先され、個人の欲望は望ましいものとは見なされていなかった。いや、集団によって指導されるべきもの、矯正されるべきものであった。

そのために「自己批判」と「相互批判」が常に要求される。「自己批判」と「相互批判」自体は、自分を見つめ反省するために大切なことではあるが、それがあまりにも欲望を抑えすぎることは危険であり、これはどう考えても無理があると思った。だから往々にして自己目的化したり、建前になったりしてしまっていた。

また、そこから何より重視されるのは当然、政治思想教育である。政治思想さえしっかりしていれば、革命と建設において不可能はないと。つまり「チュチェ思想」はきわめて政治的な主張であり、自主性も集団が優先されるのである。

本来人間は誰もが自主性をもっている。それは自由の別名だ。人間は本能的に他人から強制されるのを嫌うものであり、それは子どもの成長を見ればわかることであろう。怒って育てるより、褒めて育てる方が伸びるのは、その子の自主性を促し、伸ばしているからである。それは誰しも経験するように、「反抗期」と言われる思春期にはもっとはっきりする。

自主性が「反抗」という形で表われる時期だろう。こういう人間の自主性を認めるということは、人間のもって生まれた欲望もある程度許容し、むしろ発揮できるようにした方がいいことを教えている。

人間の欲望は、政治思想だけで抑えられるほど単純なものではないからだ。人類社会は、人間の欲望によって進歩してきたと言っても過言ではない。人類を持ち出すまでもない、自分の心の中を覗いただけでも分かることではないか。

人間は、自分の利益になると思えばこそ、何事も一生懸命するものなのだ。それを否定して進歩も発展もない。もちろん肥大化する傾向がある人間の欲望をコントロールすることは重要であるが、そのためにも人間の本性を深く掘り下げる必要がある。

その頃、同時にマルクスやレーニンの古典もかなり読んでいたので、当時留学同で北朝鮮はマルクス・レーニン主義を継承しているというより、すでに超えているとさえ公言していたことに、とてつもない違和感を覚えざるをえなかった。どうひいき目に見ても、思想の深さ、哲学の緻密さは比べものにもならないと思ったからである。「チュチェ思想」を講じる先生の話を聞いたり、先輩、同輩のトンムたちと話していると、マルクス、レーニンに関しても、せいぜい『共産党宣言』や『空想から科学へ』『国家と革命』など入門的な本しか読んでいないか、かつてはそれなりに読んでいたが軽視するようになったようだった。

それでいて「チュチェ思想」こそ「存在が意識を規定する」という一言だけを捉えて、マルクス・レーニン主義の唯物論を発展させて、人間の意識の能動性を強調した人間中心の革命と建設の独創的で深遠な理論だと言うのである。マルクス弱冠26歳の時の『フォイエルバッハ・テーゼ』で、すでに存在と意識の相互作用については、もっと緻密にもっと見事に、人間の認識にとっての人間的実践の意義として定式化されていることを指摘しても、聞く耳をもたないのである。それではと、金日成主席自身は、マルクス・レーニン主義を自国の実情に合うように創造的に適用したと言っているが、超えたなどとは一言も言っていないと言っても、これまた通じないのである。

マルクスの『フォイエルバッハ・テーゼ』は、「ヘーゲル左派」のフォイエルバッハの唯物論（ヨーロッパ近代哲学の頂点と言われるヘーゲル観念論を批判的に経ているので、これ自体深いものだが）を批判的に乗り越え、弁証法的唯物論、史的唯物論（唯物史観）の原点となったものだ。短いものなので、興味のある方は読んでみて損はないと思う。天才の煌めきを感じることができるだろう。

カール・マルクス（1818～1883年）は、大学に入ってすぐに傾倒した思想家だった。マルクスの言うことは全て正しいと思っていたほど。しかし、現実の社会主義があまりにもマルクスの理論とかけ離れているのは何故か？　すると、それまで無条件に鵜呑みにしてきたマルクスが批判していた論敵の本も読んでみたくなった。バクーニンやプルードンを読んでみると、彼らの言うことにも傾聴に値することが多かった。

およそ近代における革命家というものは、マルクス主義であれアナーキズムであれ、人間の解放すなわち人間の自由と平等を目指しているものである。階級闘争の歴史である人類の歴史を根本的に変革するためには、階級支配そのものをなくさなければならないと考える点ではバクーニンも同じ考えなのである。

問題は、階級支配をどのようになくせるのか、その実践的、現実的可能性をどこに見出すかというところに違いが出てくる。マルクスは、資本主義が、本質的にはブルジョア独裁だと考えていただけではなく、人類の歴史の「前史の終わり」あるいは最終的段階に至った階級独裁だと捉えた。階級支配をなくすということは、階級そのものをなくすと言うことだからだ。

一方で、資本主義から社会主義、共産主義への移行は必然だと考えていた。しかし、いくらその移行が必然だと言っても、それはその必然の法則を人間が認識し、人間の意識的な実践によって実現するから必然になるのである。そしてそれは、実践する人間の階級的自覚なしには実現しえないものである。マルクスは、この階級的自覚を持ち得る階級こそ、抑圧されたプロレタリアートだと考えたのである。マルクスにとって「プロレタリアート独裁」は、生涯一貫してもっとも本質的な理論と実践の問題であり、それはゆるがすことのできない原則であった。マルクス自身、階級闘争は自分の発見ではないが、「プロレタリアート独裁」こそは自分の最大の理論的発見だと言っているほど、この理論を重視していた。

しかし、なぜ資本主義以前の人類の歴史が「前史」なのか、なぜブルジョア独裁が最終的段階に至った階級独裁なのかは、支配形態がそれまでの人格的支配（王や貴族など）から非人格的な形に変わったことを述べているだけで、何ら実証されてはいない。それはマルクスが常に批判していた観念論であり形而上学だと言うほかないだろう。それは批判してはいたが、ヘーゲルの影響の名残であり、ドイツの歴史的制約であったとしか思えない。

それでも『資本論』は、資本主義批判として今なお有効な原理的理論だと思っている。そうは言っても、いきなり『資本論』から入るのは大変だと思うので、初期の『ドイツ・イデオロギー』から読むのがお薦めだ。そこにはその後マルクスが発展させられなかった豊かな理論的可能性がある。

ところで当時第7巻まで出ていた『金日成著作集』自体は、ぼくにとって非常に面白い内容もたくさんあったし、勉強にもなった。何度も官僚主義批判が出てくるが、金日成ほどの絶対権力者がいくら批判しても、人間の役人根性はそう簡単には直らないものだということが分かる。指導者も悩みは尽きないものなんだなと思ったものである。

「主観主義」や「機械神秘主義」なども弊害として批判されているが、現実の国家と社会の建設は、試行錯誤の連続に違いないとも思ったものである。その頃までの北朝鮮は、意外と実際には政治思想一点張りではなかったのだ。たとえば、生産手段の国有化、集団化が強調されはしても、一挙にはできないことも認めて、一部個人所有や市場を認めるように論したりしている。

何よりユニークな理論だと思ったのが、１９６０年代はじめ頃、中国と旧ソ連が「過渡期とプロレタリアート独裁」をめぐって論争していた時、北朝鮮がこの問題に対する見解を明らかにした「過渡期とプロレタリアート独裁」に関する理論だった。

「過渡期とプロレタリアート独裁」とは、マルクスが、資本主義から共産主義に移行する過程で、労働者階級が権力を奪取し、資本家階級を完全に打倒し資本主義の残滓を一掃するために、労働者階級の独裁すなわち「プロレタリアート独裁」が必要だという理論に始まる。

マルクスの場合は、19世紀のヨーロッパで資本主義が社会主義の物質的条件を高度に形成しつつあると考えていたので、「プロレタリアート独裁」の任務は資本家階級の打倒だけであり、その期間は非常に短く想定されていた。また、前述したように人類の歴史は常に支配階級の独裁の歴史であり階級闘争の歴史であると捉える観点から、「プロレタリアート独裁」は最後の階級独裁であり、階級闘争の歴史に終止符を打ち、階級なき共産主義社会を実現するために必要だと考えたのである。

さらに資本主義の独裁すなわち「ブルジョワ独裁」は少数派の独裁であるため、その民主主義は制限されたものであるが、「プロレタリアート独裁」は、圧倒的多数の労働者をはじめとする人民による独裁なのではるかに民主的だとしていた。

レーニンの場合は、ロシアというヨーロッパでもっとも資本主義が遅れていた国であったため、「プロレタリアート独裁」の任務は、「ブルジョワ革命」を主導し、経済発展を促すことも加わるので、その期間は相対的に長く想定せざるをえなくなった。

さらに、ドイツに期待していたヨーロッパ革命が挫折したことにより、「世界同時革命論」（事実上、ヨーロッパ革命だが）から、スターリンの「一国社会主義論」に路線が変わり、帝国主義との対決に勝利するまで「プロレタリアート独裁」は続くということになる。

しかし、スターリン死後、ソ連のフルシチョフ新体制は、スターリンを全面的に批判し、その「プロレタリアート独裁」論も否定する。「アメリカ帝国主義」との一定の「平和共存」を模索し始める。

このソ連のスターリン批判と「平和共存」に対して、毛沢東および中国共産党が批判して始まったのが、「中ソ論争」であり、理論的には「過渡期とプロレタリアート独裁」をめぐる論争だったのである。

ルソーとヘーゲルにはまる

この内容について深入りしても、今ではあまり意味もないが、もう少し続けよう。まず「過渡期」とは、マルクスもレーニンも、資本主義から社会主義への移行期だと言っていることは確認しておこう。この移行期の権力が「プロレタリアート独裁」だと。つまり社会主義が実現した段階では「プロレタリアート独裁」は必要ではなくなるのである。

しかし、スターリンは、社会主義の段階こそ階級闘争が激しくなり、「プロレタリアート独裁」がますます必要になると、真逆のことを言い出したのである。これでは独裁は半永久に続いてしまうだろう。これに対し、フルシチョフは、ソ連は搾取階級、敵対階級がなくなったので、もはや「プロレタリアート独裁」ではなく、「全人民の国家」だと言い出したのである。毛沢東は、これを「プロレタリアート独裁」を否定する「修正主義」だと批判し、スターリンこそ正しく、あくまで階級闘争を通じて共産主義を目指す「プロレタリアート独裁」を堅持すべきだと言うのである。

しかし、フルシチョフも毛沢東も、マルクスとレーニンの過渡期とプロレタリアート独裁の定義を誤解し、事実上否定していることに変わりはない。両者ともそれに気づいてもいないようなのだが。フルシチョフは、社会主義段階から国家の消滅が始まる時期であるとレーニンが言っていることに反し、「全人民の国家」という国家体制を強調しているのであり、毛沢東は、社会主義段階も過渡期であり、プロレタリアート独裁が必要だと強調しているのだ。

しかも両者とも、今から考えれば恐ろしく楽天的といおうか、能天気といおうか、近い将来共産主義が達成されるとしていたのである。その時になって、プロレタリアート独裁は完全に必要ではなくなると。これが、「過渡期とプロレタリア独裁」の理論が実際にたどった、お粗末な顛末である。理論はお粗末だったが、それがたどった現実の歴史は、粛清、密告、虐殺、飢餓、等々あまりにも無残なものだった。

さて、一方の北朝鮮は、この論争を見ながら、実にユニークな見解を打ち出していた。それは、一国でも共産主義は達成できるが、共産主義になっても、帝国主義があるかぎりプロレタリアート独裁は維持されなければならないと、これまで誰も言ったことのない理論を提唱したのである。それは、いわば「一国共産主義論」ともいうべきものであった。

マルクス、レーニンの理論にさえ疑問を持つようになったぼくにとって、これらの論争や見解は、もはやほとんど現実離れした神学論争のようなものであり、とうてい社会主義の未来を照らしてくれるものではなかった。

この頃、レーニンの『哲学ノート』に触発されて、ヘーゲルを読みだし、ヘーゲルを通してルソーを知ることが、ぼくの思想的転機になった。大学2年の半ば頃であり、ぼくがもっとも集中して本を読んでいた頃である。

ジャン・ジャック・ルソー（1712〜1778年）は、スイスのジュネーブで生まれた。ルソーは何を読んでも非常に人間臭い。それはどこから来るのか？　彼は正規に教育を受けたことがなく、こどもの頃から働き、15歳で家出して20代まで放浪生活をし、その間に物乞いまでしたことがあり、子供を孕ませて逃げたこともある。自分の知能の優越を確信している人間が、こんな環境に置かれ、こんな経験をしたら、どうなるだろう。猛烈な野心家か、希代の悪党になっても何の不思議もない。

20代で貴族の婦人に庇護され、社交界に出るようになって、自分にふさわしい栄誉を勝ち取ろうと、独学で膨大な本を読み、著作を発表もする。しかし、ルソーが独特なのは、社交界の虚礼を嫌悪し、かつて放浪の中で自分が親しく接した素朴な民衆こそ、人間であることを思い出し、実感するようになることだ。ルソーの自由で平等な自然人とは、先達のホッブスやロック、あるいは同時代のディドロら啓蒙思想家が頭で考えた自然人ではなく、民衆の中に眠ってはいるがまだ生きている自然人だった。

ルソーのフランス革命の理論的支柱ともなった『社会契約論』は、自由で平等であった自然状態から社会に移行してから人間は不平等になり、専制のもとに隷属するようになったが、自然状態に戻れない以上、どうしたら社会の中で、自由と平等を実現することができるかを徹底的に考え抜いたものだった。ぼくは、『社会契約論』の冒頭から、心を鷲掴みにされた。

「人間は自由なものとして生まれた、しかもいたるところで鎖につながれている。自分が他人の主人であると思っているようなものも、実はその人びと以上に奴隷なのだ。」

人間が奴隷であることをやめ、自由に生きるためには、どうすればいいのか？ それを考えることが、すなわち思想や哲学を読む意味であり、それを実践することが、すなわち社会運動であると、ぼくは思っている。

一方でルソーは、30代でも愛人に産ませた子どもをすべて養護院に入れている。当時は生まれた子どもを養護院に入れることは珍しくなかった。後年の『告白』や最後の『孤独な散歩者の夢想』などは、おそろしく赤裸々な告白であり、悔恨と弁明に満ちているが、最後には悟りのような境地に達してもいるが、要するに、一筋縄ではいかない複雑な人物なのだ。

ルソーを最初に読むとすれば、これらの本を薦めることは躊躇せざるをえない。薦めるとすれば、教育論である『エミール』と恋愛小説『新エロイーズ』から入るのがいいと思う。

自分は子どもを養護院に入れて子育てをしたこともないのに、エミールが生まれる前からの成長の過程をこれほど見事に書けるところが天才というものだろう。また、ぼく自身ルソーの『新エロイーズ』が大好きだった。恋を友情に昇華させた物語だと読めるが、若い頃は不可能だと思いながらも憧れたものだった。今は不可能でもないなと思う自分がいる。

ちなみにルソーの『言語起源論』は、言語の起源は情念にあるとこう述べている。「彼らに最初に声を出させるのは飢えでも渇きでもなくて、愛であり、憎しみであり、憐れみであり、怒りである」と。

ゲオルク・ヴィルヘルム・フリードリヒ・ヘーゲル（１７７０〜１８３１年）は、ドイツ観念論哲学の頂点に立つ哲学者であり、カントと並ぶ思想の巨人であり、マルクスも唯一「師」と認めた思想家である。そのヘーゲルも、若い頃ルソーへの傾倒は尋常ではなかった。『社会契約論』『エミール』『告白』は常に傍らに置いて読んでいたという。

マルクスの弟子を任じていたレーニンは、すでに世界的に有名な革命家であり、ロシア革命の指導者であったにもかかわらず、ヘーゲルを読まなければマルクスは理解できない、読んでいなかった自分も理解できていなかったのだと『哲学ノート』で告白している。レーニンがヘーゲルとくに『大論理学』を読んだ、というより「格闘」した記録が『哲学ノート』であった。ぼくも、この『哲学ノート』に触発されて、ヘーゲルを読もうと思った、というより決心したのである。レーニンにならって、ぼくも『大論理学』から読み始めたが、その深さ、その面白さにハマってしまった。

難解だったが、それでも惹きつけられてしまうのである。それは、人類が生活を通して会得した智恵の集大成とも言うべきもので、それを論理的に思考すれば、必然的に弁証法的な論理となるということが良く分かるのである。また、先進的なブルジョア革命であるフランス革命の衝撃と、政治的、経済的に遅れていた当時まだ封建的なドイツの現実との矛盾が、観念において弁証法を徹底的に展開させた面もあろう。

しかし、ヘーゲルを最初に読むとすれば、かなり抽象的な『大論理学』より『精神現象学』がいいと思う。自由に向かって進歩する人類の精神を原始時代からフランス革命まで具体的に書いてくれている。『精神現象学』を書いていた頃、ヘーゲルはイエナ大学で教えていたが、自分の祖国プロイセンがナポレオンとの戦争に敗れ、ナポレオンがイエナに入場するのを目撃している。その時ヘーゲルが「世界精神が馬に乗って行進している」と言ったのは、これまた有名なエピソードである。

ナポレオンという一個人(特殊)が「世界精神」という理念(普遍)を体現していると見たのである。この時の「世界精神」とは、フランス革命の理念、すなわち自由と平等に他ならない。何より自由の精神をヘーゲルは、祖国の敗北よりも、偉大な人類の歴史の方向として確固として肯定していたのである。

当時のナポレオンを、「特殊」と「普遍」の統一としての「個別」と見たわけだが、ここにヘーゲル弁証法の特徴がよく表われている。この「普遍」と「特殊」と「個別」がそれぞれ互いに媒介し合いながら、様々な判断をしていくというのは、実は人が日常的にしていることなのである。

もっとも単純な例を言うと「このバラは赤い」という場合、「このバラ」が特殊であり、「赤い」は赤という個別の色であり、それを媒介しているのが「色」という普遍というわけだ。この普遍こそ概念そのものでもある。具体的な個々の色から離れて「色」という概念があるからこそ、色の区別も同じ色の中の濃淡も人は共有でき、より高度な色の美しさを語り合うこともできる。ヘーゲルの弁証法、その論理は、すべてこういう風に展開されている。

ところが後年の『法哲学』において、この同じ論理で、ルソーの社会契約に由来する市民主権が否定され、君主の主権が優先されるに至る。当時のプロイセンの現実の立憲君主制が歴史の最高段階にされてしまったのである。何故だろう?自由に向かう人類の歴史の発展が、特殊と普遍の統一を通して実現されると考えるヘーゲルにとっては、普遍である「絶対精神」の担い手たる個別をどうしても見つける必要があった。しかし、ナポレオンのような英雄はいなかった。「絶対精神」が自由を目指すこと、それにはいささかも揺るぎがなかったと思うが、如何せんそれを担う個別の存在が現実にいないのである。その時、ヘーゲルは君主を「利用」することを思いついたのではないだろうか。代々受け継がれるものである君主という存在は、一人の人間であっても単なる個人ではない。個人として個別なのではなく、血統の象徴として個別なのであり、個人としては生身の存在として特殊にすぎないのである。

この場合、特殊は生身の個人である君主であり、普遍は絶対精神であり、その統一である個別は君主制という制度だということになる。絶対精神（普遍）が君主個人（特殊）と君主制（個別）を媒介しているというわけだ。君主といえども、あくまで憲法という、より上位の国家の普遍意志に従わなければならないのである。立憲君主制を歴史の最終段階としたとはいえ、自由と権利、全体の普遍的利益をあくまで守ろうとしたヘーゲルの苦闘は認めなければならないだろう。ヘーゲルは、学生たちには、君主はただハンコだけ押していればいいと教えていた。

飯場と小林秀雄

ところが、そんな折りに家業のプラスチック工場が、1973年のオイルショックの煽りで倒産してしまう。5人兄弟の長男のぼくは、大学に行くどころではなくなってしまった。

この頃は、留学同の活動から距離を置き、主に在日韓国人「政治犯」救援運動に関わって映画の自主制作、自主上映の活動をしていた頃だった。また、日本社会の差別に関して、先述の民闘連や日本の高校の朝鮮文化研究会などの反差別運動の現場にもよく行っていた頃であった。在日韓国人「政治犯」救援運動と民闘連、日本の高校の朝鮮文化研究会などについては後に、改めて述べる。

またこの頃、同胞の大先輩である立命館大学で教えておられた姜斗興《カンドゥフン》先生から、個人的に学問の基礎について教えてもらっていた。日本で言えば、『古事記』『日本書紀』に相当する、コリアの現存する最古の歴史書である『三国遺事』と『三国史記』をテキストに毎週先生のご自宅で個人教授を受け、夕食もご馳走になるという、指導は厳しかったが大変ありがたい機会だった。

先生自身のご専門は、万葉集の万葉仮名であり、万葉仮名と同じ漢字の意味を捨てて音だけを写す原理の朝鮮古代の吏《イ》読《ドク》を前提とした言語学的研究だった。おかげで少しは言語学についても勉強することになった。

書棚には、柳田国男全集や折口信夫全集など日本の文学・思想・歴史に関する貴重な蔵書がたくさんあったが、自由に読むことも許してくださっていた。先生は、ぼくに学者になるように勧めてくださっていたのである。

先生に事情を話して、当分大学も休んで仕事をしなければならないことを伝えると、落ち着いたらいつでもまた来なさいと言ってくださった。結局、もどることはできなかった。どうもぼくは、コツコツ勉強するよりは、現実の中で世間の荒波に入ってもまれている方が向いているようにも思え、今思えば家業の倒産が運命だったような気もするのだ。

とにかく、さっそく仕事を探すことにしたが、できるだけ収入のいい仕事をしたかったので、測量会社で働きながら夜間の大学で勉強していた建国時代からの友人が紹介してくれた、丹波篠山の山奥の建設現場に測量の助手として働きに行くことにした。いわゆる飯場である。

飯場に着いた日は、忘れもしないぼくの21歳の誕生日だった。ぼくは、飯場に行く前、大好きなスタンダールの小説『赤と黒』の主人公ジュリアン・ソレルとバルザックの小説『ゴリオ爺さん』の主人公ラスティニャックがパリの街を望んで自らを鼓舞したように、これから世間に立ち向かって行くぞと言うような気持ちであったが、誰も知らない労働者のおっちゃん達ばかりの中で誕生日を迎えることになったことには、さすがに一抹の寂しさを禁じえなかったものだ。これからぼくの人生はどうなるのだろうかと、はじめて不安がよぎった。

そんな時に、飯場の食堂に置いてあった新聞（たしか毎日新聞だったと思うが、主要な新聞は揃っていた）に載っていた「交友対談」と題した小林秀雄と今日出海《こんひでみ》の対談の連載を読んだ。その中に、小林秀雄の史的唯物論は「不具の思想」であり、生物としての人間には肝臓という器官があるように、宗教という器官があるという意味の発言があった。普通の時なら、当時唯物論者のぼくは即座に否定していただろう。まして小林秀雄に対しては批判的だったのだから。

実は、小林秀雄はよく読んでいたのである。小林秀雄の文体に魅かれながら、その内容については、批判的であった。というより、すでにマルクスやレーニンを片っ端から読んでいた「革命家」気取りの頃だったから、はじめから保守派の手強いイデオローグとして批判するために読んでいたのである。

小林秀雄については否定的に評価せざるをえなかった。とくに、戦前、戦中、何ら戦争の是非を問うことなく無条件に戦争を支持し、戦後も、自分は馬鹿だから反省しないと開き直ったことは、とうてい認めることができないことであった。そこには、小林秀雄の文学の本質、歴史観が、ひいては日本の近代化の特徴が表われていると思っていた。

それはたとえば、小林秀雄の「歴史について」というエッセーにもっともよく表れていた。「歴史について」は、日本が満州事変から戦争へと突入する頃に書かれたエッセーである。当時出版された小林秀雄の『ドストエフスキーの生活』の序文として書かれていたが、何故かまったくドストエフスキーに触れられていなかった。

戦後、『ドストエフスキーの生活』がイギリスの歴史学者エドワード・ハレット・カーの名著『ドストエフスキー』からの剽窃ではないかと物議を醸したところから考えると、歴史学者であるカーに対する弁明とも、批判ともみえないこともない。

「歴史について」の中で小林秀雄は、歴史とは死児を思う母の記憶だといっている。いかにたくさんの母がそんな経験を持っていても、それは何の慰めにもならない、一人一人の母にとっては、それは掛け替えのない一回性の絶対的なものであると。死児を思う母の記憶というような言い方が小林秀雄一流のレトリックであり、その文章の魅力でもあるが、そこに危険がある。

小林秀雄は、死児の母の記憶は掛け替えないものであると同時に、無数の死児の母の記憶につながり、その痛みを誰よりも分かち合える記憶だという、連帯の可能性には思い至らないのだと、連帯という社会的行動にはつながらないのだと、ぼくは思ったのである。

小林秀雄は、歴史を自由と理性の実現過程とみるヘーゲルの歴史観や、階級闘争を通じて変化・発展しながら共産主義に至る過程とみるマルクスの歴史観をイデオロギーとして拒絶していた。その一方で小林秀雄は、ディルタイ流の「生の哲学」に基づく、時代を前後の歴史と切り離し、その時代だけの絶対的価値や意味を見ようとする歴史観の影響を強く受けていた。

その結果、「国民は黙って事変に処したのである」と戦争の現実をも肯定してしまう、それも絶対的に。日本の敗戦後も自分は馬鹿だから反省しないと開き直ったのである。

ぼくは、小林秀雄ほど聡明な人間が、自分は馬鹿だからと言うのは、開き直りとともに、やはり深く傷ついたからだと思えてならなかった。戦後しばらくたって書かれた「真贋」という小林のエッセーには、そんな心境を伺わせるものがあるように思われた。

戦後骨董に没入するようになった小林秀雄は、自分の美を観る眼を鍛えるべく修業するが、贋物をつかまされて激怒してずたずたにしたり、自己嫌悪したりするが、興味深いのは、贋物と分かっても、それは美しいとしか見えないのであり、それがすなわち自分だと苦い気持ちで認めているところである。どこかで戦前、戦中の自分もまた所詮騙された愚かな一人だという苦い思いと重なっていたように思えてならない。

小林秀雄は、植民地時代に朝鮮を旅行したことがあるが、石窟庵の仏像を観て圧倒され、絶句し、旅行をそこで中断してしまう。この時、小林秀雄の眼はたしかだったと思うが、朝鮮の美術をそれ以上見ることを拒むかのような行動にも、彼の歴史観は影を落としていると思えてならなかった。要するに小林秀雄を日本の近代を象徴するもっとも重要な人物として否定的に評価していたのである。

しかし、孤独と将来に対する不安の中で小林秀雄と今日出海の対談を読んだこの時は、すべての人間には宗教心があるという意味の言葉を、なぜか素直に受け止めることができた。神が人間を創ったのではなく、神に人間の本質を投影して人間が神を創ったというフォイエルバッハの『キリスト教の本質』を読んで、ぼくの宗教観は確立していた頃でもあったが、社会主義の現実に失望し、マルクスやレーニンにも疑問をもちかけていた時と重なってもいた。

この時、ぼくは、何かを正しいと信じること自体、ある意味で宗教心ではないだろうかと、この時ふと思ったのである。特定の宗教や既存の宗教は信じなくても、マルクスであれ、社会主義、共産主義であれ、特定の思想は信じなくても、人は何かを信じなくては生きていけないのではないだろうか？　信念が信仰とは違うと言っても、その境界はそれほどはっきりしているだろうか？

飯場の暗い食堂で、そんな風に考えたのは、北朝鮮を無条件で支持する当時の仲間と言うべき留学同とも合わず、祖国統一と反差別のどちらが優先かという問題にも悩み、何より自分の将来が不安だったからだろう。自分が本当に信じているものは何だろうと、ぼくは改めて考えてみた。そもそもぼくは何のために本を読んでいるのだろうか？　何のために祖国統一や差別のことを、あるいは社会主義や革命のことを考えているのだろうか？

その対談は、そんなことを改めてぼくに考えさせるきっかけになったのはたしかだった。それは突き詰めれば、誰でもないぼく自身が幸せになるためであり、そのために社会を少しでもより良くしたいからではないか？　ぼくが信じているものは結局、キリスト教や仏教など既存の宗教やマルクスやレーニンなど既存の思想ではなく、人間と歴史そのものではないかと。

人間が歩んできた歴史が、支配と抑圧、搾取と差別からの解放の歴史だとすれば、多くの先人がそのために闘い、困難な試行錯誤と尊い犠牲を払って、少しずつ解放を勝ち取ってきたことに謙虚に思いをはせるべきだと。宗教も思想も、そのために役立ってきたのかどうかだけが問題だと思ったのである。その後、小林秀雄をさらに読み込み、ぼくなりの小林秀雄批判をより深めたつもりだが、それはまた別の機会に書きたい。

労働現場での事故

さて、飯場にはボストンバッグに大好きな本だけはいっぱい詰めて持って行った。飯場の仕事は、夜明けとともに始まり、日没とともに終わる。したがって、約1年間飯場で働いたが、仕事時間は、冬短く、夏長いのである。仕事の後風呂に入り、食堂で夕飯となる。

夕飯の後は、おっちゃん達は、麻雀や花札など賭け事に興じる人が多かった。仕送りをしなければならないぼくは誘われても応じなかったが、その側で本を読むのも何となくバツが悪い感じがした。雑談したり、テレビを見ながら就寝時間が来るのを待って、おっちゃん達が寝静まってから本を読み出すのである。

実は、初めて飯場に行った時、本だけ持って、手元を明るくする蛍光灯を持って行っていなかった。もちろん電灯を点けるわけにはいかない。この時ぼくは読書ができない辛さを身に染みて感じた。禁断症状と言えば大げさだが、それくらい本が読みたくてたまらなかった。知らなければならないこと、考えなければならないことが、あまりにも多いと思っていたからだ。

飯場に1年いたと言っても、休日や雨の日は休みなので、その度に京都や大阪に帰ってさまざまな活動もしていたのである。2回目からは蛍光灯スタンドを持って行ったことは言うまでもない。飯場は朝が早いのでおっちゃん達も11時までには寝る。ぼくは、11時頃から読み始めて朝方3時、4時頃まで読んで寝、朝6時、7時に起きるのが日課だった。

肉体労働であっても、空手の猛稽古に較べれば苦にはならなかった。おっちゃん達もぼくが夜中に本を読んでいるのは気づくようになったが、ぼくの体力には感心していた。それでも、仕事中けがしないように注意しろと忠告もしてくれた。実際、作業中に手の甲の腱をなたで切ってしまうけがもしたのだが、その時は仕事を休んでもある程度給料が保障されたので、治るまで一日中本を読めたことをむしろ喜んだものだった。ちなみに切れた腱をつなぐワイヤーは今もぼくの手の甲に収まっている。

ぼくが飯場でしていた仕事は、測量の助手であったが、これは普通の肉体労働よりきついものだった。何しろ山の中にこれから通す道路などを作るための測量なので、助手は、邪魔になる木や枝を切ったり、スタッフというでっかい物差しみたいな道具を持って、山の斜面をあっち、こっちと登ったり下りたり、動き回らなければならないのである。そのおかげで、時々大阪へ帰った時に、趣味としては続けていた空手道場に行くと、サンドバックを蹴る威力が増していることに驚いたものである。

飯場暮らしも慣れればなかなかいいものに思われてきた。何より、おっちゃん達と親しくなって、いろいろ話ができるようになると、身の上話や仕事の話もしてくれるようになった。おっちゃん達のなかには、一年以上家族に会っていないという人もけっこういた。子どもに会えないのが寂しいと。東北や北海道など遠いところから仕事に来ているので、簡単には帰れないのだ。

おっちゃん達はまた、自分の重機を持ち込んでいる場合も多かった。ブルドーザーやユンボなどである。長距離トラックの運転手が自分のトラックを持っているようなものだ。重機を自分で持ち込むと、収入もいいからだ。景気のいい時はいいが、いったん悪くなると、非常に高額な重機の購入代金が借金となってのしかかってしまう。そんなリスクを冒しても、おっちゃん達は、高収入を求めて必死に働いていたのである。しかし、重機を持ち込む労働者は、会社にとって、不景気の時の安全弁なのだ。

その頃は、ぼくの家の家業が倒産した頃だったから、すでに不景気の波がひたひたと押し寄せていた。１９６０年代からの日本の高度成長がかげりを見せていた頃であり、その後１９８０年代から始まるバブル経済との狭間にあった頃だった。そんな中で、一人の労働者がユンボにひかれて死亡するという痛ましい事故が起こったのである。その土木工事現場は、日本の最大手のゼネコンが請け負っている現場だった。といっても、普段は、エリートである会社の社員は現場にはいないのである。

普段は、下請けの会社が仕切っているのだ。しかし、事故があったこの日は、飯場の事務所の前に、黒塗りの高級車が何台も停まっていた。スーツの上に作業着を着た、いかにもエリート然とした本社の重役たちが来ていた。

しかし、彼らは、労働者の死を悼んで来ているわけではなかった。さすがに人が死ぬと警察も動くので、本社の責任者が出てこざるをえないのである。現場を直接任されている責任者は、一時的に工事現場のある地方の支社に送られているのだが、死亡事故を出してしまうと、普通これで本社内での出世は絶たれてしまうのだ。彼らは、地方で無事過ごし、本社にもどって出世することが夢なので、死亡事故は、そういう意味でのみ大打撃なのだ。

ぼくは、大阪市内で最初の超高層ビル建設だという工事現場で「現場監督」として働いたこともあったが、そのビルの建設も別の大手ゼネコンが請け負っていた。仕組みは基本的に同じだが、さすがに大阪駅近くという都会のど真ん中の歴史的なビッグ・プロジェクトだったので、本社の人間が現場に詰めていた。

彼らもスーツに作業着で、時々工事現場を見回るが、現場で問題点や危険個所を見つけても、けっしてその場にいる労働者に直接声をかけることはない。必ず現場監督に知らせ、間接的に注意したりする。ヘルメットに目印があるのですぐ分かるのである。ぼくの時は、労働者はヘルメットに１本線が巻かれているか描かれていたが、現場監督は、それが２本線なのである。

アルバイトが現場監督をできるはずもないのだが、下請けは下請けで、人件費を安く抑えるために、ぼくのような学生を雇っているのだ。もちろん、アルバイトというのは秘密である。現場監督は、本社の人間と定期的に会議もする場に出席しなければならないが、ぼくは、下請けの人に言われているように、素知らぬ顔で座っているだけだった。

それにしても、危険があるならすぐにでも労働者に知らせるべきだろうと思っていた。現場監督を探している間に事故が起こったらどうするつもりなのかと腹が立ったものだ。社会の労働現場の実態は万事こうなっている。

ビル建設の現場でも、飯場でも、事務所には、「無事故○時間」というグラフが必ずある。常に安全が強調されもする。しかし、それは労働者のことを思ってのことではなく、エリートの出世のためである。ビル建設の現場でも人身事故が起こったことがあったが、傷害を負った労働者に保険を適用しないようにして、治療費を会社が払っていた。保険を適用すると「無事故○時間」が止まってしまうからであり、出世に響くからである。こうして偽りの「無事故○時間」は続くのである。しかし、飯場でのように、死亡事故はそういうわけにはいかない。それで「無事故○時間」も止まり、出世もできない将来がエリートを襲うというわけだ。

だが、おっちゃん達は、仲間の死を本当に悲しんでいた。その日の作業は中止になったが、とても働く気にはなれないと口々に言っていた。死んだ人には小さな子どももいるのにと、辛そうに言うおっちゃんもいた。それでも、翌日から何事もなかったように、現場は再開され、おっちゃん達も悲しい気持ちを押し殺して仕事をするしかなかった。

ぼくにとって、『資本論』や本で知る知識ではなく、こうした労働の現場で、資本主義の仕組みの一端を経験できたことは、生きた勉強でもあった。この工事現場が終わってその次にしたバイトは、テキヤだった。香具師《やし》ともいうが、ようするに神社の境内や参道などで、祭の日や縁日の日に店を出す露店商である。ぼくは、京都の3代続いていると言うある「由緒正しい」テキヤで働いた。「由緒正しい」というのは、この商売に多いやくざではないという意味である。

京都や時に滋賀の神社や祭を毎日のように巡って、水あめやリンゴあめのような食べ物から、金魚すくいや輪投げ、スマートボールなどのゲームまで、いろいろな物を提供するのである。

露店の仕事が夕方から夜遅くまでなので、そのテキヤの家に泊まり込みだった。仕事柄宿泊できるように設備ができていた。そこには大型の冷蔵庫があったが、その中身はすべてビールだった。なかなか圧巻の光景である。仕事から帰ると、ビールは自由にいくら飲んでも良かった。もちろん、毎日飲ませてもらったが、それでも本を持ちこみ、読むことは続けていた。朝はゆっくりなので、朝方まで読んでいたものである。

昼は仕込みである。金魚すくいの輪に紙を張ったり、風船釣りの風船を作ったりするのである。リンゴに割りばしを刺したり、水あめ用の棒を作ったり、けっこう仕事があるのだ。この仕事をしてみると、その材料の原価の安さにはあきれるほどだったが。

テキヤでもっとも大事なことは、露店を置く場所である。場所によって売り上げが大きく左右されるからだ。場所をめぐって他の露天商と争いが起きることがあるのだ。ぼくのいたテキヤは、一応一目置かれる存在だったようなので、そういうトラブルに巻き込まれずにすんだが、トラブルを目撃したことはある。

その露天商は両方ともやくざの系列のようだったが、恐ろしく殺気だっていた。怒鳴り合う声を聞くだけでも、気の弱いぼくには心臓に良くない。今にも殺し合いが始まるのではないかという勢いだった。果たして殴り合いとなったが、それを見て、少しほっとした。素手で負けることはないなと思える程度だったからである。

やくざとのトラブル

テキヤの次にしたバイトは深夜レストランのウェイターであった。深夜なので収入がいいと、建国の友人に誘われたのである。夕方から夜中2時までということで、またもそのレストランが近くに借りているマンションに住み込みで働くことになった。

そのレストランは、大阪市内から少し郊外の新興住宅街のほぼ駅前にあった。その頃、キタの梅田やミナミの難波などの繁華街では、暴力団に対する警察の取り締まりが厳しくなっていたとかで、やくざの事務所が、そうした郊外に移って来ていた。

やくざの客が来た時は、ぼくが注文を取りに行く係りのようになってしまった。他のバイトが怖がるからである。派手なアメ車で乗り付けて来るやくざも常連客だった。彼らも女性を伴って来るといたって紳士だった。ぼくに「君《きみ》」と呼びかけてくる。しかし、男どうしだけで来ると一変する。「おい」とか「こら」呼ばわりである。客なので聞き流すだけであるが。

ある時、やくざとトラブルが発生した。レストランの店長が対応に出ることになった。この店長は同胞の先輩で、ぼくをこのレストランに誘った友人の親戚だった。ぼくと友人は、そのやり取りを見守っていたが、相手の理不尽な要求はエスカレートしていくばかりだった。店長は、不当な要求に応じず、冷静に対応していたが、しびれを切らした相手はついに手を出した。ぼくと友人は止めに入ろうとしたが、店長から目で強く止められた。相手もそれ以上は手をださなかったが、結局話し合いがつかず、改めて話し合うということになった。

実はレストランの経営者も同胞で、パチンコ店も何店も経営していた。やくざの世界とはそれなりのつながりも持っていた。結局、やくざ双方が話し合いをして決着がついたのである。しかし、やくざとのトラブルはこれだけではなかった。今度は、ぼくが巻き込まれたのである。

ある時、店長から、身内にやくざがいるが、同じ身内に危害を加えようとして、このレストランに来るかもしれない。警察に追われているので来ないとは思うが、念のため、危害を逃れてきた身内を匿わなければならない。ぼくの友人も身内なので、一緒にしばらく店を離れることにすると言われた。

ほどなくしてレストランに電話がかかってきた。やくざの身内だった。相手は店長がいるだろうと言ってきたので、ぼくは店長はいないと答えた。何度もしつこく聞かれ、うそをつくなというので、いい加減にしろと言ってやった。手配中の身なので、来れないと思っていたのである。ところが、すぐにレストランに乗り込んできたのである。子分らしい2人を連れて来ていた。ぼくは、やばい、と思った。目つきが尋常ではなかったからである。1人は明らかにラリっているようだった。それが身内だった。

いきなりぼくに、さっきの電話はお前やろと言ってきた。ぼくはとっさに、いえ、その人は急に帰りましたと答えた。我ながら平然と答えることができた。彼らは疑いながらも、店を調べ出した。店にいないと見て、ぼくに更衣室に案内しろと言った。ぼくは背筋が寒くなった。少なくとも刃物は持っているにちがいないと思った。それでも、いざとなったら逃げるか、闘うしかないと覚悟を決めて、店の裏にある更衣室に案内した。更衣室に行くと、そのうちの1人が背広から、なんと拳銃をちらつかせた。ぼくは生きた心地がしなかった。

彼らは、どうもぼくへの疑いを完全には解いていなかったのである。ほんまにお前とちがうんかと、不気味な据わった目で、ぼくの目をじっと覗きこむようにまた聞いてきた。それでもぼくはなぜか落ち着いていた。ちがいますよと、何のためらいもなく答えていた。彼らは、ようやく疑いを解いて帰ってくれた。

後で、店長も友人もぼくに感謝しながら申し訳なかったと言ってくれた。それにしても、いい度胸してるなあと感心もされた。度胸ではなく、開き直るしかなかっただけだと答えたが、たしかに、ぼくはいざとなると、気が弱いにもかかわらず、その後も危機的な状況で開き直れるところがあった。我ながらいまだに不思議だ。

この店長のおかげで、後に実の兄のようにお付き合いさせてもらうようになる金熙哲《キムヒチョル》氏と知り合うことができた。店長は、ぼくに金熙哲氏を訪ねるように勧めてくれたのである。店長は、金熙哲氏にレストランでのエピソードも伝えてくれていた。度胸のある面白い学生がいると。金熙哲氏のことは、後でまた登場願うことにする。

レポート代行

ところでその頃、肉体労働だけでなく、大学生のレポートの代書のバイトもした。自然科学以外の人文系なら文学、哲学はもちろん、経済学、言語学、歴史などジャンルを問わず、何でも引き受けた。

少しでも実入りが多くなるように、最高評価でなければ謝礼はいらないと、その代り身の上が大変なので、少し高い謝礼を頼むと。こうなると本を読むのも真剣勝負だった。しかも趣味と実益の一石二鳥だ。ちなみに、すべて最高評価で稼がせてもらった。中には、本当に君が書いたのかと言われたという学生もいた。切実さと気合の入り方が違うというものだ。

この頃のレポートのために読んだ本は今もとくによく覚えている。ソクラテス、プラトン、アリストテレス、ニーチェ、ツルゲーネフ、ヘルマン・ヘッセ、アンドレ・ブルトン、カフカなどは、そんなレポートのために読んだものだったが、どれも本当に面白く楽しく書かせてもらったものだ。

レポートを書いたことをきっかけに、さらに関連の本を読むようになり、とくに興味を引かれたニーチェはかなり読み続けたものだった。それまでニーチェには、マルクスの思想ともっとも遠い実存主義とニヒリズムの思想家だと思って関心がなかったので、こんなバイトでもしていなければ読むこともなかったかもしれない。

フリードリヒ・ヴィルヘルム・ニーチェ（１８４４〜１９００年）は、ヨーロッパの伝統や価値観を徹底的に疑い批判した哲学者だ。とくに、プラトン以来の「イデア」すなわち「真理」とキリスト教の「道徳」を仮借なく批判した。

だからニーチェが、無神論に基づく実存主義の先駆者と言えるショーペンハウエルの影響を強く受け、その対極とも言えるヘーゲルを、ヨーロッパの伝統と価値観の集大成者として執拗に批判したことは当然だった。ショーペンハウエルとヘーゲルは同時代人で、当時はヘーゲルが圧倒的な人気でショーペンハウエルはまったく人気がなかった。ショーペンハウエルの影響が強かったニーチェもほとんど注目されなかった。

しかし、第一次世界大戦でヨーロッパが主戦場となり、人間の理性がいかに脆いものかを目の当たりにして、ヨーロッパの伝統や価値観が揺らぎ、ショーペンハウエルとニーチェが新たに注目されるようになったのである。

ショーペンハウエルの『意志と表象としての世界』は、神がいない世界（意志）には目的や意味がないとし、目的も意味もない「意志」（カントの「物自体」に相当する世界、自然のことと思ってください）が、人間に無意味な苦しみを与えるだけと考え、死を肯定していた。さらに生は一瞬だが、苦しみは無意味な生の中で欲望をもつからだと、欲望を否定する。

ニーチェは、世界が目的も意味もないことは受け入れたが、その生に対する姿勢に対しては、『人間的な、あまりに人間的な』ではっきりとショーペンハウエルを批判して決別し、生を、欲望を肯定し、きわめて前向きに世界に立ち向かっていくようになる。ここからニーチェの「積極的ニヒリズム」の本領が発揮されていく。しかし、それは恐ろしく孤独な闘いになるしかなかった。晩年、梅毒が直接の原因だったようだが、発狂してしまうことにつながったのかもしれない。

芸術をこよなく愛したニーチェの実質的な処女作と言われる、ギリシャ悲劇を論じた『悲劇の誕生』には、後のニーチェが展開する思想のあらゆる萌芽があるように思う。ニーチェを初めて読む人にはぜひ薦めたい。

ニーチェには、意外なほど共感できる部分があったので読んで良かったと思ったものである。印象深かったのは、ニーチェの学問の出発が、比較文献学であり、他の言語と比較して、インド・ヨーロッパ語族の特徴として、「主語」から始まり、「主語」が特権的な地位にあることに注目して、この「主語」こそキリスト教の神だと言っていることだった。「主語」はまた、デカルトの「我思う、ゆえに我あり」の自我すなわちヨーロッパ近代の主体でもあり、ヨーロッパのヒューマニズムの正体だとも言っていた。

つまり、言語構造から来る特殊ヨーロッパ的な価値観を、普遍的価値観だと勘違いしていると言うのだ。ウラル・アルタイ語族（朝鮮語や日本語など）のように、主語を省く言語も多いと。これは言語と思考の関係に対する非常に鋭い指摘だった。事実、20世紀になって、この分野は大きく発展することになるが、ニーチェは先駆的な発見者だったのである。

ぼくは、レポートを書いた後も、しばらく、ニーチェを読み続けずにはおれなくなった。初期の『悲劇の誕生』から始まり、『人間的な、あまりに人間的な』『ツァラトゥストラかく語りき』や後期の道徳に関する『善悪の彼岸』『道徳の系譜』

など、どれもユニークで刺激的だった。

ニーチェが比較文献学から出発したことによって、言語の構造に注目して、ヨーロッパの哲学も絶対的普遍ではないと、いま流に言えば文化相対主義的視点をもったことによって、ヨーロッパの思想やキリスト教を徹底的に批判するようになる。すでに近代ヨーロッパ哲学をけっこう読んでいたが、非常に興味深い批判だと思った。

ヨーロッパ近代哲学は、デカルトの自我からディドロら近代啓蒙主義の理性を経て、ヘーゲルがその頂点となる理性にもとづく絶対的普遍の哲学として展開されていた。ニーチェにとって、ヨーロッパ近代哲学の源こそ、ソクラテスの理性主義、理想主義とそれを理念としたプラトンの「イデア」にほかならなかった。プラトンの「イデア」は、「真理」をこの「イデア」の反映（模写）と見ていた。プラトンにとって「イデア」とは、永遠不変なもの、真の存在、本質存在であり、「真理」はこの「イデア」の反映であってこそ「真理」足りえるのである。「イデア」の反対は、「生成」であり、それは常に生まれて変化しながら消滅するものなのであって、そんな転変常ならざるものは「真理」の根拠にはなりえないのである。

ニーチェが批判するのは、まさにこの点であった。本質存在などなく、現実存在すなわち「実存」だけがあるのであって、人生すなわち生とは「転変常ならざるもの」であり、人間はその生を生きなければならない存在なのであると。「イデア」のような、超越的、アプリオリな本質がある世界ではなく、つまり予め定められた目的も意味もない世界で生き抜かねばならないのが人生であると。その通りだと思った。

また、ニーチェは、ソクラテスにはじまる理性主義が人間の情動や欲望を軽視、抑圧し、禁欲を善とすることを批判し、人間の情動、欲望を、感動と芸術の源、「力への意志」として全的に肯定するのである。さらに、プラトン以来「力への意志」は隠蔽されてきたが、哲学者の「真理」への意志もまた「力への意志」すなわち、しょせん情動、欲望にすぎないものだと言うのである。それを隠していると。非常に鋭い指摘だとぼくは感心したものだった。

ニーチェは、プラトンの「イデア」、禁欲主義こそ、キリスト教に持ち込まれた「奴隷の道徳」だと言うようになる。生と欲望は、転変常ならざる「生成」として「真理」から遠ざけられ、仮象の世界、此岸の世界とされてしまったと、『善悪の彼岸』で、キリスト教を「大衆向けのプラトン主義」だと断定するのである。

ニーチェのキリスト教批判の決定版は何といっても、『善悪の彼岸』をさらに詳しく説明するために出された『道徳の系譜』である。ここでキリスト教の道徳の本質は、強者に対する「弱者のルサンチマン」(恨み、復讐)であることが「暴露」されるのである。ニーチェは執拗なまでに詳しく心理的に分析しているが、簡単に言えば、強い者、優れた者、高貴な者に対する妬みから、強者を悪とし、弱者である自分を善とする価値の転倒を断行したのが、キリスト教の道徳だと言うのである。その際、キリスト教の道徳に、プラトンの「イデア」が、つまり永遠不変の真の世界、彼岸の世界のイメージが持ち込まれたのだと言う。こんなことが、歴史的にも論理的にもありえたとは思えないが、人間の普遍的心理の深層に触れるものがあるからこそ、それなりの説得力があったと思う。

こうした心理は、ぼくが差別の本質について考える時にも参考になったものだ。たとえば、ぼくがニーチェに接した30年以上もたってから、ヘイトスピーチを繰り返す「在日特権を許さない市民の会」(以下在特会)が現れた。彼らが、「在日」という社会的な「弱者」を「特権」をもった「強者」に見立てて、自らを、権利を簒奪《さんだつ》された「善意の被害者」として「弱者」の立場に置くというところは、ニーチェの「弱者のルサンチマン」を反転させたものと言えよう。ニーチェによれば、キリスト教の「弱者」は、もともと「弱者」であり「強者」への妬み、反感から「強者」を「悪」とし、自らを「善」とするという「価値の転倒」を行ったものだからである。この「価値の転倒」において両者の心理は通じるものがある。

とはいえ、ニーチェには差別を容認することにつながる「反平等主義」といえるような信条があったこともたしかだろう。ニーチェが生と欲望を抑圧するものと批判する近代ヨーロッパ哲学の理性主義は、一方で人間を理性と良心を公平にもつ存在として自由とともに平等を志向していた。デカルトはすべての人間に良識が与えられていると言い、ディドロら啓蒙主義者はすべての人間に理性があると言い、ニーチェが理性の限界を主張した哲学者として評価していたカントも、すべての人間に良心があると言っているのである。この「平等主義」に、「貴族主義」のニーチェは、「弱者」に対する「強者のルサンチマン」と言いたいような反発をしているのである。

ニーチェの「貴族主義」が「平等主義」と相容れず、それが、実態はともかく、平等を説くキリスト教を否定させ、近代では、平等を説くもっとも先鋭な思想であったマルクス主義や共産主義にも、黙殺と言ってもいいほどまったく無関心にさせたのであろう。ヨーロッパを資本主義が覆い、それに対抗して、社会主義、共産主義思想が台頭し、とくにマルクスの思想が大きな影響を持ち出していた時に、ニーチェは、そうした社会的、政治的問題には一切言及しなかった。

しかしながら、平等とは何かをもう一度深く考えてみる必要も感じさせられたものである。人間の能力には差異があり、優劣があることは厳然たる事実である。そのことと、社会的制度としての差別とはいかなる関係にあるのか。社会的制度としての差別も、人間を「優劣」において捉え、その心理を利用するものだからである。この問題は、後で差別問題を論じる時に詳しく述べることにしたい。

ところで、ニーチェを読んでいた時、留学同の先輩から、ニーチェはナチスの反動哲学だから読むべきではないと言われたことがあった。ぼくが先輩は読まれたのですかと聞くと、読む必要もないという答えだった。内心あきれたが、ニーチェを読みたいので、先輩、ぼくはレーニンの「敵を知れ」という教えに従って読んでいるんですよと、適当なことを言って読み続けたものである。

ニーチェがナチスの哲学として利用されたのは事実だ。それは、ニーチェ死後、妹の手で編纂《へんさん》された『権力への意志』がナチスに迎合したものだったからである。現在では、『権力への意志』がニーチェの思想を歪めて改竄《かいざん》していたことは広く認められているが。

反差別運動

こうしたいろいろなアルバイトをしながらも、その留学同にも顔は出していたし、後に詳細を記すが「在日韓国人政治犯救援」に関わる映画製作や上映運動、差別の現場への訪問などの活動は続けていた。留学同とは考え方は合わなかったが、トンムたちとはいい友だちになれた。真面目で性格のいいトンムが多かったからである。

留学同での所属は、立命館大学・広小路支部だった。当時、立命館大学は、広小路キャンパスと衣笠キャンパスに分かれていた。文学部と法学部だけが広小路キャンパスで、他学部は新設された衣笠キャンパスに移っていたのである。

広小路支部は、留学同の中で、京都、いや全国的に見ても、やや異端的な支部だった。というのもぼくが大学に入る直前、「金炳植《キムビョンシク》事件」という総連を混乱と疑心暗鬼に陥らせた事件があった。金炳植は、当時総連の副議長だったが、韓《ハン》徳《ド》銖《クス》議長と縁戚関係であったことを利用して、「ふくろう部隊」なる私設親衛隊のような集団を作って専横をほしいままにし、ついには韓議長の地位まで脅かすにいたって、北朝鮮に召喚され、そのまま日本に帰れなくなった。

組織の「無謬性神話」にひびが入ったこの事件の余波で、留学同も規律が緩んでいた時期だった。とくに文学部と法学部だけが残っていた広小路キャンパスの先輩たちは、柔軟で多様な考え方をしていた。他大学とはもちろん、同じ立命館大学の衣笠支部ともかなり雰囲気が違っていた。

また、ぼくと同じ年に入学した同胞学生も、その先輩たちが驚くほど個性的な学生が揃っていた。1年浪人したぼくがなんと最年少だった。何年か浪人したり、他大学を辞めて立命館大学に入り直したりして、おっさんのような新入生ばかりだった。

とくにその中の一人のP君は、強烈な個性の持ち主で、同和地域のそばで非常に貧しい環境で育ち、高校の朝鮮文化研究会（以下、朝文研）というコリアンの高校生を対象としたサークルで、民族差別に負けず生きていけるように取り組んでいた日本人教師の影響で、何より差別と向き合い、闘うことの重要性を主張していた。

同学年の学生は彼の感化を受けて、自分たちが体験してきた差別を振り返り、その意味を深く考えるようになっていった。ぼくも、コリアタウンで生まれ育ち、12年間民族教育を受けていたので、日本の差別の現実に無知だったことを、彼らとの付き合いで痛感させられるようになった。

その一方で、彼らは、留学同の活動や方針に批判的にもなっていった。とくに統一を優先することに批判的だった。祖国が統一すれば差別問題が解決するという捉え方を非現実的だと考えていたのである。差別は、差別の現場である日本で在日コリアン自らが闘い、差別との闘いを優先し、差別をなくしていくべきだと。祖国統一は、祖国に暮らす人が中心になるべきだと。

ぼくは、祖国統一の重要性は認めていたので、その点では、P君の考え方に与することはできなかった。と言って留学同の差別に対する認識の甘さや「統一すれば解決する」という考えにも与することはできなかった。ぼくは祖国統一と民族差別との闘いと、どちらを優先すべきか迷っていた。まず差別の現実をもっと知らなければならないと思った。

そこで、差別の現実がもっとも赤裸々に表われ、語られ、差別と闘っている現場に行かねばならないと思い、日本の高校にある朝文研と、当時結成されて間もなかった全国的ネットワーク「民族差別と闘う連絡協議会」（民闘連）の大阪における中核団体とも言うべき、八尾の「トッカビ子供会」と高槻の「高槻むくげの会」を訪ねるようになった。

朝文研は、日本の先生方が、在日コリアンの高校生に、自らのアイデンティティに誇りを持てるように、歴史や文化を学び、差別に負けずに本名で生きるよう指導していた。その背景には当時の活発な部落解放運動があり、朝文研はだいたい同和地域にあった。日本の高度経済成長と無縁な同和地域に隣接した地域で生まれ育った在日コリアンの高校生は「荒れた」生徒が多かった。

ぼくは、就職差別、進学差別を肌で感じるような民族差別にさらされている「荒れた」在日コリアンの高校生に目を向け、生徒に寄り添う日本の先生方には感謝の気持ちを持ちながらも複雑な気持ちにもなった。在日コリアンの団体もあるのに、彼ら在日コリアンの高校生には遠い存在だった。高校生たちに差別に負けるなというが、いったん日本の社会に出て、学校や先生の庇護がなくなり、仲間もいない孤立状態になれば、非常に不安に満ちた困難な生き方を強いることになるからだ。

ぼくは重い気持ちにならざるをえなかった。留学同のように、祖国が統一すれば差別問題も解決できるということは、とても彼ら高校生に安易に言えなかった。それは逆に言えば、祖国が統一するまで差別はなくならないと言うに等しいからだ。ぼくは、ぼくより年下の後輩たちが置かれている状況を見て、日本の差別問題の深刻さを痛感した。日本の先生の努力はありがたいが、その限界もあまりに明らかだった。

その頃、民闘連は、何より自分たちが住んでいる日本の地で、差別をなくして行こうと運動を展開していたのである。1970年の日立就職差別裁判の闘いを契機として、民闘連が結成され、日本の市民と連帯して運動が展開された。戦後初の日本人と在日コリアンが連帯する市民運動的な運動だった。

ぼくは、この運動に注目した。自分の所属する民族団体がこの運動を支援、連帯すべきだと思ったが、支援どころか、否定的だった。差別がなくなれば民族意識が薄れ日本への同化を促すという、本末転倒の議論までする者もいた。同化は差別の裏返しであって、その逆ではないにもかかわらず。

民闘連運動は、大阪と川崎が中心だった。とくに大阪は中心のリーダーたちがぼくとまったく同年代だった。ぼくは素直にすごいことだと思った。だからこそぼくは、八尾の「トッカビ子供会」の代表徐正禹《ソジョンウ》さんと高槻の「高槻むくげの会」の代表李敬宰《イキョンジェ》さんに会いに行った。

八尾の「トッカビ子供会」も「高槻むくげの会」も、高校の朝文研同様、同和地域にあり、部落解放運動の影響と部落解放同盟との連携のもとに活動していた。2人は同志的関係であり、兄弟のような友情で結ばれているように感じた。ぼくは完全に外様だったが、彼らはぼくとの意見交換を快くしてくれた。

ぼくは、留学同に所属していることも、韓国の政治犯救援運動をしていることも知らせていたが、彼らと話す時は、そうしたいわば直接祖国南北に関することは話題にせず、もっぱら在日コリアンの現状や将来について話し合っていた。

企業の就職差別、アパートなどの入居差別が依然としてあり、彼らは、その一つ一つの差別事象に対して粘り強い運動をしていた。とくに日本の差別は、「国籍条項」を設けて日本国籍を持たない者を堂々と差別しているので、「国籍条項」の撤廃に熱心に取り組んでいた。公営住宅、国民健康保険、国民年金、公務員就任権などだ。

こうした差別撤廃の運動には敬意を覚えながらも、彼らが祖国南北のことや統一にあまり関心がないことには危惧を覚えざるをえなかった。それには既存の団体の姿勢も影響していたようだった。既存の組織は、当時まだ1世が中心であり、どうしても祖国に目が向きがちで、在日コリアン2世、とくに戦後教育を受けた世代と価値観や感性が大きく異なっていた。また、彼らは、ぼくのように民族教育を受けたことがなく、民族的な価値観より、戦後民主主義の価値観を実現しようとしているなと、ぼくは素直に評価できたのである。ましてや在日コリアンのほとんどが、日本の学校に通っている現実の中で、それでも日本の現実である民族差別と闘っている数少ない有志たちなのである。

彼らとの対話は、在日コリアンの現状を知る機会になったと同時に、将来の在日コリアン社会像についても意見交換する機会にもなった。大きなテーマは二つあった。本名のままで「日本国籍」を取るべきか否かと、日本における「参政権」を取得すべきかという問題だった。

ぼくは時期尚早と思っていたが、将来の選択としては、条件が整えばありだろうということでは意見が一致していた。ぼくが時期尚早だと考えた最大の理由は、戦後日本が過去の植民地支配に対して明確な反省と謝罪をしていないことであった。

日本は、交戦国どうしで戦後の問題を取り決める講和条約を結ぶまで朝鮮人は「日本国籍」を持つとしながら、一方で1945年の「女性参政権」を認めた「衆議院議員選挙法」改正に当たって、植民地時代の日本国内では認められていた朝鮮人男性の参政権を、わざわざ「当分の内これを停止する」として、「日本国籍」を持つ在日朝鮮人の選挙権を事実上はく奪した。

さらに47年には最後の「勅令」となった「外国人登録令」を出して、「当分の間、外国人とみなす」として「外国人登録」を命じた。まだ祖国では国家が成立していなかったにもかかわらず、国籍欄には「朝鮮」と記され、日本の都合のいいように使い分けられたのである。民族教育は「日本人」だからと否定され、戦後も同化教育を維持しようとしたにも関わらずである。

52年、祖国が朝鮮戦争真っただ中で混乱していた中でアメリカと結ばれた講和条約で、一方的に「日本国籍を喪失する」と宣言され、これ以降、差別は「国籍条項」を盾に温存されることになったのである。60年以上たったいまこう書いていても、ムカついてくるが。

フランスやイギリスも植民地支配をしたが、植民地の独立に際しては、国籍選択の自由を保障し、あるいはイギリス連邦のように市民権を保障している。また、日本と同じ敗戦国のドイツも、ナチス時代併合した隣国オーストリアが分離独立した時、国籍選択の自由を認めている。国籍選択の自由は、市民権にほかならない。近代国家では当たり前の国籍選択の自由、市民権が認められておらず、今だに法務大臣の裁量に委ねられているのが日本なのである。

しかも国籍取得という近代的国民国家以降の概念に関して「帰化」という古代的価値観を反映した言葉が堂々と法律用語として使われている国なのだ。「帰化」は、もともと中国の言葉で、中国の高い文化に周辺の「野蛮国」が帰順すべきだという意味から来ているのである。この言葉からも容易に分かるように、日本に対する同化を促す圧力が強いのである。こんな価値観と植民地主義が清算されていない日本の現状では、とても日本国籍を取得する気にならないというのが、ぼくの考えであった。

ぼくだけではなく多くの在日コリアンがそうした思いをもっているのである。一般に韓国人も、アメリカやカナダ、ヨーロッパなどに移民すれば、その国の国籍を取得している。それは、法律的な要件を満たしていれば、権利として取得できるものだからであり、戦後70年近く世代を重ねて暮らしていても、日本国籍を取らず、韓国国籍、朝鮮籍のままでいるのは在日コリアンくらいのものなのである。

それでも、事業や仕事のため日本国籍を取得する在日コリアンは多い。ここで一つ象徴的な例を紹介したい。今や日本トップクラスの実業家である孫正義さんの場合である。孫さんが1990年頃に「帰化」申請した時、孫という先祖から受け継いだ名前で申請しようとした。しかし、「孫」という名前は日本の姓にはないので認められないと言われ、申請さえできなかった。

そこで考えた孫さんは、自分の妻の姓を氏変更申し立てにより「孫」に変えた。これはあっさり認められた。その上で再度「帰化」申請したのである。今度は「孫」が日本の姓に加わっていたので、役所も申請を受け付けざるを得ず、ようやくにして日本国籍を取得することができたのである。自分の妻の姓を変更させることまでしないと取得できない国籍というのは、現代では世界でも珍しいだろう。

また、子どもの頃、親と一緒に日本名で「帰化」した後に、民族名に戻すために何年も裁判をしてやっと認められた事例もある。ここにあるのは、今だに残っている国籍と民族を同一視する観念であろう。しかし、民族名で「帰化」する事例は圧倒的少数派で、ほとんどは今も日本的な名前で「帰化」している。それは、国際社会の人権擁護・発展の方向と明らかにズレている。

国籍取得に際して国家への忠誠を求められるとしても、それはその国家の理念や理想、法的には憲法に対してであって、民族的特性や文化的背景はまったく問われることはない。当然、姓を変えるよう求められるなどありえない。だからこそ、たとえば、韓国系アメリカ人が成り立つのである。個人的には「コリア系日本人」と自称できても、それは社会的に認知されているとはいえないだろう。

外国人地方参政権

「参政権」の問題も市民の権利に関わる問題だ。当時は時期尚早と考えていたぼくだが、その後、ぼくの身近なところで「外国人参政権」取得の運動に乗り出した人物が現れた。ここでそのことについても書いておきたい。

1990年代はじめ頃のある日、一流のジャズ・ベーシストである金成亀《キムソング》さんから連絡があった。金成亀さんは、ワンコリアフェスティバルには第1回目から出演してくれていただけでなく、中心の実行委員も務めてくれていた。もちろんその後も実行委員として出演者として中心的な役割を担ってくれていた。

その金成亀さんから、ぜひ紹介したい人物がいると言われて会ったのが、当時関西大学の講師だった李英和《リヨンファ》さんだった。彼は、なんと北朝鮮にも留学したことがあり、学生時代には留学同に所属していたという。総連傘下の在日本朝鮮社会科学者協会の推薦で留学したという極めて珍しい経歴の持ち主だった。その彼が「外国人参政権」取得を訴えるために「在日党」を立ち上げて、参議院議員選挙に立候補するというのだ。

ぼくは、彼に「外国人参政権」取得は賛成だが、参議院議員選挙という、いきなり「国政選挙権」を要求する事には賛成できないと言った。また「選挙権」と「被選挙権」は当然一体でなければならないが、「地方参政権」と「国政参政権」は分けて考えなければならないと考えていたからだ。民主主義においてもっとも進んでいる「先進国」においては「地方参政権」における外国人の参政権が認められている国も増えていたが、「国政参政権」はほとんど認められていなかった。

まして、「帰化」の問題にも現れているように、市民の権利や人権、民主主義の水準が欧米に較べて遅れているといわざるをえない日本では、「地方参政権」も難しいはずであり、いきなり「国政参政権」を要求することはあまりに非現実的だからだ。だから、まずは「地方参政権」から要求していくべきだろうと李英和さんにぼくの意見を言ったものである。

しかし、李英和さんは、あくまで「国政参政権」にこだわっていた。参政権は本来民主主義において普遍的な権利だからというのが彼の考えだった。もちろんその通りであり、だからこそ「国民」には「地方参政権」も「国政参政権」も認められている。しかし、外国人は「国民」ではない。現代の世界は、近代以来の国民国家を単位として形成されている。ヨーロッパのように、国民国家の枠組みを超えた地域統合を進めている地域もあるが、それでも地域外の外国人に「国政参政権」は認められていないのだ。

それでも李英和さんは、「在日外国人参政権'92」その後「在日党」を名乗って、国政選挙に立候補しようとしては立候補届けを受理されず、門前払いの扱いを受けるという活動を続けていた。そんな彼の行動をぼくは無視できなかった。たとえ、風車に向かっていくドン・キホーテのような振る舞いだとしても、「在日外国人参政権」自体は、とくに「地方参政権」は必要だと思っていたからである。

「地方参政権」についてては学生の頃読んだ羽仁五郎の『都市の論理』から多くを学んだ。羽仁五郎によれば、都市とは本来は市民自治のことであり、それは国家からも自立しているものだった。それを古代ギリシアの都市やルネッサンス時代のフィレンツェのような自由都市について具体的に論じていたが、とくに印象深かったのが、「地方自治体」という概念がでたらめだという批判だった。「自治」を行うのは主人公たる市民であり、中央に対して従属的な「地方」と中央に対して自立的な「自治」は反対の概念であって、それを混同することで自治は骨抜きにされ、「地方」に対する「中央」としての国家に取り込まれているという意味のことを言っていた。

『都市の論理』は1968年に出版され、当時の学生運動にも影響を与えた本だったが、ぼくが読んだ70年代後半には、「地方自治体」という言葉は、羽仁五郎の鋭い批判にもかかわらず、完全に定着してしまっていた。それでもぼくは、その批判に含まれている精神は正しいものだと思った。市民は本来自治の主人公であるべきだと思ったのである。とすれば、自治体における市民は、国民と区別されて然るべきだと考えた。

「地方自治体」という言葉はすぐに変えられないとしても、市民自治の精神において自治体における参政権は国民でなくても要求しうると考えたのである。それが言うもでもなく、適切な言葉ではないが、いわゆる「地方参政権」であった。民闘連の活動家との議論で時期尚早と思ったとはいえ、いつかは国民でなくても地域の住民である在日コリアンにとっても、市民的権利として課題になるだろう、いやなるべきだと思っていたのである。

だから、李英和さんの主張に対しては、現実的にも運動論的にも支持できなかったが、その行動が突破口の役割になるかもしれないと思い協力することにしたのである。李英和さんが「在日外国人参政権」をテーマとするシンポジウムを開いた際にも、パネラーとして参加した。

シンポジウムは、ぼくの地元である生野区民センターでもたれた。ぼくと李英和さんの他に何人かのパネラーがいて、フィンランド出身の日本国籍を取得し日本の地方議員だったツルネン・マルテイ（弦念丸呈）さんもいた。しかし「在日外国人参政権」のことは一般には知られていない頃で、そのシンポジウムの参加者は非常に少なかった。500人は座れる会場だったが、20名ほどしかいなかったのである。

そのわずかな参加者の中に「在日外国人参政権」に反対の日本人が来ていた。彼は挙手してこんな質問をしてきた。「お宅らの国の韓国も北朝鮮も外国人に参政権を認めていない。なぜ、日本にだけ求めるのか」という質問だった。これには、在日コリアンの特殊な歴史的経緯を含めていろんな答え方ができるだろう。しかし、それを言っても頭から「在日外国人参政権」を否定するためにわざわざ乗り込んできた人には通じないだろうと思い、ぼくはこう答えた。「いま外国人に参政権を認めている国はいわゆる先進国だけです。残念ながら韓国も北朝鮮もまだ発展途上国です。いまや世界第2位の経済大国となった日本は先進国ではないんですか?」と。すると彼はそれ以上何も言わなかった。

しかし、李英和さんの「在日党」の活動は長くは続かなかった。彼はなぜか北朝鮮批判に熱心になっていったからである。ぼくは、北朝鮮政府を批判するのは自由だが、それでは「在日外国人参政権」に在日コリアンの間でまだまだ大きな影響力を持っている総連の支持は得られないと批判せざるをえなかった。

それと直接関係はないだろうが、後に「地方参政権」獲得運動が盛り上がり、もはや実現の直前と思われた2000年頃、総連は「地方参政権」に突然反対の立場を表明した。当時の自自公政権の公約となり、ついに実現しようとしていたまさにその時に、総連が反対の声を上げたために、日本の右翼層の巻き返しを招いてしまい、「地方参政権」の実現は遠のいてしまったのである。

右翼層こそ、日本でもっとも反民主主義的であり、もっとも反北朝鮮的であり、今も朝鮮学校をもっとも差別している勢力であることはいうまでもない。「地方参政権」は、在日コリアンの権利のためだけではなく、日本の形骸化された民主主義の発展のためにも重要な政治課題だったのだが、それを理解してもらえなかったことは本当に残念であった。ついでに言えば、もし「地方参政権」が実現できていれば、当時まだまだ組織力の強かった総連は、とくに在日コリアンの多い地域では大きな政治的影響力をもてただろう。朝鮮学校に対する行政の処遇にも有利に働いただろう。

さらに言えば、たとえはじめは「被選挙権のない参政権」であったとしても、あるいは「特別永住者」の在日コリアンにだけ与えられ、一般外国人には与えられないとしても、それを突破口に運動を展開して「被選挙権」も一般外国人への拡大も目指せばいいとぼくなんかは思うのだが。マイノリティーは、たくましく、賢く、したたかにならなければならないと思うのだ。それは、日本の民主主義の発展のためにもなるはずである。

さて、民闘連の中心的リーダーだった徐正禹さん、李敬宰さんと国籍取得や参政権など在日コリアンの権利や展望に関する意見交換ができたおかげで、ぼくがワンコリアフェスティバルを始めた時には、2人とも快く賛同してくれた。ちなみに民闘連運動は、その後分裂し、それぞれ別々の道を歩んでいるが、ぼくは今でも、当時同じ年齢であれだけの運動を立ち上げ、引っ張っていったことはすごいことだと思っている。実際、差別撤廃において多くの成果を上げたことは何と言っても大したものだ。

ところで、彼らと付き合う過程で、民闘連と連帯していた、部落解放同盟の活動家とも知り合いになり、同じ差別問題ということで、彼等とも意見交換することができた。彼らに部落解放の歴史や理論、展望などについて聞くことができたが、彼らの理論と展望はぼくを戸惑わせた。

部落解放同盟の活動家は、部落差別は封建的身分差別が主要な起源だが、明治以降も資本主義の下で再生産されているという。したがって資本主義の中で差別され最底辺に置かれた労働者として階級闘争と結びついて闘わなければならない、つまり社会主義を目指すと。そんなことは可能だろうかと、素朴な疑問を呈さざるをえなかった。

さらに、もし可能だとしても社会主義社会で部落差別がなくなる根拠は何かと問いかけても、彼らにも明確な答えはなかった。階級がなくなれば部落差別もなくなるというなら、それは社会主義が平等社会だからという思い込みでなければ、幻想にすぎないだろうとぼくは思った。

もちろん、部落解放同盟は大衆団体であり、思想的には多様な流れがある。現実には部落差別をなくすために行政的な解決を追求しており、今日では広く人権問題の解決を目指していることもたしかだが、当時の部落解放同盟のとくに左翼的な活動家は、上記のように考えていたのである。ぼくは、それは理論的に無理があると言わざるをえなかった。

ところで、ぼくは立命館大学だったので、当時は日本共産党系の学生団体「民主青年同盟」（民青）が強く、部落解放同盟と対立していた日本共産党系の「全国部落解放運動連合会」（全解連）の意見も聞くことができた。彼らも、部落差別は封建的身分差別が起源とする点は同じだったが、それは封建的遺制なので自然となくなるとしていた。ぼくが、では明治以降100年以上経っても部落差別がなくならないのは何故かと、その理由を説明したことにはならないと、これまた素朴な疑問を呈しても、彼らにも明確な答えはなかった。

それどころか、部落問題は基本的には解消したとして、２００４年４月には全解連も解散され、「全国地域人権運動連合」という名の一般的な人権擁護団体となっている。学生時代から被差別部落出身の友人たちが、現実に就職や結婚で差別され苦しんでいるのを見てきたぼくにはとうてい納得できないことだ。

結局、部落解放あるいは部落差別問題の解決は、部落差別固有の問題を突き詰めることなく、単なる人権問題一般に解消されるのだろうか？　もちろん人権問題であるが、部落問題には部落問題固有の問題があり、それは民族差別も人権問題だが、民族差別には民族差別固有の問題があるのと同じである。

部落差別問題は、日本の近代化の総体を問われている問題だとぼくは思っている。被差別部落に対する日本人の差別意識はいまも厳然としてある。この差別意識をなくすために教育したり、啓蒙したりすることはもちろん大切だ。しかし、被差別部落に対する差別意識の本質を、日本の近代化の歴史の本質、日本社会の本質からも捉えられないかぎり、その教育、啓蒙も上っ面で終わるだろう。部落差別は、階級問題でも封建的遺制でもない。それは近代市民社会の未成熟の表れであり、現にまだ封建的意識が強く残っていることの表れに他ならない。

こうした意見を聞いている内に、驚くべきことだが、差別とは何かというもっとも基本的な定義さえ曖昧だという事が分かってきたのである。これは何も部落差別の問題にかぎらず、あらゆる差別に言えることだ。

結論を言えば、ニーチェに言及した時に触れたように、差別とは、人間のもつ「優越」と「劣等」の感情や心理を利用するものである。そして差別の本質は、「優」とされるものが、「劣」とされるものを蔑む意識であり、この意識を利用して「劣」とされるものには不当な扱いをしてもいいとみなす制度である。誰が「優」で誰が「劣」かは力のある者が決めるのであり、それは権力関係にほかならない。

権力関係とはまた、「支配」と「被支配」である。言い換えれば、この権力関係における「優劣」において「強者」と「弱者」が生み出され、「加害」と「被害」があるのが差別である。つまり、「優」と「劣」、「強者」と「弱者」、「加害」と「被害」などの意識や心理、感情が、どうしても複雑に絡み合うものなのである。

民族差別について言うなら、ぼくは、「被害者」である在日コリアンが、「加害者」である日本人を一方的に責める場面を何度か見たことがある。こうなると、いつの間にか「社会的被害者」が「精神的加害者」となり「社会的加害者」が「精神的被害者」になるという一種の逆転現象が起こる。

それも本来コリアンと善意で連帯したいと思っている日本人にまで、過去日本がいかにひどいことをしてきたか、今もいかにひどい差別をしているかと、執拗に言い続けるのである。これでは、味方も敵にしてしまうと思わざるをえなかった。事実、嫌気がさして離れる人もいたのである。ぼくは、責める相手を間違っていると思った。むしろ、責める方が「被害者意識」が強すぎることを憂慮せざるをえなかった。こうした現象は、様々な差別問題をめぐって起こりやすいものだと思えた。それはなぜか？　ここに差別を考える時に気をつけねばならない問題を孕んでいると思ったものだ。

たとえば、70年代当時部落解放同盟が「糾弾闘争」を熱心にしていたが、その影響を受けて民闘連も同じような方法で差別を糾弾していたが、そこにも同じような問題があるのではないかと思わざるをえなかった。

「糾弾闘争」とは、ある発言や行為が差別に当たると部落解放同盟が判断した相手を、それが差別であることを認めさせ、差別意識があったことを自覚させることによって、差別をなくしていこうという運動だった。「糾弾」が差別を許さず、差別をなくすためだということは理解できるが、それが果たして本当に有効なのかは、運動論的に疑問を禁じえなかったのである。そうした運動が社会に十分影響を与えていたら、最近の「在特会」の「ヘイトスピーチ」などが、ここまではびこることはなかったであろう。

差別の本質

「在特会」も、一人一人は不遇な若者が多いようだが、彼らは自分たちが不遇なのも在日が「特権」をもって自分たちの権利や仕事を奪っているからだと、ありもしない事実を信じ込んで他者のせいにすることで、自分たちの不安から目をそらし、また、不満のはけ口として社会的な「弱者」を「強者」に仕立てて攻撃することで、自分たちを正当化してしまうのである。

「優」と「劣」、「強者」と「弱者」、「加害」と「被害」ということで言えば、思い出すことがある。ワンコリアフェスティバルを始めてようやく軌道に乗り出したと思った1992年の第8回ワンコリアフェスティバルのパンフレットに、あるボランティア・スタッフが編集後記にこういう一文を書いていた。

「ワンコリアの会議はK文化ホールで行っている。K文化ホールは弱者のためのボランティアスペースだ。はたしてワンコリアは弱者だろうか?」と。まだ高校生だった彼に深い考えがあって書いたわけではなかったが、ぼくは少し考えさせられた。

当時、出演者も、憂歌団、近藤等則さん、キム・ヨンジャさん、白竜さん、リリーさんと有名なアーティストもたくさん出てくれていた。パンフレットには、当時有名になり始めていた姜尚中《カンサンジュン》さんと作家の若一光司さんの対談、エッセーに作家の伊集院静さん、コマーシャル界の風雲児だった李泰栄《イテヨン》さんなど、豪華な内容だったといえるだろう。華やかなそういう部分を見て、彼は少しはしゃいだ気持ちで書いてくれたのだと思う。先の文の後、「ちなみに僕は、ティーンエイジャー、目下GF募集中」と明るく書いてくれてもいた。

しかし、彼が「K文化ホールは弱者のため」と何の疑いもなく書き「ワンコリアは弱者だろうか?」と書いたことに、かねがねぼくが感じていた運動におけるある問題を、改めて考えさせられたのである。

K文化ホールは、障がい者の介護や支援をする団体で、当時K文化ホールの代表の好意でワンコリアフェスティバルの会議の場所に使わせてもらっていた。代表は先輩だが、友人でもあるので、ぼくは代表にこう言わざるをえなかった。

「代表が障がい者のためにしている活動には敬意をもっていますが、実は彼がこういうことを書いているんですよ。代表がいつも『弱者のために』とばかり言うから、彼がこういうことを書くんじゃないでしょうか。ワンコリアフェスティバルも社会的に『弱者』に決まっていますが、精神的には『弱者』と思ったことはありません。あまり、『弱者のために』だけを強調すると、正々堂々と努力して成功した人や優れた人、いわゆる『優秀』な人や『強者』に見える人を正当に評価できなくなる恐れがあると思いますよ」と。代表も「分かった、これからは言い方を考えるよ」と言ってくれた。

人は弱いので、成功した人や優れた人、才能のある人、はたまた自分より異性にモテル人に嫉妬したり、羨んだりしがちなものだ。それ自体は仕方のないことだと思うが、自分が成功できないことや不遇なことを他者のせいにしたり、社会のせいにしたりする卑屈な精神にはなってはならないだろう。

先に、差別が人間を「優劣」の関係で捉え、それは権力関係に基づくと述べた。しかし一方で、個々の能力には差異があり、優劣があることも事実だ。この権力関係における「優劣」と能力における優劣を混同して差別を論じることが、様々な混乱と弊害をもたらしていることを、ぼくは、社会運動や人権啓発の現場を通じて多く見てきた。

平等教育だと、幼稚園のかけっこで横一列でゴールインするとか、ひな祭りの段をなくして飾るとか、こんなことを先生方は、差別をなくす取り組みだと至極真面目にやっていた。すでに述べたように、部落差別とは何か、その解決をめぐっても部落解放同盟と日本共産党が対立していた。そもそも差別とは何かが、必ずしも明瞭にはなっていなかったからである。したがって、的外れな取り組みや対立が起こるのも無理からぬことである。差別が、権力関係における「優劣」であるということが明確になっていれば、かけっこの遅い速いが、権力とは何の関係もない単なる個人の能力の差であって、平等とも何の関係もないことがすぐに分かる。

部落差別も、本質は封建的な身分差別である以上、それが現実に今もあるのは、資本主義制度の元であっても、封建的意識は消えていないということだ。資本主義が社会主義になればなくなるものでも、ほっておけば自然になくなるものでもないのだ。まして、差別用語さえなくせばなくなるというものではない。むしろ、新たなタブーとなって、差別意識は潜在化してしまうだけである。

また、ある行為や言葉が差別かどうかは、被差別側が一方的に決めるというのも、絶対的な根拠のある基準ではない。それは、むしろ被害者意識を大きくしてしまうことになりかねない恐れもある。

たとえば、よく公衆トイレなどに、「人の心を傷つける差別落書きはやめましょう」という標語が貼られている。頭から被差別側は、「傷つきやすい」「被害者」、「弱者」と決めつけているとしか思えない。そういう卑劣な差別落書きをこそする者は、まさに傷つけたくてしているのであって、傷つきますから止めてください、という言い方は逆効果ではないか。

ぼくなら、こう標語を書くだろう。「差別落書きくらいで傷つかないが、もし見つかったらただでは済まない差別落書き、それでもしますか」と。マイノリティや社会的弱者であっても、精神的には「弱者」でも「被害者」でもあろうはずがない。

たしかにはじめは差別に苦しめられた側は、差別に敏感で傷つきやすかったのも当然だっただろうが、差別と闘う者は、むしろ被差別の痛みを知っている分だけ強く優しい人間になると思っている。差別と闘う者が、精神や意識においてまで「弱者」「被害者」に甘んじるはずがないのである。

しかし日本では、反差別、人権獲得の運動をする側も、そうした自覚が弱かったと言わざるをえない。だからこそ、大っぴらに差別の言葉を吐き散らす在特会のようなレイシズムがはびこってしまったのだろう。

平等とは、能力とは関係なく、尊厳において、法の下において、命の尊さにおいて人は平等だと、近代になってようやく人類が手にしてきた価値観にすぎないのである。人類にはまだまだこの価値観が普遍的なものとして根付いてはいない。けっして完成されている普遍的に実現されている価値観ではないのだ。この価値観が人類社会に浸透するように不断に努力しなければならないのである。

在日韓国人「政治犯」の救援

こうして差別問題に対して認識を深めていくと同時に、在日韓国人「政治犯」救援運動にも関わっていた。

朴正熙軍事独裁政権時代の主に1970年代に、留学や仕事で韓国に行っていた多くの在日韓国人が「北のスパイ」として捕えられ、在日韓国人「政治犯」となる事件が頻発した時期である。71年に起こった徐《ソ》兄弟の事件が有名だが、ぼくが大学生2年の75年に起こった「11・22事件」(学園浸透スパイ団事件)は、より身近な事件として衝撃的だった。年齢的にも近く、立命館大学出身の先輩も含まれていた。

この事件にやはり衝撃を受けたぼくの幼なじみで、良く一緒に映画を観に行っていた同じ立命館大学の友人が、先輩の救援のために好きな映画でこの問題を訴えたいと言ってきた。

先輩と言っても会ったこともない女性の先輩だったが、ぼくも何もせずにはおれなかったので一緒にすることになった。ただ、すでに留学同に所属していたぼくが表に出るわけにはいかなかった。北朝鮮を支持している留学同の学生が「北のスパイ」とされている人たちを救援する活動を表立ってすることは、逆効果になる恐れがあったからだ。

それで、在日コリアンの学生だけでなく、日本の学生にも声をかけ、活動の表に立ってもらうようにした。彼らは実に献身的に映画製作に協力してくれた。そうしてできた映画が、当時死刑を求刑されていた金五子《キムオジャ》さんという女性のドキュメント映画『再会』であった。と言っても本人は韓国の獄中にいるので、彼女の友人や恩師を訪ね、彼女のエピソードを話してもらい、それを積み重ねて彼女の本当の姿を知ってもらおうというスタイルを取った。多くの資金があるわけではないので、８ミリカメラで撮影したものだ。

映画は完成させたが、観てもらえなければ意味がない。自主上映活動も熱心に展開した。この活動も日本の学生たちが一生懸命にしてくれた。無名の学生が制作したものなので、有名なフォーク歌手のコンサートも同時にしたりしたこともある。当時、ボランティアで出演してくれた歌手の中川五郎さんや高田渡さんらには、今も感謝の気持ちで一杯だ。

金五子さんに続いて、大阪出身の康宗憲《カンジョンホン》さんのドキュメント映画『また会える日よ再び』も製作、上映運動をした。康宗憲さんは、大阪有数の進学校である天王寺高校出身で陸上部キャプテンも務めたスポーツマンだったが、韓国の無医村の医者になろうという志を持って韓国に留学したという異色の経歴に魅かれたのである。

こうした映画の製作、上映は、当時の救援運動との連携によって可能であった。救援運動には、政治犯の友人、家族中心のものから、それらの全国的なネットワーク組織である「在日韓国人『政治犯』を支援する会全国会議」まで様々な形があったが、とくに「在日韓国人政治犯を救援する家族・僑胞の会」という文字通り家族や在日同胞を中心とする団体の協力が大きかった。

その事務局長をしていたのが、後にもっとも親しい友人の一人になった金泰明《キムテミョン》さんだった。当時彼は大阪市立大学の学生でありながら専従の活動家として救援運動をしていたのである。ぼくは学生とは知らず、てっきり社会人でかなり年上だと思っていた。当時から顔に威厳があったのだ。金泰明さんについては後にまた登場願うことになるだろう。

その金泰明さんが「助っ人」として映画製作の現場に送ってくれたのが、後に作家として活躍することになる金重明《キムチュンミョン》さんだった。彼は東京大学の英文科を中退して、当時は大阪外語大学の朝鮮語科の学生だった。ここも中退したが、結局英語も朝鮮語も独学でマスターしていた。数学にも造詣が深く、後に数学に関する本まで出版しているほどだ。非常に頭脳明晰で、文学や哲学も良く読んでいたので、彼と語り合うことも、ぼくの楽しみになっていたものである。

すでに述べたように、この映画製作・上映活動中に、家業が倒産したため、ぼくは大学を休んで飯場や深夜レストランに働きに出なければならなくなった。レストランには定休日があり、飯場の仕事は、日曜日以外に雨の日も休みになるので、ぼくは休みの度に仕事場だった丹波篠山や江坂から京都や大阪に行って活動を続けていたのである。

映画製作のための取材で知ったことや在日韓国人「政治犯」にされた先輩たちの生き方を知れば知るほど、彼らの純粋な祖国愛や統一への熱い想いに共感すると同時に、在日コリアンとして自分がどう生きるべきか、改めて考えるきっかけにもなった。

日本で差別をなくそうと頑張っている同年代の活動家がいる一方で、祖国に渡って祖国の発展や統一に寄与しようとする先輩たちがいる。日本で反差別のために闘っている活動家は、韓国の民主化や祖国の統一にそれほど関心がなく、祖国に渡った先輩たちはその祖国で「政治犯」として捕えられている現実があった。

ぼくは、両者に対して敬意を持つことができたが、しかし、どちらにも完全には共感できなかったことも事実だ。差別に対する認識についてはすでに述べたが、さらに補足するなら国家と国家の関係が、差別においても大きな影響力を持っていることは否定のしようがないことだ。日本とは植民地支配以来の関係が現在まで完全には清算されてはいない上に、祖国が南北に分断し対立していることが、さらに問題を複雑にしていた。

ぼくは、祖国南北、日本という国家の狭間にいる在日コリアンが、祖国南北だけに、日本だけに向き合っていてはだめだと考えるようになった。在日コリアンは、祖国南北に相当な寄付や貢献をしてきたが、北朝鮮には10万人近くが帰って、消息知れずになった人もあまりに多い。韓国では「政治犯」として捕えられている人がいる。南北双方に対して国家や体制のありように、根本的な疑問と批判をもたざるをえなくなっていた。

民族と言語

こうした現実のありようを見るにつけぼくは、在日コリアンは、在日コリアンとしての存在の有り様を、国家から距離を置いて自ら見出す必要があると考えるようになったのである。改めて民族とは何か、国家とは何かを、また、在日コリアンの存在の根源である植民地主義とは何か、民族差別とは何かについて問わずにはおれなかった。

すると、こういう問いそのものが在日コリアンの存在自体から出てくるものであることに思い至る。祖国南北の人も日本人も、自ら話し書く言語や国籍について考えたりすることはほとんどないだろう。日本で生まれ日本語を話し、日本国籍を持ち、日本のパスポートを持っている自分が日本人であることは自明であり、その事情は祖国南北の人も同じだ。しかし、在日コリアンの2世以降、母国語が話し書ける人間はどれほどいるだろう。ほとんどが流暢には話せない。

民族の定義にとって言葉の問題はたしかに重要だ。民族問題がアキレス腱とも言われていたマルクス主義においても、民族問題、民族の定義は論争の対象だった。たとえば、ドイツ社会民主党の指導者だったカウツキーや旧ソ連の指導者だったスターリンなど、当時の民族問題の権威とされていた理論家の定義では、言語は民族のもっとも重要な要素であった。

そのカウツキーと民族の定義をめぐって論争したのは、ユダヤ系ドイツ人のドイツ社会民主党員だったオットー・バウアーだった。ユダヤ人にとって共通の言語は失われていた。オットー・バウアーが、民族とは自分がユダヤ人だと意識する民族意識こそ本質的な要素だと論じたことに共感したものだった。自分がコリアンだと思えばコリアンなのだ。

しかし、自分が所属していた留学同でも、朝鮮語ができなければ朝鮮人ではないという風潮は依然として強かった。留学同でも朝鮮語を教えていたが、言葉は「民族の魂」であり、夢も朝鮮語で見るようになって一人前の朝鮮人だと、朝鮮語の習得に力を入れていた。

もちろん、民族共通の言葉として朝鮮語は健在であり、祖国の人たちと朝鮮語でコミュニケーションできるようになることは素晴らしいことだ。だからと言って、朝鮮語ができなければ朝鮮人ではないという捉え方は、在日コリアンの実態から言っても無理がある。そうなると多くの在日コリアンは、朝鮮人でなくなってしまう。

とはいえ、植民地時代、朝鮮語が禁止された歴史があるわが民族にとって、朝鮮語を学ぶことは奪われたものを取り返す意味もあり、その意味で大切なことであることもたしかだ。それでも、言葉は「民族の魂」とまでいうのは言い過ぎだと思わざるをえなかった。それは、祖国の人と遜色のない言葉ができるようになることを求め、それができない者を中途半端な朝鮮人と見ることにつながるからである。

語学の才能があり、努力して祖国の人と遜色のない言葉を身につけた人もいるが、それは本当に稀な例だと言えよう。留学同で最初の朝鮮語講習の時に、模範として先輩が朝鮮語の長編詩を朗々と暗唱してくれたが、そんな見事な朝鮮語を披露してくれたのは、結局その先輩だけだった。その先輩こそは、ぼくを留学同に誘った本書の初めに登場していただいた宋君哲先輩だった。宋君哲先輩は英語もマスターしていたが、それが努力の賜物であることはもちろんだが、やはり語学の才能に恵まれていたのである。

そういう例外を除けば、朝鮮学校で小学校から一貫教育を受けて学んでも、祖国の人と遜色のない言葉を身につけられる人間はほとんどいない。まして今では教える先生も祖国の人並に朝鮮語が操れるわけではない2世、3世なのだ。それでも朝鮮学校では、やはり民族にとって言葉がもっとも重要であることには変わりはない。理想としては、あくまで祖国の人と遜色のない言葉を身につけることだろう。

しかしぼくは、それは可能なことでも必ずしも正しいことでもないのではないかと、民族との関連で言葉に関心を持ち、近代言語学に関して知れば知るほど、そう思うようになった。近代言語学の考え方は、言葉はコミュニケーションの手段であり、より重要なことは、どの言語も価値において平等だということだ。

日本で生まれ育ち、母語も日本語であり、日本語に取り囲まれている社会で身に付ける朝鮮語は、例外を除いては、北朝鮮からも韓国からも「おかしな朝鮮語」と思われてしまうのである。しかし、それは果たして公平なことだろうか？祖国の人は、母語として自然に身に付いてしまう言葉が、もはや母語が日本語の在日コリアンは、努力してもその域にはなかなか到達しないのである。

近代言語学の考え方からすれば、在日コリアンが朝鮮学校などで一生懸命身に付ける朝鮮語は、ピジン語（異言語間の意志疎通のために発生する混成語）やクレオール（ピジン語が世代間をこえて母語となった言語）の一種と言えなくもないだろう。その意味で意志疎通に十分通じる朝鮮語なら、本来「おかしな朝鮮語」というものはないと思うのである。第一、祖国南北の朝鮮語も半世紀以上断絶して別々の体制、習慣で生活して来たため少しずつ変わってきている。互いの意志疎通に不便があるほどの差異はないが。

在日コリアンに限らず、海外に移住し生活して世代を経れば、生活の地の言葉が母語になることは避けられないことだろう。いまでは世界に何百万人と暮らしている韓国人もいずれ同じような問題に直面するだろう。その時に、在日コリアンの経験、とくに朝鮮学校の経験は活かしていくことができるだろう。そのためにも言葉が環境によって変化していくものであり、変化していく言葉に対して寛容な態度を持つことを祖国の人も、海外に住む人も、また朝鮮学校の当事者も学ぶべきではないかと、ぼくは思うのである。互いに対等であるべきだと。

運命の出会い

大学時代には、ぼくの人生でもっとも重要な出会いがあった。先に深夜レストランでのエピソードでも触れた金熙哲《キムヒチョル》氏との出会いだ。店長に薦められてぼくは、金熙哲氏を訪ねることにした。当時金熙哲氏は、元活動家や文学志望の在日コリアンの仲間たちと「7・4会」という社会人のサロン的サークルを作って、時々会合をもって祖国や在日コリアンを取り巻く様々な問題について議論し合ったり、交流したりしていた。そんな会合がある喫茶店であると聞いて行き、そこではじめて金熙哲氏に会ったのである。当時はプラスチック成型の工場を経営されていた。

ぼくは大学2年の時家業が倒産して、仕事をしながら、すでに述べたような在日韓国人「政治犯」救援のための自主映画製作・自主上映の活動をしたり、民闘連の活動家と意見交換したり、高校の朝文研を訪ねたり、留学同や立命大広小路校舎の朝鮮文化研究会にも顔を出していた。

当時ぼくを悩ませていたのは、「祖国指向」と「在日指向」という、あたかも二者択一のように捉えられていた統一問題と差別問題の関係であり、在日コリアンとして、どちらの解決を優先させるべきかという問題だった。国家から自立すべきだという考えには達していたが、統一問題と差別問題の関係についてはまだ完全に整理できていなかった。

そんな時、金熙哲氏に出会い、その明晰な分析力と深い洞察力に感嘆したのである。金熙哲氏は、在日コリアンを祖国と切り離し、日本の中だけで物事を考えるようにし、在日コリアンが出口の見えない状況に陥ることほど、日本の権力にとって都合のいいことはないと言った。

たとえば、日本人の良心的な朝鮮の研究者が集まっていた「朝鮮研究」の中心メンバーとして民族差別を論じていた佐藤勝巳氏や、当時入管職員だった坂中英徳氏が発表した在日コリアンの問題を解決するために、容易に「帰化」できるようにし、日本社会に受け入れようと主張していた坂中論文は、一見差別をなくそうとしているように見えるが、明らかに祖国と在日コリアンを切り離そうとする方向に誘導しようとしていると実に明快に話してくれた。

当時、佐藤勝巳氏は、在日朝鮮人問題の専門家として良心的な研究者と思われていた。民闘連のメンバーも佐藤勝巳氏に対しては信頼していたようだった。その後、「朝鮮研究」を離れ、「現代コリア」という反在日コリアン、反北朝鮮、反韓国をはっきり標榜する雑誌を作ってからは、彼の本性がはっきりと表れ、民闘連も批判するようになった。

金熙哲氏は、そのはるか前に佐藤勝巳氏の本質を見抜いていたのである。金熙哲氏の話で、ぼくは迷いがふっ切れた。

統一問題と差別問題は、どちらか一方を優先する問題ではなく、祖国南北、日本を同時に視野に入れて初めて解決する問題だとはっきりと悟ったのである。以来、金熙哲氏とは義兄弟のようにお付き合いさせていただいている。

大学4年の時には、1年間京都の桂にあった留学同の寮で生活したこともある。苦学生だった時に、朝晩食事がついて本当に安い寮費で生活できたことは今も感謝している。ぼくは、今は辛いものが大好きで、甘いものが苦手だが、留学同の寮に入るまでは、甘いものが大好きで辛いものはまったくだめだった。しかし、食事を作ってくれるアジュマ（おばさん）が出してくれる料理が辛いものばかりで、どうしてもそれを食べなければならなくなったのである。泣く泣く食べている内に、辛いものが美味しいと分かってきたのである。そうなるとなぜか甘いものが甘すぎるように感じるようになってしまった。どうも味覚の幅が狭いようで、辛い味覚が甘い味覚を追い出してしまったようだ。

空手を教えてほしいというトンムたちと空手を一緒に練習したのも楽しい思い出だ。この寄宿舎は、朝銀の不良債権の担保として処分され、今はもうないのが寂しいかぎりだ。

1980年、大学に行けなかった2年間を合わせて、結局6年かけて大学を卒業した。

ぼくは、8年かけて卒業するつもりだった。というのも今はないが、当時の立命館大学は5年生以降は「単位料」という制度があり、1単位2000円で、語学なら2単位なので4000円、一般教養は4単位8000円で授業を受けられたのだ。ぼくは語学2単位だけを残し、年間授業料4000円で通っていたのである。それで学生の身分なので学割はすべて使えるのであるから、こんな「得」なことはない。しかし、アボジがどうしても工場を再び始めたいというので、卒業と同時に、アボジと一緒にプラスチック加工業「寿化学工業所」を立ち上げた。「寿」は、ぼくの名前の一字を取って付けたのである。

ちょうど同じ頃、学生時代から出入りするようになった「7・4会」が、それまでのサロン的な会から、活動を活性化すべく目的を明確にして規約を備えた会にしようとなった。それまでのメンバーに加えて、さらにいろいろなメンバーが集まり、熱気のこもった雰囲気の中で、規約なども一言一句ゆるがせにせず真剣に討議しながら、新生「7・4会」の再発足に向けて準備していた。

「7・4会」の活動

ここで「7・4会」の名前の由来について簡単に説明しておこう。1972年7月4日、分断後初めて南北が政府レベルで公式に合意して「7・4南北共同声明」を、南北同時に発表した。統一に関する基本原則である「自主的・平和的・民族大同団結」を盛り込んだ声明だった。

その背景には、1972年2月21日、アメリカのニクソン大統領（当時）の突然の中国訪問がある。この米中急接近は、南北の頭越しになされたものであり、南北ともにそれへの対応を迫られた結果、「7・4南北共同声明」の発表につながったと言えるだろう。

しかし、その後、南北政府とも、統一に備えるという名目の下でそれぞれの体制の強化、引き締めを図った。韓国は、永久執権を目論んで10月維新体制を布き、北朝鮮は、新たな社会主義憲法を制定して、それぞれ権力基盤を強化したのである。結局、70年代後半にいったん南北の対話は中断してしまった。それでもその声明の内容自体は、画期的な原則を明らかにしたものだったので、その精神は受け継ごうという思いを込めて「7・4会」と名付けたのである。

この「7・4南北共同声明」については、後でもう一度詳しく触れたい。

新生「7・4会」発足の前年、韓国では20年近く続いた独裁政権の朴正熙大統領が、直属の部下の中央情報部の金載圭部長に射殺されるという大事件が起こった。その数年前から、韓国の民主化運動は急速に盛り上がり、とくに釜山や馬山の大規模な民衆デモは、朴正熙独裁政権を激しく糾弾し追いつめていた。その中でついに朴正熙大統領が、いわば身内によって「暗殺」されたのである。

ぼくは、この事件に大きな衝撃を受けた。学生時代から朴正熙独裁政権を批判し、とくに政治犯救援のための映画製作、上映運動を通じて、その反人権的、反民主主義的な実態を糾弾もし、民主化の実現の障害である軍事独裁政権の一日も早い終焉を訴えていたが、いざその朴正熙大統領が射殺されてみると、物心着いた頃から韓国の大統領であった朴正熙大統領の死が、ぼくに歴史を実感させる衝撃の体験となった。無意識にいつ終わるとも知れないもののように感じていたことに、愕然として気付かされたのである。

学生時代、マルクス主義の弁証法的唯物論やヘーゲル弁証法を学び、自分なりに批判的にそれらを吸収したつもりだったが、この時、ヘーゲル弁証法誕生の契機となったフランス革命のヘーゲルにとっての衝撃が、少しは実感できたように思ったものだ。もちろん、人類史におけるその巨大な意義と比べるべくもないのだが、ぼく個人の歴史的経験としては、非常に大きな体験だったのだ。ぼくは、「変化・発展の論理」である弁証法について、より実感をもってさらに身近なものとして理解できたように感じた。

こうした思想的体験とも言うべき経験とは次元のまったく違う、もっと身近というか卑近なというべきエピソードもあった。朴正熙大統領「暗殺」後、韓国から親戚だと言う人が父を訪ねて来て、当時の陸軍総参謀長であった鄭昇和《チョンスンファ》は、わが「迎日鄭氏」（始祖の発祥地を表す本貫があって、鄭氏にもいくつかの系統があり、わが家系は「迎日鄭氏」だった）で同じ親戚だ、軍のトップが親戚なのでこれからはわが一族の天下が来る、ついては一族の系図である「族譜《チョクボ》」を新しく編纂するので寄付をしてほしいと依頼されたのである。それもけっこう大きな額を要求してきた。ぼくは父に絶対に応じてはダメだと反対したものである。父は韓国の政治にはまったく関心がなかったが、せっかく親戚が来てくれたからと、いくらかは出したようだった。

誰かが出世すると一族が群がるコリアの悪習を、こんな形で身近に見ることになるとは思わなかったが、韓国で大統領が変わる度に前任の大統領が、身内の問題で逮捕されるというパターンが続くのも分かるような気がする。おそらくはじめは誰しも気をつけているはずなのだが、結局は防ぎきれず同じ失敗を繰り返してしまうようだ。

それはともかく、１９７９年10月26日の朴正熙大統領「暗殺」以降、韓国は「ソウルの春」と呼ばれた民主化への希望が満ち溢れていった。日本にいるぼくらも、韓国から伝わってくるニュースや情報に一喜一憂し、あるいは情勢をどう見るか熱く議論を交わしながら見ていた。それは翌年の春まで続いていた。

そういう雰囲気の中で新生「7・4会」の発足を準備していたのであるが、12月に国軍司令官として朴正熙大統領「暗殺」事件の捜査を主導していた全斗煥《チョンドゥファン》が、わが親戚であるという鄭昇和陸軍総参謀長らを粛清し、軍部を掌握すると情勢は徐々に緊迫していった。わが「迎日鄭氏」一族の「野望」は夢と砕け散ったわけだ。

翌年緊迫の度はさらに増していった。そんな中で、ソウル大学に全国の学生のリーダーたちが集まり、民主化に向けた熱い議論と闘いを展開していたが、日本にいるぼくたちは、ひやひやして見つめていた。リーダーたちが1カ所に終結していることに不安と危惧を覚えざるをえなかった。一網打尽にされる危険を回避してほしいと思わずにはおれなかったものである。

しかし、不安は現実となり、5月17日、ついに全斗煥によるクーデターが起こったのである。非常戒厳令を拡大する戒厳布告令第10号を発表し、政治活動、集会、デモの禁止、言論・出版の検閲などを断行したのである。金大中氏をはじめ多くの政治家、民主化運動活動家を拘束した。これに対し、光州で大学生を中心に抗議のデモが起こり、これを戒厳軍が武力で鎮圧すると、さらにこれに反発する光州市民の民衆闘争が起こったが、戒厳軍はこれを残忍に弾圧したのである。

新生「7・4会」の最初の活動は、この「光州事件」を引き起こした全斗煥に対する糾弾集会となった。米軍が許可しなければ動かせない軍隊を動員したことは、アメリカの承認のもとで実行されたことを物語っていた。この時ぼくは、全斗煥とアメリカを糾弾する声明文の草案を書くことになった。この声明文は、事実を具体的に示し論理的でありながら感動的であったと周囲から言われ、これ以後、声明文や趣旨文、決議文などの文書を書くのが、ぼくの役割のようになった。

また、「7・4会」の会報を発行することになったが、これも編集長を任され、年に4回ほど発行した。メンバーには、総連や韓国青年同盟などの元活動家や文学愛好家など多彩な人材がいたので、原稿集めに苦労することはないだろうと思っていたが、意外と原稿の集まりが悪く、やむをえず足りない分は自分で原稿を書いて埋めていた。政治情勢の分析を中心に、哲学的エッセーの連載、書評など、多岐に渡るテーマで書いたものだった。実は今回、先の声明文類や会報に書いた文章を探したが無かった。他のメンバーにも聞いてみたが、見つからなかった。

メンバーには映画好きも多かったので、映画鑑賞同好会のような感じで、メンバーで一緒に映画を観に行ったりしたものだ。映画を観た後、何よりお好み屋などでビールを飲みながら、みな映画には一家言の持ち主ばかりだったので、感想を語り合うのが楽しみだった。

当時、ぼくの母校の先輩であり、ぼくを留学同に誘ってくれた宋君哲先輩が、大学卒業後勤めていた総連傘下の新聞だった朝鮮新報を辞めて大阪にもどっていた。先輩は、朝鮮新報の英語版の記者をしていた時、東ヨーロッパに総連の代表団の通訳として随行し、英語と朝鮮語の通訳を務めたほど語学が堪能だった。ぼくを留学同に誘った先輩だったが、結局は北朝鮮政権に疑問を感じて辞めざるをえなくなったのである。

東京から大阪にもどってきた先輩と、「7・4会」で再会したわけである。先輩が結婚された後も、よく一緒に映画を観に行っていたので、先輩の連れ合いさんに「やきもち」を焼かれたほどだった。

さて、「7・4会」発足とともに始まった１９８０年の光州事件についての集会は、以後毎年開催された。しかし、年々集まりが悪くなり、とくに若い人たちがなかなか来てくれなかった。ぼくは、このままでは活動は衰退していくしかないと思うようになった。

そんな時、「7・4会」で山にキャンプをしに行くことになった。そこに詩人で顧問格の金時鐘《キムシジョン》先生も参加された。夜、テントでランプの光の下で語り合っていた時、金時鐘先生がこういう話をされた。

「来年の8月15日は、解放40周年だ。君たち若い人たちが何か記念行事はできないだろうか？　私には昔から一つの夢があった。それは、在日の若者が全国から集まり、今日のようにキャンプをしながら、大いに在日の来し方、行く末を議論し、議論の合間には、歌ったり踊ったりして想いを共有し、またそれぞれの持ち場に帰って頑張れるような集まりを持つ、そんな夢だ」

ぼくは、この提案というか、夢を聞いて、最近たしかに若い人が集まらないし、何か思い切って新しいことをしなければならないなと思ったのである。よし、何かしてみようと思い、何をしようかと考えだした。どうせなら何か今までにないまったく新しいことをしたいと思った。

第2章

ワンコリアフェスティバルに向けて

小松川事件と金嬉老

1985年の解放40周年をいかに迎えるべきか、何をすべきか、それを考えるためには、祖国の南北分断状況と日本における差別の中で在日コリアンが生きて来た意味、これまでぼくが関わってきた運動の中で考えたこと、そして哲学、思想を学びながら考えたことを、改めて考える必要を感じた。

在日コリアンの歴史は、1910年の「韓国併合」による日本の植民地支配から始まり、1945年、日本の敗戦による「解放」もつかの間、祖国南北と日本の3つの国家の狭間で翻弄されながらも、懸命にたくましく生きてきた歴史であり、祖国の分断と対立、日本社会の差別、韓国の民主化闘争、北朝鮮への「帰国事業」など、日本と祖国南北に真正面からぶつかり、考え、行動し、闘ってきた苦難の歴史でもある。

しかし、何よりまず在日コリアンの歴史は、在日コリアンの存在が日本帝国主義の植民地支配に起因する以上、植民地主義の問題を抜きには語れない。

それを考える時思い出すのが、学生時代に読んだ朴壽南《パクスナム》さんの『罪と死と愛と』（1963年）である。『罪と死と愛と』は、1958年に起きた「小松川女子高生殺害事件」の犯人とされ、未成年でありながら「超法規」的に死刑にされた李珍宇《イチンウ》との往復書簡である。朴壽南さんと李珍宇が、生と死、罪と罰を見つめ、苦しいほど、ギリギリと問い詰める内容であった。「小松川女子高生殺害事件」ほど、まだ高校生だった李珍宇が新聞などに顔写真、本名が載せられ、未成年で死刑を執行されるなど、異例尽しの露骨な民族差別を象徴する事件もないだろう。朴壽南さんは、もともと総連の期待の星だったが、その総連から、当時始まろうとしていた北朝鮮に帰る「帰国運動」の邪魔だと、李珍宇救命運動から手を引けと言われる。それでも彼女は、李珍宇を「犯罪者」、「民族の恥」として切り捨てる組織を離れ、独自に李珍宇救命運動を続けた。

その後、朴壽南さんは、「朝鮮人被爆者」「朝鮮人軍属」「元従軍慰安婦」の問題を誰よりも先に取り上げ、告発してきたが、そのたびに、既成組織と国家権力の妨害と闘わなければならなかった。日本国家が隠蔽し、南北両国家が忌避してきた問題を、彼女は、何物にも屈することなく暴き続けたのだ。それこそ、植民地主義との真の闘いであろう。

実は、数年前、朴壽南さんが沖縄を舞台に「元従軍慰安婦」のことを描いたドキュメンタリー映画『ぬちがふう――玉砕場からの証言』(2012年)が、韓国と北朝鮮から公式に招待された。つまり、ついに国家が彼女の闘いを認めたのである。彼女の「ペン」は、どんな「力」にも屈することなく立ち向かい、ついに正当な評価を勝ち取ったということである。そんな朴壽南さんだからこそ映画の中でも、沖縄の「本土復帰」を、再び日本の植民地になったと、言い切ることができたのである。

ドキュメンタリー映画『ぬちがふう』の上映会の時、直接お聞きした話も印象深く記憶に残っている。朴壽南さんの闘いの原点は、アメリカ占領軍と日本政府の朝鮮学校への弾圧に対する闘いにあったという。

1948年、朝鮮学校への弾圧が日本全国で吹き荒れた時、中学2年生だった朴壽南さんの朝鮮学校にも棍棒をもって襲いかかってきた警官に、学生たちが逃げ回っていた時、突然、彼女は振り返り、警官に向かって、決然と抗議した。「豚を飼い、どぶろくを売って、皇民教育を受けてきた自分たちを、立派な朝鮮人にするために、親たちが作ってくれた学校だ、絶対に出ていかない」と。その気迫に、それまで容赦なく中学生たちを殴っていた警官が気おくれし、たじろいで帰ったという。

朴壽南さんは、その時、逃げては負ける、立ち向かって闘わなければならないことを学んだと言っていた。しかし、そのために彼女は、組織や国家とも闘う壮絶な人生を歩むことになったが。

ところで、日本人にも例外的な人がいた。大島渚監督である。「小松川女子高生殺害事件」をテーマとした映画『絞死刑』(1968年)は、大島渚監督の「朝鮮三部作」といわれた作品の一つであり、他に『忘れられた皇軍』(1963年)と韓国の孤児の話である『ユンボギの日記』(1965年)があった。ぼくは、これらの作品を学生時代に観たのである。

とくに『忘れられた皇軍』は衝撃的だった。幼い頃見ていた白い衣装、腕や足のない姿で、アコーディオンを弾きながら街中で物乞いしているおじさんたちが、同胞の元日本軍の傷痍軍人だったことに。それもコリアタウンで見ていたのに、周りの大人も彼らが何者かいっさい語らなかった。自分が受けた12年間の民族教育でも一度も教えてもらったことがなかった。日本と南北両祖国から、いや在日コリアン社会からも切り捨てられた同胞のことを、日本人である大島渚監督が取り上げ、日本を告発していたのだ。

ぼくが差別や人権について真剣に考えるようになったのは、大学に入ってからだと第1章で述べた。生野のコリアタウンで生まれ育ち、12年間、建国学校で民族教育を受けたぼくにとって、日本の高校から来たコリアン学生の民族的コンプレックスの深さ、朝鮮人であることを必死で隠そうとする姿は衝撃的だったし、彼らにここまで思わせるもの、させるものが日本社会にはあることを、差別の現実をはじめて実感したとも書いた。

と同時に、なぜ12年間も学んだ民族学校で、目の前にあったはずの差別の現実を、深く考えさせるような教育を受けてこなかったのか、という疑問も湧いてきた。学校で差別の現実や差別そのものの意味を深く掘り下げて考えさせたり、それを克服する課題などを議論する、というような教育は受けていなかった。今でいう「人権教育」はなかったといわざるをえない。

その結果、建国を出て一歩社会に出ると、ほとんどが本名を使わず、通名を使っていた。それは総連系の朝鮮学校でも似たようなものだったようだ。ある総連系商工人のシンポジウムで、朝鮮学校卒業者のパネラーが、仕事では差別があるので通名を名乗るのもやむを得ないとしても、仕事ぬきで「朝鮮人だけでゴルフに行くときも、ゴルフバッグの名札まで全員通名だった」と率直に語っていた。自分たちは、それからまず改める必要があると。その自己批判の姿勢に感銘を受けたものだった。

すべての民族学校の中で、民族教育の中で、人権について深く考え、人権こそ民族の尊厳の前提であり、そのもっとも基本となるのが本名であることを、子どもたちが自覚できるような人権教育をしてほしいものだと思う。命を何より大切にする人権なくして民主主義はない。また、黒人差別と、すなわち黒人の人権のために闘ったネルソン・マンデラ南アフリカ共和国元大統領が言ったように、民主主義なくして平和もないのだ。

ましてや南北が今も休戦状態にあるわが祖国だからこそ、二度と同族相食む戦争をしてはならないわが民族だからこそ、それはいっそう切実だと思うのである。

あの時代、在日コリアンおよび朝鮮と韓国を真正面から取り上げていた大島渚さんは立派だと思った。ただ、『絞死刑』はあまりに前衛的表現にこだわり、民族差別という本質がぼやけていたことが不満だったが。それに較べ、こういう問題を、自らの思想的課題にできなかった同胞の組織や先輩知識人に、この頃から疑問をもつようにもなったものである。

金時鐘先生は、そうした課題を突き詰めていた数少ない在日同胞の知識人であった。ぼくが先生に惹かれ尊敬せずにおれないのは、解放後の早い時期に、1世でありながら、それも祖国と日本でぼくらが想像もできない過酷な状況をくぐり抜けた1世が、在日コリアン2世の問題を、自分の問題として引き受けて考えていたことだった。

幻の詩誌といわれた『ジンダレ』と『カリオン』における金時鐘先生の戦後の政治と文学、組織と個人、植民地主義と差別をめぐる在日コリアンの思想的課題に向き合う姿勢は、朴壽南さんと通じるものだった。

金時鐘先生は、1968年の「金嬉老事件」では裁判の証言に立っている。先生も組織から、民族の恥さらしの犯罪者に関わるなと言われていたが、「金嬉老事件」に向き合っておられた。在日2世の金嬉老がやくざを殺害し、その後静岡県内の旅館に立て籠もったこの事件もまた植民地主義と差別を見つめる問題であり、在日にとっての統一は、それを見つめること抜きにはないことを深く洞察していたからなのだ。

金時鐘先生がいう「在日を生きる」というのは、そういうことだとぼくは受け取っている。先生の『わが生と詩』（2004年）という本の中で、尹健次さんとの対談でワンコリアフェスティバルに触れて、先生はこう述べてくれている。

「たとえばよく知られている［ワンコリアフェスティバル］。在日の実存に則って、北だの南だのという対立の反目は克服されつつある。対立しているからこそ、共に過ごす場をつくることを提唱したのは僕でしたが、その意向のほどを鄭甲寿君らが生かして、彼らの若さがああいう形の集まりにしていった」

この金時鐘先生の話を聞いて、尹健次さんが、また自分も考えてきたことだと、こう言っていることにも共感する。

「社会科学的に表現すると、最近はやりのポストコロニアル（脱植民地）とかカルチュラル・スタディのいっていることと同じなんですね。行きつくところは本当は同じなんです。だから地域とか、時間とか、世代とか、そういうものが違っても世界各地で問題にされていることを突き詰めていくと同じ問題になる」

まったく同感だった。

ところで、「小松川女子高生殺害事件」は、ぼくがまだ小学生にもなっていない時の事件であり、犯人とされた李珍宇が死刑執行された年は、ぼくが小学3年生だったはずで、この間、北朝鮮への「帰国運動」がピークだった頃と重なる事件だった。先に述べたように、その頃ぼくは猪飼野の朝鮮第四初級学校に通っていたが、先生も若く、未来への希望を、多くの在日同胞が北朝鮮に見ていた時代だった。

そんな時に、あくまで李珍宇に寄り添った朴壽南さんの闘いは、どれほど孤独で、厳しいものだったか。帰国した同胞の多くも北朝鮮の厳しい現実に直面していたことか。これは北朝鮮を批難するためではなく、人それぞれたった一回の人生なのに、あまりに選択肢のなかった当時の日本の過酷な差別の中で、ぼくのオモニ（母）も、北朝鮮に行くことを真剣に考えていた現実に向き合うために言うのだ。

オモニは、朝鮮戦争が終わって数年の北朝鮮が、総連が宣伝するような「地上の楽園」なんてまったく思っていなかったが、同じ苦労するなら、祖国のために苦労した方がいいと言っていた。そんな思いで北朝鮮に行った同胞もたくさんいたことだろう。

ぼくにとって、李珍宇も、「帰国事業」も、紙一重の差だったと思わずにはいられないのだ。そのことを直視し、思想的課題として引き受けない限り、3つの国家の狭間で翻弄されてきた在日同胞の国家の単なる否定ではない、国家からの自立はできないと思っている。

一方、先に述べたように、ぼくが学生時代、韓国では在日韓国人「政治犯」事件が相次ぎ、ぼくは、先輩たちの苦難は、これもまたまさに自分の問題だと思った。朝鮮籍でなかったら、当時のぼくも祖国を知りたい、祖国のためにできることをしたいと韓国に留学していたかもしれないと思った。在日コリアンにとって、李珍宇、「帰国事業」だけでなく、韓国で捕らえられた政治犯も紙一重の差だと思ったのである。

これらの問題を考える中で、在日コリアンは、日本にいてこそ祖国に貢献する道があると考えるようになり、国家から自立してこそ、祖国統一にも貢献できると確信するようになったのである。

在日韓国人「政治犯」の場合は、日本での救援運動を日本人が支援してくれたからこそ、そのほとんどの人が釈放され、韓国の民主化によって、現在、まがりなりにも名誉回復がされつつある。

しかし、「帰国事業」については、テッサ・モーリス・スズキさんの『北朝鮮へのエクソダス』（2007年）という非常に良心的な本が出たが、これから、さらに在日コリアン自らも研究を進めなければならないだろう。少しでも、先人の苦難に報い、自らの思想を鍛え、祖国と日本、ひいては世界を、少しでもより良い社会に変える努力と能力を身に付けなければならないと思っている。

解放40周年を迎えて

金時鐘先生の「来年は解放40周年だ。君たち若い人たちが何か記念行事はできないだろうか?」という言葉をきっかけに、以上のような学生時代以来これまで考え続けてきた問題や認識、想いを整理して、在日コリアンの立場から、統一運動と反差別運動、より広く民族運動と市民運動をつなげるような新たな運動を提唱しようと、新たな統一運動を始めようと決心したのである。

しかし、それらを直接的、政治的に表現するのではなく、新たな方法、新たなイメージを創造することによって、間接的に、できるかぎり幅広く、誰もが参加しやすい形態の文化的運動として始めようと考えた。

それが、ワンコリアフェスティバルというアイデアであった。なぜフェスティバル、つまり「お祭り」なのか。在日コリアンは、どんなに対立していても「冠婚葬祭」には集まる。とくに祭祠《チェサ》(仏教式に言えば法事)は、年に何度か決まった日にあり、親戚が集まるが、ぼくの親戚は民団系、総連系がちょうど半々で、儀式が終わって食事になり酒を飲み出すと、しまいには北が正しい、いや南が正しいとけんかになったものだ。それでも、それは祖国の人にはしたくてもできないことだ、日本にいるからこそできることだということを活かそうと考えたのである。「冠婚葬祭」の延長として。

しかし、「お祭り」にしたより重要な理由は、南北が対立している現実の中で、統一を現実的に語ろうとすれば、それはたちまち政治的対立と衝突に帰結するしかないからである。

その対立と衝突を回避するためには、1972年の初の南北政府間合意である「7・4南北共同声明」で確認されたように、統一は「自主」「平和」「民族大同団結」によって成し遂げようという原則に立ち返るしかないと考えたのである。第1章でも触れたが、ここで改めて「7・4南北共同声明」の背景を振り返り、今後の南北関係を考えてみたい。

分断後、何度も開かれては頓挫した南北会談を振り返って見る時、ぼくたちの素朴な統一の願いだけでは通じない2つの壁があったことに思い至る。ひとつは、南北の体制、社会構造の違いであるが、もうひとつは、大国の動向と思惑である。

その最初の例が1972年の「7・4南北共同声明」だったといえるだろう。1960年代から対立を深めるようになった中国と旧ソ連は、1969年、社会主義国どうしでありながら、ついに武力衝突を起こし、そこから中国は、アメリカへの接近を試みるようになる。

1971年1月アメリカのニクソン大統領が電撃的に中国を訪問し世界を驚かせた。もっとも驚いたのは南北政府であろう。ともに最大の同盟国のはずのアメリカと中国が急接近したのである。南北政府ともに、この大変動に対応を迫られた結果「7・4南北共同声明」の発表に至ったのである。

しかし、全民族につかの間の希望を与えた「7・4南北共同声明」は、南北ともに「統一に備えて」という大義名分のもと、それぞれの政権と体制の強化に取って代わられ、新しい憲法体制に移行して終わってしまったことはすでに述べた通りだ。

さて、これをどう見るかが、これからの南北関係を考える上でも、重要な示唆を与えるとぼくは思っている。そのポイントは、南北が国際情勢の変化に対して主体的に対応したと見るか、変化に押されてやむなく対応したと見るかであり、それによって見方は大きく変わるだろう。また、今後どうするべきかも見えてくるだろう。

その後の南北関係を見る時、完全に主体的な対応だったと評価するのは難しいが、分断後それでも初の南北の政府間対話にたどりつき、「7・4南北共同声明」という合意に達したことは、たんなる国際情勢の変化に対する消極的対応を超えていると見るべきだと思う。政府はお互いに体制強化にそれを利用したとはいえ、「7・4南北共同声明」自体は、当時大多数の南北、海外同胞の支持を得たという事実が何より重要であろう。だからこそ、南北関係の基本的な出発点とすべきだと今も思っている。

そのことと関連して、たとえば2014年、重要な中米首脳会談があったことを想起せざるをえない。当時新しく中国の指導者になったばかりの習近平《シーチンピン》国家主席に対し、オバマ大統領は2日間8時間も共にするという異例の厚遇を示した。また、同じ東北アジアの韓国の朴槿恵《パククネ》大統領も、韓米首脳会談において破格の厚遇を受けた。同盟国だから当然だとはいえない。同じ時期の日米首脳会談で、アメリカの同盟国のはずの日本の安倍首相がどういう扱いだったか、あらためて言うまでもないだろう。

一方、その直後、韓国の朴槿恵大統領が中国に国賓として招かれ、中国の習近平主席との首脳会談を行った。習近平主席は、同盟国のはずの北朝鮮の金正恩《キムジョンウン》国防委員会第一委員長より先に朴大統領に会い、いまだに金正恩国防委員会第一委員長とは会っていない。

北朝鮮と日本が本来同盟国であるそれぞれ中国とアメリカから冷遇されているということである。ここには、明らかにこれまでの同盟国間の関係も見直される新しい国際情勢の変化がある。一言で言えば、アメリカは中国の大国としての台頭を認め、新たな国際秩序を構築しようとしているということだ。

かつて同盟国の頭越しに米中が接近し米中国交正常化したように、「大国」は自国の利益にもとづいて対外戦略を変更する時、同盟国に相談したりなどしない。こうした「大国」の動向と思惑に南北が振り回されないためには、なにより南北どうしが主体的に対話し、智恵のかぎりを発揮し、忍耐強く交流と協力を着実に積み重ねるしかないだろう。そうしてお互い理解を深め、信頼を高めた時、はじめて南北は「大国」に左右されることなく、もっと言えば、左右されているふりさえして、南北の和解と統一へ向けた、したたかな戦略・戦術を駆使できるだろう。

そのためには、一つ明確にしなければならないことがある。それは朝鮮戦争の休戦協定に関する問題であり、捉え方である。

これも比較的最近の事例を元に説明しようと思う。２０１３年、北朝鮮は3回目の核実験をしたが、これに対し国連安全保障理事会は制裁を強化する決議をした。とくに中国までもが、これまで反対してきた制裁措置の義務化に賛成し、実際の措置を取ったのである。

これに対し北朝鮮は態度を硬化し、当時の米韓合同軍事演習「キー・リゾルブ」が始まる日から、朝鮮戦争の「休戦協定」の効力を完全かつ全面的に「白紙化」すると宣言したのである。板門店の北朝鮮側代表部の活動も中断、南北軍当局間の直通電話も遮断した。

実は休戦協定において、中国人民義勇軍の参戦なしでは敗北を免れなかった北朝鮮の実際の権限は制限されていた。事実上中国とアメリカが交渉して休戦協定を始めたものであり、その中国を無視するような白紙化宣言は、米韓合同軍事演習を口実としながらも、中国に対する抗議でもあろうとぼくは思ったものである。

北朝鮮は「白紙化宣言」において「米国をはじめ全敵対勢力の横暴な敵対行為に対し、より強力で実質的な第2次、第3次の対応措置を連続して取ることになる」と警告したが、米韓合同軍事演習を非難しながら「米韓」といわず「全敵対勢力」と言っているのは微妙な表現だからである。

中国の支援が必要な北朝鮮が、中国に直接「対応措置」を取れないことはたしかだが、ここまでエスカレートさせるのは、結局中国への抗議の意思表明だと思わざるをえない。しかし、こういう方法で抗議することは北朝鮮にとってもマイナスが大きいだろう。北朝鮮は、このような自らを孤立化させるような対外政策から脱皮し、新たなより平和的な外交政策を推進すべきではないだろうか。そのためには北朝鮮は、これまでの朝米交渉最優先の発想を転換し、南北関係打開を積極的に図るべきだとぼくは思っている。韓国もそれに応えるべきだ。

これまで北朝鮮は、「休戦協定」を「平和協定」に変える相手は、調印しなかった韓国ではなく、アメリカだと一貫して主張してきたが、それを「白紙化宣言」によって自ら破綻させてしまっている。しかし、それより根本的な問題は、そもそも休戦協定は、先にも触れたように中国とアメリカが直接交渉して始まったものなのである。

現場の交渉は、北朝鮮副首相兼人民軍総参謀長南日《ナムイル》大将と米国のチャールズ・ターナー・ジョイ中将が最高責任者であったが、韓国も代表を送っていたのである。

たしかに調印したのは「金日成朝鮮人民軍最高司令官、彭徳懐中国人民義勇軍司令官、M・W・クラーク国際連合軍司令部総司令官」であり、協定に反対した韓国の李承晩大統領は調印しなかった。だからといって、韓国が当事者でないという論法は、そもそも無理がある主張だったといわざるをえない。

たとえば、20年前に出版された徐大粛《ソデスク》ハワイ大学教授の『金日成』にも次のような事実が指摘されている。

「1951年7月に第一回休戦交渉が開かれ、その休戦会談の開催の求めに対する北側の返書には、彭徳懐と金日成が連名で署名しているが、そこには〈我々は交渉を開始する権限を与えられた〉という文言がみられる。この言葉遣いは中国人民義勇軍の彭徳懐にはまったく正しい使い方だが、金日成は国家の長であって、他から交渉を開始する権限を与えられる必要など毛頭ないはずである」と。

なお、当時は北朝鮮も徐大粛教授に対しては一定の信頼もしていたようであり、この見解に反論したことはないようだ。すなわち、「休戦協定」交渉の北朝鮮・中国側の事実上の最高責任者は、「交渉を開始する権限を与え」た毛沢東だということである。

もはや南北ともに分断の歴史と現実を正確に直視し、「7・4南北共同声明」をはじめこれまで積み重ねてきた南北間の合意を改めて尊重して履行し、南北の信頼を深め、協力を発展させるべきであろう。
そうしてこそ南北と地続きのユーラシア大陸に位置し、巨大な発展の可能性を秘めるユーラシア経済圏に利害を有する中国、ロシア、ヨーロッパも、南北の和解を通じた平和と安定に協力するだろう。そうなればアメリカも日本も協力せざるをえないだろう。大きな視野で見れば、鍵は南北関係にあり、その鍵をしっかり使うことが大国に南北が左右されない唯一の道でもあるとぼくは思っている。

7・4南北共同声明

その上で改めて「7・4南北共同声明」の全文を確認してみよう。

最近平壌とソウルで南北関係を改善し、分断された祖国を統一する諸問題を協議するための会談が開かれた。ソウルの李厚洛中央情報部長が1972年5月2日から5日まで、平壌を訪問して、平壌の金英柱組織指導部長と会談し、金英柱部長の代理として朴成哲第二副首相が72年5月29日から6月1日の間ソウルを訪問して李厚洛部長と会談した。

これらの会談で、双方は祖国の平和的統一を一日も早くもたらさねばならないという共通の念願をいだいて虚心坦懐に意見を交換し、双方の理解を増進させるうえで多大な成果を収めた。

この過程において、双方は互いに長らく会えなかったために生じた南北間の誤解、不信を解き、緊張を緩和させ、ひいては祖国統一を促進するため、次の問題に関して完全な意見の一致に到達した。

1．双方は次のような祖国統一に関する原則で合意した。

(1)統一は外国勢力に依存するかまたは干渉を受けることなく自主的に解決すべきである、(2)統一はお互いに武力行使によらず、平和的方法で実現すべきである、(3)思想と理念、制度の差違を超越してまず単一民族としての民族的大団結をはかるべきである。

1．双方は南北間の緊張状態を緩和し信頼の雰囲気を醸成するためにお互に相手を中傷、誹謗《ひぼう》せず、大小を問わず武装挑発をせず、不意の軍事的衝突事件を防止するために積極的な措置をとることに合意した。

1．双方は断たれた民族的連係を回復し、互いの理解を増進させ、自主的平和統一を促進させるために南北間の多方面的な諸交渉を実施することに合意した。

1．双方は現在、民族の至大な期待のうちに進行している南北赤十字会談が一日も早く成功するよう積極的に協調することに合意した。

1．双方は突発的軍事事故を防止し、南北間で提起される諸問題を直接・敏速・正確に処理するためにソウルと平壌間にホットライン（常設直通電話）を設けることに合意した。

1．双方は以上の合意事項を推進するとともに南北間の諸問題を改善・解決することで合意した。双方はまた祖国統一原則に基づいて統一問題を解決する目的で李厚洛部長と金英柱部長を共同委員長とする南北調節委員会を構成運営することに合意した。

1．双方は以上の合意事項は祖国統一を渇望する民族全体の念願に符合すると確信し、この合意事項を誠実に履行することを民族の前に厳粛に約束する。

互いに上司の意を体して　李厚洛　金英柱　1972年7月4日

緊急に取るべき具体的な処置が的確にあげられているが、ここでもっとも重要な合意は、「自主的に」「平和的に」「民族大同団結に」よって統一を成し遂げようという「3大原則」の合意であった。しかし、「自主」は、韓国の米軍駐留、「平和」は、軍事演習が問題になるなど、必ずしも見解が一致するものではなくなる。

となれば、残るは、「思想と理念、制度の差違を超越してまず単一民族としての民族的大団結をはかるべきである」という「民族大同団結」だけが残ることになる。

「民族大同団結」は、はじめから「差違」を前提にしているがゆえに、逆説的だが、もっとも解釈が対立する余地が小さいのである。だからこそぼくは、この原則によって呼びかけるのがもっとも効果的だと判断したのである。

そして「思想と理念、制度」を越えて集まるのにもっとも適した形式あるいは場は何かと考えた時、それは「お祭り」しかないと思ったのである。先に述べたように、在日コリアンは、北だ、南だ、民団だ、総連だと対立してはいても、冠婚葬祭では親戚が集うからであり、それができるのは「38度線」のない日本に住んでいるからなのである。冠婚葬祭の延長とも言える「お祭り」から始めようという結論に達したわけである。

非常に迂遠に見えるが、当時、在日コリアンにとって、統一という目標自体が見えにくくなっていた中で、それでも南北の分断が在日コリアンの運命に影響をもっていること、日本との関係ひいては世界との関係も規定していること、だからこそ南北の分断を克服して統一するという課題は、やはりもっとも重要な課題だと言うことを、誰もが集まりやすい「お祭り」の場を通して発信し続けるためである。

こうした考えをもって、当時はぼくが事務局長を務めていた「7・4会」の仲間にまずは相談することにしたが、真っ先に相談したのは、やはり金熙哲氏と宋君哲氏だった。その頃には、今に続く義兄弟のような付き合いをさせてもらっていたので、何でも相談できたのである。2人とも積極的に賛成してくれたので、さっそく「7・4会」の仲間を中心に実行委員会を作ることにした。

「ワンコリア」と「在日コリアン」

解放40周年の1985年8月15日を目指して実行委員会ができ、改めてテーマや開催日、企画内容などを話し合うことになった。

統一をテーマにすることは、誰も異存がなかった。統一というテーマは、１９４３年に朝鮮の「自由と独立」に言及した「カイロ宣言」以来、国連でも、あらゆる国際公約でも、南北それぞれが他国と結ぶ条約でも、それは支持されているものだ。また、本来当事者の一員である在日コリアンの中で、統一に対する考え方、捉え方に違いはあっても、たとえ統一に懐疑的であっても、反対することはできないからである。

運動においては、分かりやすさと通じやすさが何より求められる。ぼくは、統一に関して、とくに若い人や日本の人にも広範に訴えられるような、そのために分かりやすく新鮮でインパクトのある、しかもシンボリックな表現が必要だと考えていた。それが「ワンコリア」という言葉だった。

しかし、若者や日本人にも伝わりやすいように、統一を「ワンコリア」と表現し、さらに「フェスティバル」という英語を使おうというぼくの提案には、強い懸念や反対もあった。やはり、英語ということに抵抗がある先輩方、仲間が多かったのである。南北の政治的な対立の中では残念ながら「韓国」も「朝鮮」も使えないことは誰もが理解していた。それで国名、民族名を入れず、統一をそのまま使う方がいいという意見もあった。

そうした意見に対して、ぼくの意図を丁寧に説明する必要があった。統一をまったく新しいイメージで、とくに若い人たちにアピールしたかったぼくは、それでも英語で表すことにこだわった。表現は英語でも、志は込められるはずだと訴えた。

「ワンコリア」だけでなく、「フェスティバル」に関しても疑問や反対があった。マダン（広場）やチュッチェ（祝祭）などのコリアの言葉を使うべきだ、という意見が出てくるのはむしろ当然であり、ぼくもコリアの言葉を使いたいのはやまやまだった。

しかし、これは新しいスタイルの統一運動の出発であり、またコリアの言葉を使った行事、イベントは他にあるので、ぼくは、英語を使うことによって、まず斬新なイメージを喚起することができること、メディアで、活字や音声になった時、意味がすぐ分かることを強調した。たとえば、「フェスティバル」ではなく「マダン」（広場）にした場合、新聞で読んだり、テレビやラジオで聞いた時に即座に意味が分かる人が少なく、記憶に残りにくいだろうと説明したものである。

また、この運動は、統一を支持してもらえる世論作りのためにするものであり、そのためにはメディアに通じやすいものでなければならないことも強調した。こうして最終的には、英語を使うというぼくの意見を了解してもらったのである。

さらに行事の名称に「未来」と「創造」という言葉を入れたいと提案した。名称としては長くなり、説明的なきらいがあるが、どうしても入れたかったのである。この「未来」と「創造」という言葉には、ぼくなりの「7・4会」も含めて社会的な運動に対する問題意識が込められていた。様々な運動において、過去の反省や現状に対する分析、現実に対する批判はあっても、未来への希望やビジョンが具体的に語られたり、提示されることはほとんどなかったからである。

とくに南北の問題に関しては、相手に対する批判、非難、否定、反対がほとんどだった。建設的な提言や創造的なアイデアが出されることも、80年代にはほとんどなかった。ぼくは、運動において、未来に対する洞察にもとづくビジョン、批判だけではない創造的なアイデアやオルタナティブな提言能力がもっと必要であると考え、そのことを名称に込めたかったのである。

こうして1年目の正式の名称は、「8・15〈40〉民族・未来・創造フェスティバル」と決まり、テーマの統一を英語で

ワンコリアフェスティバル1985のパンフレット。「ONE KOREA」の文字が目立つ

ワンコリアフェスティバル1985のポスター

「ONE KOREA」と掲げることになった。

ところで、ここで、いわば運動における言葉について書いたので、もう一つ、ワンコリアフェスティバルがこだわって使ってきた言葉についても述べておこう。それは「在日コリアン」という言葉である。

戦後、日本のメディアにおける在日コリアンの呼称は、「在日朝鮮人」だった。それが1970年代に「在日朝鮮・韓国人」となり、いつの間にか朝鮮と韓国が入れ替わり「在日韓国・朝鮮人」となった。ぼく自身は、社会科学の用語としては在日朝鮮人が正確だとは思うが、在日朝鮮人でも在日韓国人でもいいと思っている。しかし、南北のバランスを取ろうと努力しているワンコリアフェスティバルの立場からすれば、在日韓国人も在日朝鮮人も使えない。言うまでもなく、韓国を使えば韓国寄り、朝鮮を使えば北朝鮮寄りと誤解されるからである。

とはいえ、「在日韓国・朝鮮人」や「在日朝鮮・韓国人」と言う言葉は絶対使いたくなかった。それは、一見日本のメディアも「バランス」を取っているように見えるが、事なかれ主義の表れでもあるからだ。ついでに言うと、単に「在日」ということで、事実上在日コリアンを意味する場合も多いが、日本には多くの外国人が住んでおり、いまや在日コリアンよりも在日中国人の方が多いくらいであり、これもおかしな使い方だろう。

そこであえて使うようにしたのが「在日コリアン」という言葉だった。先に述べたような呼称の変化自体、在日コリアン社会の変容と日本社会と祖国南北の関係の変化を反映しているもので研究に値すると思うが、そもそも「在日朝鮮・韓国人」や「在日韓国・朝鮮人」というような民族はいないのである。それ以上にぼくにとっては、何より間に挟まれる「・」が問題だった。それこそ、南北の分断を反映しているものであると同時に、それが意識に刷り込まれ、南北の分断状態を固定化する作用をしかねないものだ。

ぼくは、分断を当たり前のように表象してるようなこの「・」を取り除きたいと思っていたのである。取材依頼したり、取材されたりするたびに意識して記者に、「在日コリアン」という言葉を使ってくれるように頼んだ。はじめはなかなか通じなかった。「在日コリアン」では、読者が誰のことか分からないというのである。やっと使ってくれる記者が現れても、今度は上司のデスクにはねられるなど新たな壁が立ち塞がったりした。

こうしたやり取りを数年越しにして、90年ごろから記事に「在日コリアン」が使われるようになったのである。いまでは当たり前のように使われているので、こんな話は信じられないかもしれない。だが、残念ながら、「在日韓国・朝鮮人」もまだまだ使われている。早くこんなおかしな用語はなくしたいものだが、本来一つの民族の呼び名は一つであるべきであり、何と言っても一日も早く統一して、一つの呼び名になってほしいものだ。

「8・15」と統一ビジョンづくり

テーマが「統一」であり、誰もが参加できる「お祭り」にするために、とくに在日同胞における分断と対立を象徴している総連と民団に呼びかけ、両団体に参加してもらうことが重要だということでも、実行委員会に異存はなかった。

そのためには、民団、総連、祖国の南北に対して、批判や反対はしないという方針を確認した。ただ、これに対しても、あまりにも目に余る南北両政府の独裁や矛盾にまったく触れないのはいかがなものか、という異論や懸念も出たが、この催しに関しては、政治的な主張や批判はあえて封印しようと訴えた。批判せず代弁せず、反対せず迎合せずの姿勢で、徹底的に南北のバランスを取って行こうと仲間に訴えたのである。

実は、それまでに南北の和解と統一、在日同胞の和合を試みた先達はいたのだが、なかなか継続できなかった。どうしても政治的な立場が出てしまうからであり、南北どちらかに片寄りがちな批判もおさえきれなかったからである。

しかし、まだ大きな問題があった。そうした方針とバランスを貫くためには、ほかならないぼく自身の経歴と立場が障害となりえるということであった。かつて、留学同に所属していたことは、民団にとっては元総連であり、一方の総連にとっては留学同を離れたことは望ましいことではないからだ。それ以上に、在日韓国人「政治犯」の救援運動に関わり、しかも「朝鮮籍」であることは、民団からはより警戒されてもしかたない経歴と立場だった。

そこで、ぼくの実弟ながら同志のような関係だった鄭龍寿《チョンリョンス》に事務局長を引き受けてくれるよう頼んだ。彼も朝鮮籍ではあったが、総連系の留学同や朝鮮文化研究会にも、また民団系だった韓国文化研究会にも所属せず、自分で「高麗文化研究会」をつくって、地域の民団、総連の人とも仲良く付き合っていたからである。それは、ぼくがどこかに所属しない方がいいと彼にアドバイスしていたこともあるが、山口大学という既成組織の影響が少ない地方の大学に在籍していたから可能だったことだとも思う。

また、当時彼は、京都大学付属病院の精神科の医師でもあった。在日コリアンの社会でも、医者の社会的地位は高かったので、彼なら民団と交渉できるだろうと思ったのである。彼は事務局長を引き受けて、大学病院を半年休んで専従として奔走してくれた。

さて、実行委員会もでき事務局長も決まって、いよいよ具体的な内容を話し合うことになった。とにかく、これまで在日コリアンの運動ではあまりなかった様々な分野を取り入れ、とくに政治的にではなく、文化的に訴えるために、伝統的な民族音楽・舞踊はもちろん、何より若い世代にアピールするために、ロック、ジャズ、ブルース、シャンソン、レゲエなどをはじめ、ダンス・パフォーマンスなどの現代舞踊、さらには映像、演劇、創作ファッションショー、在日コリアンの若手美術家の美術展など、多彩な催しを企画した。

企画も揃った。次に開催日だが、これだけ盛りだくさんの企画を実行するためには、一日だけのイベントでは無理だと、解放40周年の8月15日を挟んだ14日から16日までの3日間開催することにした。イベントのプロからは、「お盆のイベントは成功しない」と言われていたが、それでも「8月15日」にこだわった。

思いとしては、14日は「過去」、15日は「現在」、そして16日は「未来」と位置付けていた。これに合わせて、会場は、14日、15日が大阪城野外音楽堂、「未来」を象徴すべき16日は、同じ大阪城公園内のその名も「太陽の広場」で、特設ステージを設けて開催することにした。

参加者の目標も1日2000人から3000人、3日目は5000人、3日間でのべ1万人としたが、これは民団、総連が協力し参加してくれるなら十分可能な目標だった。とはいえ、目標達成にもっとも大事なことは、言うまでもなく自ら宣伝・広報に全力を尽くすことである。

ポスター、チラシなどを作成して地道に、しかも大々的に宣伝していかなければならない。とくにポスターをはじめとするビジュアルのデザインやロゴマークにもこだわった。街中、交通機関には、センスのいいデザインの広告があふれている。にもかかわらず、当時、市民運動、民族運動などの社会運動において、そうしたデザインに対する意識はけっして高いとはいえなかった。しかし、一般の人々はそうしたものを見慣れているのであり、若い人ほど敏感なのである。

幸い弟の龍寿の友人である深田新君が大学で本格的にデザインを学んだデザイナーだった。彼の抜群のデザインセンスを知っているので、ビジュアルのデザインを頼んだ。予想以上に素晴らしいロゴ、ポスターを作ってくれた。ちなみに、彼は後に日本でもっとも前衛的な家具メーカーのチーフ・デザイナーになった。

こうして、壮大かつ意欲的な「8・15〈40〉民族・未来・創造フェスティバル」の実行に向けて動き出した。呼びかけの趣旨文は、ぼくが草案を書き、実行委員会で議論して完成させた。1年目の呼びかけの趣旨文を、当時の意気込みや発想を理解してもらうために、ここで全文引用させてもらいたいと思う。

今年、わが民族は「8・15」40周年を迎えます。

40年前、全民族をあげて解放の歓喜にわきたったのもつかの間、東西冷戦下の厳しい国際情勢のもと、わが民族の意志に反して分断を強いられました。まさに「8・15」40周年は分断の40年であります。

私たちは「8・15」40周年を迎えるにあたって、対立から対話、分断から統一への歴史の新たな展望を、いきいきとした想像力と積極的な未来創造の姿勢で見い出すべく、これまでにない斬新な発想で「8・15」40民族・未来・創造フェスティバルをもとうとするものであります。とくに21世紀を担うべき若い世代が民族に目を向け、統一をより身近に感じられるよう、ユニークな統一のビジョン創りを柱にロングティーチインをもつ考えであります。と同時に「民族・未来・創造」のテーマにもとづく音楽・舞踊・映像・劇・ファッションショー・製品展示会など、様々なジャンル、分野にわたって、民族のあるべき姿を基本にした未来志向の創造的な催しを出しあえる場にしたいと思っております。

これまで統一を語るとき、往々にして政治的にのみ論じられ、具体的な生活との結びつき、そのなかから考える関わり方が希薄であったように思われます。

私たちは、在日における生活と統一との関わりを考える上で、在日同胞の置かれている差別的状況を変える運動にとって、統一祖国がバックボーン（援護基地）たりうるあり方を、具体的に示す視点が重要であると考えます。もはや分断されて40年、いまや他に対する批判や反対より、統一のビジョンを生活に即して具体的に描き提示する、主体的な創造によって未来をきり開くべき時期に至っていると信じます。

一方、昨年9月、韓国の水害に対し共和国の援助物資が届けられ、これを南北を問わずわが民族が歓迎したことは、わが民族に希望をもたらす画期的な出来事でありました。周知のようにその後、急速に南北の対話機運が盛り上がりました。現在の姿勢には、1972年の7・4南北共同声明が発表された当時の歴史的背景を想起させるものがあります。7・4南北共同声明は、自主・平和・民族大同団結の統一のための三大原則を示しました。しかし、三大原則による統一を実現するためには広範な民衆の参加が不可欠であり、今日、わたしたち民衆の側から三大原則を生きた統一のビジョンたらしめる、具体的な行動が求められています。

その意味で、昨年来の南北対話が現在中断しているとはいえ、今後の動きを見守るだけではなくむしろ海外にあるわたしたちが、南北対話が実りあるものになるよう積極的に提言していくべきでありましょう。また民族内部の条件においても、国際情勢においても、これにわが民族が同族の立場を堅持し、叡智をもって対応するならば、南北対話が実を結ぶ可能性は、かってなくあるのではないでしょうか。

このような時に統一へのビジョンを柱としたフェスティバルをもち、南北・海外同胞に未来の展望を提示し、南北対話の推進を提言する意義は、まことに大きいものがあると確信いたします。

同フェスティバルの開催に向けて、各界各位ならびに各団体の御支援、御協力を心から要請する次第であります。

1985年

1年目には、この趣旨文の実践の一環として、統一のビジョンに向けた「試論」も提示したが、それも当時の認識を反映しているので、これも全文引用させてもらいたい。

統一ビジョンを呈示するにあたって（「8・15」フェスティバル事務局）

統一ビジョンは、あるべき統一祖国を展望し、統一を志向する根拠を在日同胞の生活に則して語ろうとするものであります。

統一祖国を展望する場合、まず念頭におくべきは、現在の南北の分断と対立がわが民族に何の利益ももたらさないという平凡な事実であります。

南北の対立状態は、双方に膨大な軍事的負担をもたらし、経済の発展と全般的な生活の向上をいちじるしく阻害しています。膨大な軍事的負担が南北の分断と対立に起因する以上、分断を克服した統一祖国において、軍事的負担が極度に軽減されることは火を見るより明らかです。軍事部門に費やされるわが民族の有する有能な人材と貴重な物的資源は、統一祖国の平和的経済建設にむけられ、そのことによって全般的な生活の向上が可能となるでありましょう。また、分断状態の困難の中でもなしとげられた双方の経済発展の成果を相互補完的に活かすことによって、さらに飛躍的な発展が可能となるでしょう。このように統一祖国がわが民族にもたらす利益ははかりしれないといえます。しかし、統一祖国はわが民族のみの利益にとどまらないでしょう。

現在、わが祖国をとりまく米国、日本、中国、ソ連などの各国は、その国益からデタントを追求し、わが祖国の安定を望んでいるといえるでしょう。しかし、分断の状況はわが祖国に確固たる安定をもたらしえません。したがって、わが祖国において平和的統一により恒久的平和が確立され、不安定な状況が根本的に解消されることは、周辺諸国の利害とも決して矛盾するものではありません。

また、祖国が統一され、恒久的平和が樹立されるなら、アジアの平和、ひいては、世界の平和に貢献することになるでしょう。と同時に、国際社会における発言力、影響力も大きく高まるでしょう。

こうした統一祖国は、私たち在日同胞にとって、また差別をなくし、権利を獲得する在日同胞の運動にとって、強力なバックグラウンド（援護基地）となるでしょう。

解放後40年を経た今日なお日本社会の民族差別と偏見は依然として根強いものがあります。もとより民族差別は、意識および感性において差別と偏見が払拭されなくては、根本的に解決されたとはいえません。しかし、その前提として、行政が差別を許さない姿勢と方向で、法的、制度的問題を含めて対処するかどうかも大きな問題であります。

たとえば、イギリスやフランスなどヨーロッパにおける人種差別にも根強いものがありますが、すくなくとも行政は、それをなくす方向で努力しているといえます。イギリスでは1965年、人種差別を禁止する（刑罰をともなう）人種関係法を制定して以来、人種差別に関する法を実効あるものにするために、1968年、1976年と法的、制度的改善を政府・行政自らが進めています。

これに比べ日本政府は、行政的に、民族差別をなくす努力を自ら進んで決してしたことはありません。ある日本入管体制の研究者は、日本政府・行政は「黒船」すなわち、外圧なくして外国人の処遇を若干でも改善したことはないと指摘しています。最近の例では、国際世論に押されての国際人権規約の批准、難民条約の批准にともなう入管令の改訂、社会保障三法からの国籍要件廃止が挙げられます。先の研究者は、こうした事態を「黒船待望説」と名づけていますが、今後はこうした国際的圧力も当面望めないでしょう。在日同胞にとって、いまや「黒船待望説」は統一の展望へと発展すべきでしょう。すなわち統一祖国と日本との二国間条約による在日同胞の地位問題の解決をも展望すべきでしょう。それは、日本における差別徹廃と権利獲得の運動にとって、決定的に有利な局面を切り開くでありましょう。

ところで、こうした展望を考慮する時、たとえば、フランスとアルジェリア間の条約である1962年に結ばれたエヴィアン協定が参考に値するでしょう。同協定がフランスに居住するアルジェリア国民に、政治的権利を除き、フランス国民と同様の権利を保障していることは、私たちにとっても示唆に富むものがあります。とくに、周知のように、フランスとアルジェリアが、かつてのわが民族と日本のように、かつて宗主国と植民地であったことを想起するならば、アルジェリア独立後のエヴィアン協定がもつ意味は、一層重要なものになるといえるでしょう。

それは、社会体制の如何を越えた国際的平等を求める現代の国際的潮流を示しているといえるでしょう。

統一祖国のビジョンは、わが祖国と日本との歴史的関係をふまえ、一方で現代の国際潮流を考慮し、一方で在日同胞の生活に則して、今後さらに掘り下げられ、豊かにされる必要があります。

1985年8月

指紋押捺撤廃運動と統一の理念

この1年目の前後は、「指紋押捺撤廃」運動が盛り上がっていた時期でもあった。当時、在日コリアンにも指紋押捺が義務づけられ、外国人登録証の大量切り換えに合わせて多くの指紋拒否者が現れ闘っていた。この運動は、既存の組織や団体の指導もしくは主導ではなく、韓宗硯《ハンジョンソク》さんという一個人の拒否から始まったが、その後、2世、3世を中心に個人として拒否する者が続いた。

その個人を支援する形で日本人の連帯が生まれ、やがて既存の組織である民団も加わるようになった。民闘連の運動が、日本人と住民、市民として初めて連帯した運動だったのに対し、「指紋押捺撤廃」運動は、一人ひとりの個人と日本の市民、既存の民族団体が、市民的運動において連帯した初めての運動だったと言えるだろう。個人が市民運動の主体であることが明確に表われた画期的な運動だった。

さらに、この動きに韓国政府も呼応して日本政府に改善を申し入れ、それが外交圧力として効果があったこともたしかだ。しかし、指紋押捺義務はなくなったが、外国人登録証の常時携帯義務が残るなどの課題も残したものだった。

それでも、当事者である在日コリアン自らが立ち上がり、それに祖国も呼応するという構図は、在日コリアンの問題解決のためにも、統一のビジョンを考える上でも、ぼくは重要なモデルと考えたのである。

そこで、フェスティバルへの参加を呼びかけるチラシには、長い趣旨文やビジョンを掲載できないので、この運動と趣旨文および「試論」の趣旨とを結び付けて、この運動を例に取ってビジョンの意義をこう訴えたのである。

「指紋押捺の強制は明らかに人権侵害であり、民族差別です。したがって、在日同胞が拒否の声を上げることは当然であり、これに呼応して韓国政府も日本にその廃止を要求したことは一歩前進です。しかし日本政府の対応が不十分であったことも事実です。そのことは、在日同胞の現在の力量の反映であるとともに、韓国と日本との力関係の反映でしょう。もし、統一したより強力な祖国があったならば、その解決はいっそう進んでいたことでしょう」

この論法は、定住が現実となった在日コリアンの2世、3世に、統一がもたらす利益を想像してもらいたいと思って提起したものだった。当時、すでに「帰国」を前提とする統一運動は、若い世代にとって共感も関心も持てるものではなかったが、それに代わる統一への関心を呼び覚ませるような運動も少なかったことから提案した論法なのである。

この論法自体は、先の趣旨文において「私たちは、在日における生活と統一との関わりを考える上で、在日同胞の置かれている差別的状況を変える運動にとって、統一祖国がバックボーン(援護基地)たりうるあり方を、具体的に示す視点が重要であると考えます」とあるように、「7・4会」ではよく議論され、共通の理解となっていたものだった。

しかし、ぼくが「指紋押捺撤廃」運動に注目した理由は、実はもう少し深いところにあった。それは、先に触れたように、その運動が個人を主体とするものだったことである。指紋押捺を拒否した2世、3世は、多くが日本の学校出身であり、戦後民主主義教育を受けてきた世代である。彼らの間に「指紋押捺」を人間の尊厳への冒涜、自分の人格への侵害として感じる感性が育っていたことに、ぼくはもっとも共感していたのである。

日本の戦後民主主義教育に不十分なところがあるとしても、こういう感性を育てることができたことは大切な成果だと思ったのである。こうした感性は、さらに感覚的な感受性から来るのではないかとも思った。それは、ぼくが12年間受けた民族教育に対する省察へとぼくを導かずにはおかない気づきでもあった。

すでに述べたように、「生野区猪飼野」という日本最大の在日コリアン集住地域に住み、朝鮮学校と建国学校で民族教育を受け、おかげで民族的劣等感と無縁だったぼくは、大学ではじめて、日本社会の差別の現実を知った。

指紋押捺を拒否した彼らの多くは、民族教育を受けることができず、留学同のような民族団体とも出会うことなく、様々な出会いを通して苦悩しながらも、民族的劣等感や自己否定を克服してきたにちがいないと思ったのである。それが本名に対する姿勢にもっとも現れていることは、これもすでに述べたところだ。

だからこそ、こういう若い世代の感性と統一運動が結びつかなければならないと、なおさら思ったのである。そのために、2年目のビジョンの提示においては、若い世代の意識に焦点を当てた内容にしたのである。1年目の具体的な悪戦苦闘について書く前に、ここで、この点に関連してもう少しこの頃のビジョンの発想について述べておきたい。

最初の趣旨文の呼びかけ、何か新しいことを始めようとするぼくたちの意欲には、かなりの反響と手応えがあった。中でも当時、法政大学の講師だった文京洙《ムンギョンス》氏が寄せてくれたメッセージは、産声を上げたばかりのワンコリアフェスティバルに対する、同時代を深く見つめていたほぼ同世代の先輩からの何よりのエールであり、非常にうれしいものだった。文京洙氏のメッセージから引用しよう。

実をいえば、近頃では「理念」や「ビジョン」を生み出そうとする意欲がとみに衰えている自分を感じている。ときおり、本国や在日の有りようについて思索をめぐらす機会があっても、固定的でひからびた「現実」が目につくだけでそれを乗り越えようとする意欲がいっこうにわかない。（中略）本国のことがらに在日が主体的に参与しうるような回路が閉ざされつつあるのではないかという抜き難い疑念にも因るであろう。「8・15フェスティバル」の趣旨書の文面には、そうした疑念や在日の閉塞状況にある種の風穴をあけるような新鮮なひびきがある。そこにはこの種の催しにありがちな利用、被利用といった政治的な思惑を乗り越えた真摯な姿勢がたしかに感じられる。

だが、「統一のビジョンを生活に即して具体的に描き提示する」という言い方で趣意書の文面にも示されているように、「理念」や「ビジョン」はひとびとの具体的な生活意識に内在化しうるような要素を確固として含みもたなければならない。実は、「理念」とか「ビジョン」というところへの思考の飛躍に足踏みしてしまうのはそのことにも因る。風化や多様化のいちじるしい在日の生活意識を本国の変革への展望に連れ戻していけるだけの「ビジョン」を今回の「フェスティバル」がよく示しうるだろうか。

（中略）

ともすれ、それがいかに難題であろうと、「理念」は現実によって支えられなければならない。今回の「フェスティバル」が在日という立場からそうした難題に正面から取り組み、本国のひとびとの南北共生へのたしかな意志にそくしたより現実的なビジョン構築への第一歩となることを期待してやまない。

1年目の「統一ビジョンを呈示するにあたって」が、この文京洙氏のメッセージによく答えられたかは正直分からないが、2年目の「統一ビジョンについて」でも、このメッセージの視点の重要さに照らして、それに対する応答でもあることを明言していた。

ワンコリアが始まった1985年『神奈川県内在住外国人実態調査報告書』では、在日コリアンへの質問項目「将来の希望」において、日本国籍取得に関して、全体では「日本で民族的誇りをもち生活」が最も多いが、世代別では20代前半が当該項目の比率が最も低いのに対して、「日本国籍を取りたい」と「日本国籍を取るかもしれない」を合わせると半分以上を占めていた。さらに重要な特徴として「日本国籍を取りたい」が年齢別では2番目の比率であるのに対し、「日本国籍を取るかもしれない」は年齢別では一番多く、このことは、この層がとくに揺れ動いていることを示しているのかもしれないと、この点に注意を喚起した上で、だからこそ、「やはり若い世代への思い切った柔軟なアプローチが切実に求められている」とフェスティバルの役割を確認して、こう訴えた。

統一ビジョンは、（アンケートで示された）こうした在日同胞の意識を十分に考慮するとともに、民族的に積極的な意識の面をより顕在化し、拡大しうるような方向で提示されるべきでしょう。この点と昨年のパンフレットに寄せられた文京洙氏のメッセージにおける「求められているのは分断40年の南北双方の生活意識の変化をふまえたより現実的なビジョンである」という指摘を併せ考えれば、次のようなイメージを描きうるのではないでしょうか。

すなわち、統一祖国が、南、北、在日（海外同胞）の多様性（意識の変化）をむしろ積極的に活かし、文化的にも経済的にも豊かになり、自立した国として発展するならば、当然在日同胞の民族的誇りは高まり、祖国との自由往来も容易になることによって相互交流、相互理解が深まり、在日同胞は日本にあって祖国に貢献することができ、と同時に国際人として日本社会にも国際社会にも貢献する、より豊かな可能性を開くであろうと。

こうした文京洙氏との応答が成り立ったのは、「理念」と「ビジョン」に対する文京洙氏の考え方に、深く共感できるところがあったからだ。ワンコリアフェスティバルの「ビジョン」を通して訴えたかったことも、理想はいかに語られるべきかという意味で「理念」を語るものであり、それはいかにして実現できるかという意味で、いかに徹底して現実を客観的に認識するか、ということにかかっていたからだ。

グローバル化と国民国家

ぼくは、それをヘーゲルから学んだが、ヘーゲルはカントを批判的に継承していた。しかし、「理念」と「現実」を最終的には「立憲君主制」という政体において強引に統一したヘーゲルより、人間は、「現実」の認識においては限界があるが、「理念」の追求には限界がないと、「理念」と「現実」を区別したカントの「理念」に対する考え方に、ぼくは共感していた。カントは、歴史の「理念」は、ヘーゲルのように実現できるものではなく、永遠に目指すべき「理想」だと考えたのである。

イマヌエル・カント（1724〜1804年）は、近所の住民が、カントの日課の散歩で時刻を知ったというエピソードが残るほど時間に厳格であったが、若い頃その散歩さえ忘れるほど熱中したのがルソーの『エミール』だった。ルソーに出会うまでカントは、知識のみを重んじ、無知な賤民を軽蔑する傲慢な人間だったが、ルソーがその誤りを正してくれた師であると言っている。

ぼくが哲学書を読み始めた頃、カントの『純粋理性批判』を読んで、「物自体」という概念に惹きつけられた。というより、まるでサスペンス小説を読むように、ワクワクして読み考えたものである。

カントは、人間が認識できるものは現象であって、「物自体」すなわち対象そのもの（ここでは自然、世界と考えてもらいたい）ではないと言う。対象そのものである「物自体」は存在するが、人間の認識能力、言い換えれば理性の限界の外にあると。しかし、人間の行為を対象とする『実践理性批判』では、内なる「理性の声」を聞くことができる人間は道徳においては自由な存在だという。人間の行為の原因として「意志」があるからだが、目的に向けて行為することができること、それが自由だと。ルソーにとって自由とは自分自身の主人となることだったが、それはカントにとっては「意志の自由」を意味するのだ。

理性の認識形式から来る限界と実践と道徳における自由を明らかにしたことを、カントは「コペルニクス的転回」だと自負していた。とはいえ、カントを初めて読む人には、やはり『永遠平和のために』を薦めたい。そこには、カントの認識と実践に関する考え方が集約されている。

たしかに「理念」は現実によって支えられなければならないが、それはあくまで「理念」とともに「理想」が模索され、追求されることと同時でなければならない、そうでなければ人間は弱く簡単に「現実」に挫折したり、妥協したりするものだと、ぼくは、ぼくの生活上の経験（多くの先輩を見てきた）から思い知っていたからである。

それをよく表している最近のある意味で非常に興味深い事例があるので、少し寄り道になるが、ワンコリアフェスティバルの「理念」と「現実」および「ビジョン」に対するスタンスを分かり易く説明できると思うので、あえて紹介したい。

それは内田樹氏の議論である。内田氏は、安倍自民党内閣の危険な改憲論議を批判しているのだが、その批判の仕方に、良心的でリベラルな内田氏の考え方だけに、むしろ看過できない問題があることを指摘せざるをえない。

内田氏は、「改憲案の〈新しさ〉」※というかなり長い文章で、安倍政権の改憲論議を批判しているが、その主張の要点は、導入部と結論部に要約されているので、その部分だけを引用する。

※ 2013年5月 http://blog.tatsuru.com/2013/05/08_0746.php

まず導入部から。

「今日本のみならずグローバルなスケールで起きている地殻変動的な「潮目の変化」について抑えておきたい。大づかみに言えば、私たちが立ち合っている変動は、グローバル資本主義という「新しい」経済システムと国民国家という「古い」政治システムが利益相反をきたし、国民国家の統治システムそのものがグローバル資本主義の補完装置に頽落しつつあるプロセスのことである。その流れの中で、「よりグローバル資本主義に親和的な政治勢力」が財界、官僚、マスメディアに好感され、政治的実力を増大させている。自民党の改憲草案はこの時流に適応すべく起草されたものである。それは言い換えると、この改憲案には国民国家解体のシナリオが（おそらく起草した人間にも気づかれぬまま）書き込まれているということである。」

次に結論部。

「自民党の改憲案は今世界で起きている地殻変動に適応しようとするものである。その点でたぶん起草者たちは主観的には「リアリスト」でいるつもりなのだろう。けれども、現行憲法が国民国家の「理想」を掲げていたことを「非現実的」として退けたこの改憲案にはもうめざすべき理想がない。誰かが作り出した状況に適応し続けること、現状を追認し続けること、自分からはいかなるかたちであれ世界標準を提示しないこと、つまり永遠に「後手に回る」ことをこの改憲案は謳っている。歴史上、さまざまな憲法案が起草されたはずだが、「現実的であること」（つまり、「いかなる理想も持たないこと」）を国是に掲げようとする案はこれがはじめてだろう。」

ここには、自民党の改憲案が単なる戦前回帰的な動きではなく、「今世界で起きている地殻変動（グローバル資本主義）に適応しようとするものである」ことが指摘されており、そのことに関連して「現実的であること」が「いかなる理想も持たないこと」として「理想」と対比され、その「現実的であること」も、それは主観的に「リアリスト」であるにすぎないことが鋭く指摘されている。それに対して、内田氏は現行憲法の国民国家の「理想」を守ろうとしているわけである。

しかし、グローバル資本主義に対して、内田氏の言うように「国民国家」を守ろうとすることで対抗することができるだろうか？　実は内田氏も認めているのだが、「国民国家」の寿命が尽きようとしているとしたら、それほど戦略的にまずい選択があるだろうか？　勝ち目のない勝負をするということになるのではないのか？

グローバル化は、グローバル資本主義の横暴と同時に、人のグローバルな移動をもたらしている。内田氏の議論は、「国民国家」を防衛しようとするあまり、「国民国家」が、とくに日本の国家システムが、国民以外のマイノリティー（それは戦後長い間、事実上ぼく達在日コリアンだったわけだが、グローバル時代の今日、中国人をはじめ、アジア、世界各国のマイノリティーが200万人以上日本にいる）をどれほど制度的に排除した上で成り立ってきたのか、きているのか、についての視点が欠落している。

「国民国家」の寿命が尽きようとしているのは、そうした人の移動が止められないことも含まれているのだ。したがって、ぼくの考えでは、グローバル化に対抗するためには、「国民国家」を守るのではなく、「国民国家」を超えていかなければならないのである。それも、その第一歩は日本にいるマイノリティーと「国民」としてではなく、「市民」として連帯することから始まるべきなのだ。

この第一歩がすなわち「理念」が示す道筋の始まりでもあるのだ。多国籍企業が文字通り国境を越えて活動していることに対抗して、国境を越えて市民の連帯、とくに韓国の市民との連帯、東南アジア諸国の市民との連帯、さらには中国の市民、北朝鮮の市民との連帯も視野に入れた市民活動が求められているのだ。市民には、多国籍企業で働く労働者も含まれるのである。

内田氏には、自民党の改憲案が、「理想」というものを掲げない歴史上初めての憲法を作ろうとしていると鋭く批判しながら、内田氏自らは新たな「理想」を掲げることができず、「国民国家」を守ることしか代案がないということである。これでは、「国民国家」を守ることも覚束ないばかりでなく、日本が排外的になってしまうことも原理的には防ぎ得ないであろう。とすれば現実に対する挫折や妥協以外に行きつく先がないのではないだろうか。

こうした結果になるのは、「理念」とは「理想」を実現する道筋を現実的に示すこと、そのように現実を反映し、現実を越えて行こうと努力する際限のない模索にほかならないということが、明確に認識できていないからなのである。それは内田氏一人の限界というより、それこそ「国民国家」のなかだけで考えてきた多くのリベラルを含む日本の知識人の限界でもあるといわざるをえないのである。

この「理念」や「理想」そして「ビジョン」について、最近よく使わせてもらっている喩えを、ここで紹介させていただきたい。とくに話す対象が高校生や大学生の場合に、分かりやすい説明だと思ってよく使っているのだが。

それは望遠鏡の喩えで、なぜ、「ワンコリア」と「(東)アジア共同体」(仮称)という「ビジョン」、「理想」を目指すのかを、遠くを見るために望遠鏡が必要であり、遠くがよく見えれば、そこへ安全に行けるように、「理想」を込めた「理念」、それこそ「ビジョン」という望遠鏡があればこそ現実がよりよく見え、現実からしっかり出発できるという話をするのだが、ある大学でこの話をした時、そのことを受け止めてくれている感想の中で、とても印象に残るものがあった。

その学生は、具体的に車の教習所の先生の言葉を思い出して、身近な経験に引きつけて書いてくれていた。「ちゃんと遠くを見て運転しないと、近くばかり見てるとズレていることに気付くのが遅れてしまうよと言われたことがあります。遠い未来を見つめることで、今現在の問題点、改善点に対して早く気が付くことができているのだと思いました。またそこから問題点、改善点を解決するためにＯｎｅ Ｋｏｒｅａ Ｆｅｓｔｉｖａｌを開くなど、実行に移している点にとても驚きました」と。

こういう感想を書いてくれる学生に出会えると本当にうれしくなる。以上がぼくの「理念」に対する考え方だが、文京洙氏が「〈理念〉とか〈ビジョン〉というところへの思考の飛躍に足踏みしてしまう」ところを一歩踏み出すことができたのは、怖い者知らずの若さもあったが、こうしたぼくなりの考え方があったからでもある。

第3章

ワンコリアフェスティバル 草創期

ノーギャラでの出演依頼

第1回目の完成した趣旨文をもって、さっそくぼくと事務局長を務める、弟の龍寿は各方面に協力と参加の呼びかけに回った。まずは出演者が決まらないと企画について具体的に話せない。それまで「7・4会」を中心に政治的、社会的なテーマで活動していたので、音楽や芸術方面にはそれほど知り合いがいるわけではなかった。

それでも大阪で本名で活躍するミュージシャンに知り合いがいた。すでに触れたジャズ・ベーシストの金成亀さんとフォーク歌手の洪栄雄《ホンヨンウン》さんだった。とくに金成亀さんは、「7・4会」にも時々参加してくれていたので、たんに出演者として参加するだけではなく、実行委員会にも中心的メンバーとして加わっていただいたのである。

金成亀さんのような一流の音楽家が、このフェスティバルを成功させようと仲間になってくれたことは、音楽に素人のぼくにとって、本当にありがたいことだった。彼は、名古屋に倉田在秀という有名な同胞のジャズ・ドラマーがいると教えてくれた。ジャズ名鑑を調べてみると、「出身高校＝愛知朝鮮高校」と堂々と書いてあった。渡辺貞夫トリオにもいた一流のジャズ・ドラマーである。

ぼくは、さっそく名古屋まで訪ね、出演を依頼した。出演は、全て謝礼なしでお願いすることになっていたので、当然開催趣旨を一生懸命話して理解してもらわなければならないのである。そのおかげでむしろ相手と親しくなれることが多かったのはうれしいことだった。仲間として共に作っていきたかったので謝礼はなしが原則だったのである。

と同時に、ワンコリアフェスティバルは1985年から入場無料を原則としている。それは、より多くの人々にワンコリアフェスティバルを楽しんでいただきながら、南北統一とアジアの平和、日本における多文化共生について共感と支持を広めたいからである。

倉田さんとも、たちまち意気投合して、なんとその夜、狭いアパートに泊めてもらった。ぼくからお願いしたわけでないが本名の呉在秀《オジュス》で出ると言ってくれた。その時から今まで、日本名で活躍している人に本名で出てほしいと言ったことがないが、自ら本名で出演してくれる人が多かった。名前のことも本人の意思を尊重するのは当たり前のことだからだ。

当時ぼくが知っていた有名なミュージシャンと言えば、何と言ってもロック歌手の白竜さんだった。コリアンであるこ

ワンコリアフェスティバル1994に出演した白竜さん

とを自然体で表明して活躍していた数少ない有名人だった。当時音楽活動をしながら筑波でライブホールのマネージャーをしていた。出演依頼に筑波まで訪ねて行くと、ぼくが趣旨を説明するまでもなく、白竜さんはフェスティバルの意義に賛同してくれて、出演を快諾してくれた。

白竜さんは、「遠くまでご苦労さん。今日はゆっくり休んでいってくれ」と、食事をご馳走してくれ、ホテルを取って泊めてくれた。その後も何度も出演してくれているが、北野武監督の映画『その男、凶暴につき』に出演して以来、役者としても大活躍していることは周知のとおりである。

民族楽器を使ったロック歌手の黄佑哲《ファンウチョル》さんにも忘れがたい思い出がある。当時黄佑哲さんは、東京で朝鮮新報の印刷工としても働いていた。彼も熱い男で、フェスティバルに大賛成だと意気投合し、その日は朝鮮新報の寮に泊めてくれたのである。

こうして、シャンソン歌手の朴聖姫《パクソンヒ》さん、デビューして間もないオペラ歌手の田月仙《チョンウオソン》さんら、あるいは南北のそれぞれの形式をもった伝統舞踊、伝統楽器の奏者たちに次々と会って出演を依頼し了承してもらった。南北のそれぞれの形式をもった伝統音楽・舞踊を同時に舞台に乗せたのは、この時が初めてだっただろう。

また、美術展の出品依頼のために在日コリアンの若手画家たち、創作民族衣装のファッションショーのためにプロのモデルたちにも参加を要請した。とくに創作民族衣装のファッションショーは、ユニークな試みで、伝統的なチマ・チョゴリだけでなく、メインは、在日コリアンの若手デザイナーによるオリジナル・デザインの民族衣装だった。

たとえば、ジーンズ地のチマ・チョゴリや白黒の水玉模様のチマ・チョゴリ、チマ・チョゴリ風ブライダルドレスなど、このファッションショーには、新しいコリアのイメージを創造しようというメッセージを込めていた。それから30年後に趙成珠《チョソンジュ》さんが「きゃわチョゴリ」を制作して脚光を浴びるが、その元祖といったところだ。BGMも伝統的な民族音楽ではなく、ロック調だった。モデルもプロにお願いして洗練されたファッションショーをすることによって、民族に固い、暗い、あるいは否定的なイメージをもっている若い世代に、明るく肯定的なイメージを伝えたかったのである。

プロのモデルも、できれば在日コリアンのモデルも使いたいと思い探したが、探してみると、日本名で活動している人が意外と多かった。この時、モデルの中にぼくの幼馴染の在日コリアンの兄弟の妹がいて、10年ぶりくらいの再会というエピソードもあった。幼い少女がすっかり美しい女性になっていた。彼女は、ぼくの弟、妹も知っていたので、ぼくと違い「美形」の2人もモデルとして出るように説得して出演させた。これがきっかけで、弟がその後プロのモデルになるという意外な展開にもなったが。

民族団体への呼びかけ

第1回フェスティバルの出演者がほぼ決まったところで、いよいよ総連、民団に協力要請に行くことになった。何と言っても民団、総連は、在日コリアンの最大の組織であり、まずそこに挨拶を通すことは礼儀としても当然であり、なにより両組織が共に協力、参加することは、分かりやすい象徴的な意義がある。実際問題としても総連、民団の協力、参加なしに1万人の集客目標は難しい。

事務局長である鄭龍寿が民団大阪本部に、ぼくが総連大阪本部に挨拶に行くことにした。2人でフェスティバルの方針と原則を再度確認し、祖国の南北に対して等距離の姿勢であること、いっさい政治的な主張はせず、ただ一点「統一」という願いのもとで在日同胞が集まれるようにしたいこと、民団、総連が参加してくれるなら、挨拶してほしいことを要請することにした。

また、挨拶では自由に自分たちの主張をしていただいていいことにしようということも確認した。それは、そこに集まった人びとが、それぞれ判断すればいいことだと思ったからだ。また、フェスティバルの趣旨に賛同して来てくれるなら、そこは大人の対応をしてくれるだろうという信頼と期待もあった。

ぼくは留学同にいたので、かろうじて総連に知り合いがいたが、民団にはまったく知り合いがいなかった。鄭龍寿も、山口大学在学の頃に、同胞の学生だということで民団の大先輩方にもよくしてもらったことはあるが、大阪には知り合いはいなかった。それでも民団大阪本部に行って挨拶をすることができた。趣旨も理解してくれたが、総連が参加する場合、総連の動員力は民団より強力だと率直に懸念を表明された。

ぼくは、鄭龍寿に、このことは総連側にも伝えて、できるだけ双方同数の参加となるよう配慮してもらえるように話してみると言った。ぼくも総連大阪本部に行き、協力と参加、挨拶の要請をした。思ったより「統一」がテーマということで好意的な反応を得られた。そこで参加人数のことも民団とバランスを取ってもらえるようお願いした。これにも異存はないと了解をしていただいた。

それでも、民団は警戒的だった。やはりいきなり信用してもらえるはずもない。鄭龍寿も何度か粘り強く交渉したが、結局反対はしないが、民団として協力もできないということになった。民団が参加せず、総連だけが参加すると、バランスを取ると決めた以上、総連の参加も見合わせてもらうことにした。

こうなると目標の1万人を集めるのは難しい。民団、総連への要請と並行して様々な団体にも協力、参加要請はしていたが、さらに範囲を広げ、名古屋、東京の個人、団体にも呼びかけた。とくに東京は、個人レベルで反応が良かった。有志が観光バスを貸し切ってフェスティバルに参加してくれることになった。

組織的な協力と参加は無理だったが、総連系、民団系のメディアが広報や取材記事には共に協力してくれた。しかし、その影響力は限られている。やはり大きな影響力をもつのは日本のマスコミである。日本のマスコミに積極的に取材依頼をし、直前には大きく紙面で取り上げてもらう段取りまでこぎつけた。

日航機事故のショック

ところが、その直前の1985年8月12日、日航機墜落の大事故が起きた。坂本九さんら乗員・乗客520人が亡くなった戦後最大の飛行機事故だ。こうなるとフェスティバルの記事は吹っ飛ぶしかない。万事休すという思いだった。人は来ないだろう。動員という面では失敗を覚悟せざるをえなくなってしまった。それからの数日は眠れない夜が続いた。

実行委員会では、第3日目の16日は中止にしようとの意見も出ていた。特設ステージを設置し、音響などもっとも経費がかかる日であり、そういう声が出るのも当然といえば当然だった。しかし、16日に「未来」を象徴するという想いを込めていたぼくには、中止という選択はありえなかった。ぼくは、自分が責任を取るので16日も予定通り開催したいと説得しようとした。

一度決めたことはやり抜くというのが、何事に対してであればぼくの信条であった。事情が難しくなったからと中止すれば、今後も何か困難が生じれば変更する催しだと思われるだろう。ましてやまったく新しいことを始めようとしている1

第1回ワンコリアフェスティバル、プンムルに出たスタッフと出演者の記念写真

第3回ワンコリアフェスティバルで挨拶する筆者

年目だ。困難は覚悟の上でなければ、そもそも始めるべきではないのだ。

しかし、現実にかかる財政的負担や困難は、ぼくが責任を取ると言っても個人的に負うべきものではなく、実行委員会全体の責任なのだから、やはり中止すべきではないかという意見が優勢であった。

ぼくが、それでも何の根拠もなく、それはできない、責任を持つと中止論に傾く実行委員会をなおも説得していた時、そこに参加していた田月仙さんが、「たとえ観客が1人も来なくても、自分たちの想いを表現しましょう。私は舞台に立って歌います」と言ってくれた。それから実行委員会の雰囲気が変わり、3日目を開催することになり、無事終えることができたのである。

当時デビュー間もないオペラ歌手の田月仙さんがそう言ってくれたあの日のことを、ぼくは忘れることができない。田月仙さんへの感謝とともに。以来、田月仙さんとは同志的な関係となり、ワンコリアフェスティバルの常連出演者の1人ともなってくれたのである。

8月14日、15日も来場者は２００人ほどで、３０００人収容の会場はあまりにさびしいものだったが、16日はもっと悲惨だった。なにしろ数万人が入れる広場で、しかも炎天下、会場周縁のテントや木陰から見る人が多く、ステージの前にお客さんはまったくいなかった。出演者は、見えない観客の前で歌ったり踊ったりしなければならなかったのである。炎熱のために楽器もゆがんだと後で聞いた。

それでも画期的な成果もあった。パンフレットに、総連系の朝銀大阪と民団系の大阪興銀、大阪商銀の1ページ賛助広告を共に載せることができたのである。大阪興銀、大阪商銀は、ねばりにねばって、締切りをギリギリまで延ばしてやっと出稿してもらえた。もし、出稿してもらえなかったら、朝銀大阪の方も載せないつもりだった。1年目だからこそ、バランスを取るという姿勢を徹底的に貫いてみせる必要があると思っていたからだ。

とにもかくにもこの第1回目を3日間をやりきったからこそ、今があると思う。最初から決めたことを貫けなければ、それこそ自信を失っていただろう。こうして多くのミュージシャンやアーティストが駆けつけてくれ、ボランティアのスタッフと共に3日間の多彩なイベントをやり遂げた。イベントの専門家の協力はあったとはいえ、ド素人が恐いもの知らずで挑戦したからできたともいえるだろう。

最後にボランティアのスタッフたちが、事務局長だった鄭龍寿を胴上げしてくれていた。ぼくは、それを見ながら、当初予想もしなかったような辛い結果の中で、それでも誰もが苦しい現場で懸命に動いてくれたことに感謝の念がこみ上げ、涙が止まらなかった。しかし、その代償も小さくなかった。

鄭龍寿は、責任を取るというぼくの言葉を引き受けて、残った数百万円もの借金を返すため、京大病院より収入のいい四国の宇和島精神病院に飛んでくれた。彼が宇和島に着任してあいさつもそこそこに真っ先にしたことは、給料の前払いのお願いだった。ワンコリアフェスティバルのために貯金を使いはたしていたのである。それでも鄭龍寿は、その後も今まで最大の物心両面の支援をしてくれている。それは単なる兄弟愛ではなく、大義のために同志としてワンコリアフェスティバルを担ってくれているのである。弟ながら、龍寿はぼくの誇りである。

ところで、いま思えば29歳でワンコリアフェスティバルの開催を決心したわけだが、この年齢もまた恐いもの知らずの挑戦を決断できた要因だっただろう。ぼくは自信満々だった。そこには青年らしい何事かを成し遂げたいという英雄心のようなものがあったのであり、それが失敗したらどうしようかなどと考えもしなかったのである。

それだけに、集客面での結果は、やはりぼくにとって、とてつもないダメージだった。それでも次の年も、その次の年もなんとか続けたが、いつ諦めて止めてもおかしくはない心理状態だった。この危機を乗り超えて今まで続けることができたのは偶然にすぎなかったと言えよう。この「偶然」のことは後で書くが。

ワンコリアフェスティバルの開催までには、ぼくなりに多くの本、とくに思想や社会科学、哲学や文学を読み、考え、民族や政治、社会に関わって様々な活動もし、先輩や友人、家族や兄弟にも恵まれ、ワンコリアフェスティバルを始める時には、なぜ、何を、どのようにすべきか、ぼくは確信に達していたつもりだった。

しかし失敗した時、その確信は、もろくも崩れ、3日間やり切ったことで、かろうじて残っていた自信も、徐々に失われていった。偶然がぼくを救ってくれただけで、それまで読み、考えたこと、活動で培ったはずのものは役に立たなかったのである。

たしかに偶然に救われたが、その偶然が2年後の3回目の準備の時であったことを考えると、その前に止めていた可能性もあった。しかし、続けていたからこそ偶然に出会ったわけである。

自分の弱さと脆さを痛切に実感した。と同時に今振り返ると、人間はそう簡単に諦めない、というより諦められないものだとも思う。諦めて別のことをする決断をすることもまた勇気がいるからだろう。

そうは言っても、ワンコリアフェスティバルのおかげで多くの出会いがあり、多くの貴重なものを得たことは、ぼくの人生にとってかけがえのないことであり、それは別のことをして得られたとも思えないのもたしかである。そのことに感謝するばかりだ。そうした出会いについても後で紹介していきたい。

2年目の開催と「不安」

ぼくの回りでは、1年目にしてこのフェスティバルは終わったという声が多くあった。後にぼくの親しい友人もそう思ったと、ぼくに語っていた。それだけではなく、ぼくのことを無謀なほら吹きだという声も聞こえてきたものだ。

しかし、1回目の結果にもかかわらず、ぼくは大幅に規模を縮小してでも続けようと、はじめから2回目の開催は決めていた。1回目の代表を務めた鄭龍寿がいなくなったので、まず新しい代表を決める必要があった。現実にはぼくが代表をするほかなかったが、実は1年目に民団を硬化させる問題が起こっていた。

1回目のワンコリアフェスティバルの直後、神戸で世界中の大学生が集う競技会ユニバーシアード大会があったのだが、この大会には祖国南北からもそれぞれ選手団が来るというので、両方の選手を共通の応援旗で応援しようという提案が、「コリア・レポート」の代表である辺真一《ピョンジンイル》さんからあった。ぼくたちに異存のあるはずもなく、むしろ大歓迎だった。

辺真一さんとはそれまで面識もなかったが、「フェスティバル会場で応援旗を配り、応援メンバーを募りたい。ついては会場で直接アピールさせてほしい」と要望され、承諾した。この応援旗は朝鮮半島の形をデザインしたもので、後の白地に青の統一旗の先駆けといえるものだった。

ただ、当日の会場にアピールのための大きなパネルを数枚持ってきて、ステージのバックに置かせてほしいという要望には驚いた。事前に聞いていなかったので、お断りせざるをえなかった。なにしろぼくたちが作ったタイトル看板よりはるかに大きかったからだ。しかし、せっかく作って持ってきてくれたので、客席の後ろの壁に置くようにした。

これが民団で問題になったのである。「辺真一は総連であり、その応援のスポンサーは総連の大物だ」ということだった。

第２回ワンコリアフェスティバル1986年

「パリロ」を歌う洪栄雄さん

ミン・ヨンチ（左）さんとチャンゴを叩く兄のミン・ソンチさん

司会の宋君哲先輩（左）と金弘美さん

有志のオモニたちの合唱

先の経緯をありのままに説明しても、どうしても総連に利用されたという見方をされてしまったようだった。

これで「留学同＝元総連」、在日韓国人「政治犯」救援運動という過去の経歴があり、「朝鮮籍」という立場のぼくが代表になることはますます難しくなった。ぼくは「中立」の建国学校出身だったから、先輩には民団にも総連にも幹部や役員がいた。もちろんワンコリアフェスティバルの代表が組織の幹部や役員というわけにはいかないが、比較的民団と近い人もいたので、ぼくの立場とのバランスも取れると思い、そういう人に代表をお願いもしてみたが、誰も引き受けてはもらえなかった。結局やむをえず、ぼくが代表を務めることになり、今日まで実行委員長をすることになったのである。

フェスティバルの規模も大幅に縮小しなければならなかった。出演者も1年目は、東京、名古屋などからも来ていただいたが、経費をおさえるため、主に関西在住のミュージシャン、アーティストにお願いした。開催日も１日だけとし、参加目標を1年目の延べ人数＝５００人とした。

感動したのは、１回目の出演者の中で2回目も出演してくれたミュージシャンたちが、フェスティバルのために新曲を創って歌い、演奏してくれたことだった。ジャズの金成亀さん、フォークロックの洪栄雄さん、民族楽器ベースのフォーク歌手黄佑哲さんだ。それぞれにこのフェスティバルに深い想いを寄せてくれていることが、自分たちが創っていくという主体的な気持ちを強くもって参加してくれていることが、何よりぼくを励ましてくれた。

もともと金成亀さんは、実行委員としても主体的に担ってくれていたが、この時の洪栄雄さんのことがとくに忘れられない。洪栄雄さんは、「八・一五（パリロ）民族・未来・創造フェスティバル」という名称で始めた第1回ワンコリアフェスティバルに出演したことをきっかけに「パリロ」という歌を創り、第2回目に出演した時、熱く歌ってくれた。「熱い夏さ」と何度もリフレインされる歌詞は、今もぼくの中で響き、たちまちぼくを、あの日の文字通り熱かった夏に連れ去ってしまうのだ。

実は、一昨年『在日音楽の１００年』（２００９年）の著者である宋安鐘《ソンアンジョン》さんが、ワンコリアフェスティバルの会場に来て、同書を贈呈してくれたが、本の表紙に、いきなり洪栄雄さんの名前と「パリロ」という言葉が出ていて、ぼくは胸を衝かれた。洪栄雄さんが若くして逝ってから10年後に宋安鐘さんに出会い、ワンコリアフェスティバルのパンフレットに「洪《ホン》さんに捧げる10周年忌」というメッセージを寄せてもらったことに、不思議な縁を感じたものだった。

同書に取り上げられたミュージシャンの多くがワンコリアフェスティバルに出演してくれている。同書が、植民地時代の芸人から今日活躍している若手のミュージシャンまで幅広く取り上げ、彼らとその芸術や音楽を、国家と民族のはざまで引き裂かれて生きてきた「失郷民」というキーワードで実に深く掘り下げて論じながら、未来への展望を見出そうとしていたことに共感した。

それが、ワンコリアフェスティバルと共鳴し繋がることに、同時代を生きてきた実感と目指す未来への想いが重なるのである。この本は、今後在日コリアンの文化を語るとき、欠くことのできない文献となるだろう。

出演者と言えば、この時、1983年に始まった「生野民族文化祭」の有志がプンムル（農楽）で参加して盛り上げてくれたこともありがたいことだった。「生野民族文化祭」は、2002年に終了したが、現在、全国各地で在日コリアンを中心として行われている「お祭り」のさきがけとなったお祭りだった。ぼくも1年目から実行委員の一人として関わっていた関係で参加してもらうことができたのである。

ハナ・コールする筆者（1999年）

さて、ワンコリアフェスティバルの柱はやはり統一へのビジョンである。2年目には在日コリアンの立場から統一に向かうという発想のビジョンも、少しでも分かりやすく、と同時に現実の在日コリアンの意識を反映したものにしようと努めた。

2年目のビジョンについては、1年目の「統一ビジョンを呈示するにあたって」からを受けて、2年目の「統一ビジョンについて」を提示し、2世の若い世代に焦点を当てたことはすでに述べた。しかし、あくまで試論の域を出ない問題提起にとどまるものだったといわざるをえない。

またこの年、趣旨文では、「統一への大きな方向の中で、在日同胞の多様性を活かそうとする試み」と位置づけたが、この試みを継続することを訴えるにとどまっていた。

そうした消化不良のような悩みの中で、ぼくは最後の挨拶のためにステージに立ったが、お礼の挨拶を言っている時、突然、ワンコリアすなわち統一をハングルで表現する言葉を思いついた。それがひとつを意味する「ハナ」だった。この時から毎回最後には、出演者、参加者、スタッフと一緒に人差し指を天に向かって差し出しながら「ハナ」を連呼する「ハナ・コール」をするようになったのである。

会場は1年目に引き続き大阪城音楽堂でしたが、目標の集客人数約５００人を達成することができた。なんとか2年目も続けることができたが、1年目の恐い者知らずだった自信はかなり落ちていた。3年目に向けて動き始めはしたが、「これ以上続けられるだろうか」という不安な気持ちが大きくなっていた。

人に会わねば話にならない活動だが、きっと理解してもらえるという強い自信がないので、人に会うのも気持ちが重く、こんな気持ちで情熱のこもった説得もできるはずがない。それにしても、こんなにも落ち込む自分が情けなかった。そのあげくには「10年早かったかな」などと自分を慰めようとする始末だった。10年早いと思えるほど画期的な発想とアイデアだと自信をもって始めたはずなのに。

閃いた新しいビジョン

こうした心境で、それでも3年目の開催に向けて、相変わらず支援や協力のお願いに駆け回っていた。そんな時、「偶然」にもある転機が訪れたのである。それは鄭敬謨《チョンギョンモ》先生の話を聞いたのがきっかけだった。当時、東京・青山に事務所があった鄭敬謨先生に挨拶に行った。先生は韓国から亡命同然に日本に来て、当時韓国や日本の政治状況に鋭い論評をしていたが、経済的にはけっして余裕のある状態ではなかったにもかかわらず、毎年カンパしてくださっていたのである。

そのとき鄭敬謨先生は、たまたま夢陽《モンヤン》こと呂運亨《ノウニョン》先生の評伝を書いていた時で、ぼくに呂運亨先生の話をしてくれた。呂運亨先生は、植民地時代には独立運動の指導者の一人であり、解放後はいち早く「建国準備委員会」を組織し、民衆にもっとも支持されていた人物だった。しかし、残念なことに47年に暗殺されてしまったが、南北ともにその業績を評価している数少ない近代史上の人物である。ぼくももっとも尊敬する人物だった。

このとき鄭敬謨先生は、こういうエピソードを話してくれた。「呂運亨先生は、会った人間が自然と尊敬せずにはおれないオーラを発しておられた」と。先生は、ぼくの心境など知る由もなく、単なるエピソードを話してくれただけだっただろうが、ぼくはその言葉に強い印象を受けた。

ぼくはカンパをいただいて帰りながら、そのエピソードを反芻していた。オーラなどとんでもないが、それにしても今の自分は、はたして人にどのように映っているだろうかと、つくづく考えさせられた。

植民地時代、そして祖国解放直後の激動の時代、どんな困難な状況の中でも呂運亨先生は不屈の信念を貫かれた。比較するのもおこがましいが、自分はなんと卑屈なんだろうと思わないわけにはいかなかった。2年前、新しい統一運動のスタイルを発信する意気込みで、統一のビジョンを創造しようと大きなことを言いながら、なんと情けないのだろうと。

ぼくは今のままの自分ではだめだと痛感した。自分の器の小ささは思い知らされたが、統一という大義にふさわしい態度を、せめて気持ちだけでもそれにふさわしい態度を取らなければと思った。そう思うと不思議なことに気が楽になり、エネルギーも湧いてくるように感じた。情熱が以前にも増して蘇ってくるように感じたのである。ぼくは急に閃いて、新しい趣旨文を一気に書き上げた。

タイトルもずばり「私達はONE・KOREAへのビジョンを提言します」と銘打っている。

「8・15」フェスティバルは、ONE・KOREAのためにすべての同胞が同じ一つの民族として握手できる日を夢見て持たれるものであります。

ONE・KOREAを理想論だとか、ユートピアだとかいう人もいます。しかし、理想無き民族・国家がどうして世界の尊敬を得られるでしょうか。たとえばアメリカは、誰でも努力すれば成功する自由の国という理想を掲げて、たとえそれがユートピアでも世界中からあらゆる民族を引き寄せ、そのバイタリティーとパワーによってわずか200年で世界一の大国となりました。それに較べて日本は、今や世界一の貿易黒字国の金持ちとなりましたが、世界中から非難されています。というのも自分の国のこと、金儲けのことしか考えず、世界に何の理想も示し得ないからではないでしょうか。

とはいえ御存知のように、日本は単一の大和民族、和をもって貴しとする民族、すなわち自分達は一億が和している民族だと思っている国です。そして確かにそう思って一丸となりえたことが、日本の活力源となり、今日の繁栄をみていることもまた否定しえないでしょう。その日本の中で、その目の前でわずか70万のわが同胞が二つに分かれて非難し合っているのです。どうして日本人が私達を尊敬するでしょうか。自分達同志憎み合って、どうして日本の民族差別をなくせるでしょうか。

ところで、海外に住む私達にとって、海外同胞の生き方を考える上で、ユダヤの人々のあり方が参考になると考えます。人類史上、国を失って亡びた民族は数え切れません。しかしユダヤ人は、２０００年亡国の民として世界中に散らばったにもかかわらず、決して亡びませんでした。それどころかあらゆる分野で人類に貢献し、ついには世界一の経済力を握るに至りました。思うに、ユダヤ教という確固たる一つのシンボルを共有し、いつか祖国の地に帰り、国家を建設するというユートピアこそが、彼らのパワーの源になったのではないでしょうか。とはいえ、そのユートピアが、自民族だけを考える利己的なものであるために、その地に平和をもたらさず、新たな紛争をもたらしていることを大きな教訓として考えざるを得ません。

またユダヤ人は、事業収入の10％を民族全体の利益のために、民族に還元していると聞きます。現在、在日同胞の資産が20兆円を上回ることを思えば、これを、在日同胞の全てが握手をし、全民族の発展のために活用するならば、在日同胞も十分祖国に影響を与えることができるのです。在日同胞が困難な中で苦労して蓄えた資産を、同族が殺し合うかもしれないような軍事費に使わせることができるでしょうか。あらゆる立場を越えて握手さえできれば、在日同胞は、祖国における南北対話と交流を促進する実に大きな具体的な力となり得るのであります。

しかも私達のＯＮＥ・ＫＯＲＥＡの理想は、わが民族だけを考える狭いものではありません。アジアの、ひいては世界の平和と人類の幸福に貢献するすばらしい理想であります。さらにイデオロギーの対立を越えた新しい社会を創造するＯＮＥ・ＫＯＲＥＡは、世界に新しい理想を示すでありましょう。その理想の実現のためには、まず在日同胞、そして全ての海外の同胞がＯＮＥ・ＫＯＲＥＡで一致し、同じ民族として握手し合うべきであります。そうすれば、それは必ずわが祖国にも大きな影響を与えることでありましょう。いまや、海外にある私達こそ、祖国に民族としてあるべき模範を示すよう努力すべきであります。そうしてこそ、祖国の同胞も私達を尊敬するのであります。

私達はこうしたビジョンにもとづいて、いつまでかかろうと、いつかONE・KOREAは必ず実現すると確信いたしております。そして、このビジョンと確信こそが、個々の才能やハングリー精神だけでは到底成し得ない在日同胞の輝かしい飛躍を可能にするでしょう。すなわち在日同胞は国際社会、人類に貢献し、あらゆる事業もどんどん発展することでありましょう。

1987年

「理想」、「ユートピア」という言葉がもつ幻想の面をもあえて否定せず、むしろ積極的にその効用を説いていると言えるだろう。当時の高揚した気持ちが書かせたものなので、言い過ぎのきらいがあることもたしかだが、いま考えてもなかなかこういう文章は書けるものではないと思う。なにかふっ切れた感じがよく出ていると思う。

それまでも「未来志向」、「創造」を強調してはいたが、在日コリアンにとっての統一の意義をできるだけ「現実的」に語ろうとしていた。フェスティバルの意義は現実的に語ろうとしていたが、統一は現実にどういう過程をたどって実現されるのか、その具体的なシミュレーションは意図的にいっさいしないようにしていた。それをするとどうしても政治的衝突と対立が避けられなくなるからであり、それは今も変わらない。

とはいえ、この趣旨文の語り方は、「現実的」であることを否定もしくは軽視しているのではなく、「現実的」であることの意味を読み換えたものだと言えよう。つまり、「理想」や「ユートピア」そのものが「現実的」な力を発揮していることを積極的に捉え活用しようということだった。

考えてみれば、ここに書いていることは、かつて知識では知っていたことばかりであり、とくに「ユートピア」については、一般にマルクス主義が歴史的必然性を強調することに対して、エルンスト・ブロッホのようなマルクス主義者が『ユートピアの精神』や『希望の原理』で説く「ユートピア」や「希望」のもつ批判精神や変革への情熱に共感していたものであった。「理想」については、先にも触れたように、カントの「理念」が「理想」を追求するものであることに共感していたのである。

それにもかかわらず、統一の意義をできるだけ「現実的」に語ろうとするあまり、誤解されないように、1年目、2年目は「ユートピア」や「理想」という言葉をあえて封印していたのだろうと今では思う。

さらに言うなら、魯迅が「希望」と題した日記に書いたように「絶望の虚妄なること、希望の虚妄なるに同じ」という有名な言葉を肝に銘じていたつもりであった。「絶望」を知ってこそ「希望」が見出せるという魯迅のこの深い洞察に学んだはずであった。これも現実に深く絶望してこそ、本当の希望である理想が見えてくるという意味だ。ちなみに、大学での専攻は一応中国文学だったが、集中して読んだのは魯迅だけで、卒業論文のテーマも魯迅の詩集である「野草」だった。

それらの知識や共感、考え方が、この「趣旨文」で一気に溢れ出したにちがいない。1987年、第3回ワンコリアフェスティバルの趣旨文に関して一気に書き上げたと言ったが、それは今考えても不思議なほど、まったくよどみなくすらすらと書き上がってしまったのである。

ここで、この趣旨文を書いてぼくが、先に述べた鄭敬謨先生からたまたま夢陽・呂運亨先生の話を聞いた「偶然」のことと、趣旨文を「閃いた」ことについて実感したことがあるので触れておきたい。

中間子理論で日本人初のノーベル賞を受賞した湯川秀樹さんは、その理論を夢で閃き、ただちに起きて書き留めたというエピソードを聞いたことがある。もちろん湯川秀樹さんの世紀の発見と同列に論じるつもりは毛頭ないが、湯川秀樹さんの中間子理論も、当時世界の多くの物理学者がその理論の完成に近づいていたものだった。しかし、湯川秀樹さんの夢に現れたことで、誰よりも先に完成したのである。

ここには、努力と運、必然と偶然といった哲学的な問題まで論じたくなる何かがあるように思えるが、やはり、懸命に努力した者にしか「運」も、「偶然」も訪れないことだけはたしかであろう。

先に、1年目の失敗と挫折について述べた時に、それまでの自分の思索や活動が役に立たなかったと書き、立ち直れたのは偶然のおかげだと書いたが、それまでの自分の思索や活動はけっして無駄ではなかったのだと思う。その時の失敗は、むしろ英雄心のような気持ちがあったことに対する叱責であり、試練だったのだと思うのである。それなりに努力してきたつもりだったが、その努力は、単に勉強したり、スポーツでいえば練習したりすることではなく、生き方そのものであり、その生き方が問われているということに気付かされたのである。

「ハナの想い」の誕生

さて、この趣旨文を書き上げるとすぐに当時宇和島の病院に勤めていた弟の鄭龍寿にＦＡＸで送った。彼も「すごくいいよ。力が出てくるよ」と喜んでくれた。こうしてまたぼくは自信を取り戻して活動に奔走していった。

すると発想もより広がり、もっと他の方面にも賛同と協力を求めていくことにした。第1回以降民団、総連の全面的な協力は当分望めそうもないので、総連、民団に挨拶はきちんとしに行きながら、民団系、総連系ではあるが、一応ワンクッションおいているような雑誌に賛同や記事掲載をお願いするようにした。

総連系では、『サンボン』があり、民団系では『クリオ』と『コリア就職情報』があった。翌年総連系で新しく創刊された『ミレ』と就職情報誌『ヒム』も出て、民団系の『クリオ』と『コリア就職情報』とバランスよく並べることもできた。

また、その雑誌に載っている広告主にもすべて広告依頼の手紙を送り、電話していった。はじめはなかなか電話に出てくれなかったが、徐々に電話で話を聞いてくれる広告主も現れるようになり、その度ぼくは懸命に電話でぜひ直接お会いしてご挨拶させてほしいと訴えた。電話に出てくれた人はほとんどが会ってくれたが、会えばほとんどの人が広告の支援をしてくれたものだった。

広告は一気に増えた。2年目はできなかった民団系の興銀大阪、大阪商銀と総連系の大阪朝銀の広告も再びそろえることができたのもうれしいことだった。この後もこの広告は両銀行が金融破たんでなくなるまでは続いたのである。また、総連系と民団系の商工人の広告も増えて行った。さらには、民団系と総連系の商工団体も広告を出してくれるようになった。

そうして出会ってから後に個人的にも親しくお付き合いできるようになった人もいたが、そんなふうに親しくなったある人から言われた今も忘れられない言葉がある。その人は実は偶然にも当時スタッフの中心だったメンバーの親戚で、電話だけで寄附を断るのはどうかと思い、会ってからお断りしようと思っていたという。しかし、会って話してみると話の内容はよく分からないことも多かったが、「鄭さんの情熱に圧倒された」と言ってくれたのである。その日一緒に食事しようと誘われ、2次会、3次会と連れて行ってくれた。ぼくはこの時、人は何を言うか、伝えるかも大事だが、何より伝わるのは情熱なんだということを心から実感した。

商工人の支援ということで言えば、ぼくが出会った立派な1世の商工人の方を忘れることができない。総連系、民団系を問わず、1世の商工人には、経営者としても、人格的にも尊敬せずにはおれない素晴らしい方がおられた。

また80年代なかばの当時、映画、音楽、演劇などの分野では本名でメジャーになっている在日コリアンが現れていた。映画監督の崔洋一《チェヤンイル》さん、作詞家の康珍化《カンチンファ》さん、演劇の金守珍《キムスジン》さん、CMディレクターの李泰栄《イテヨン》さんたちだった。

これらの分野には関心のある若者も多く、実際身近な世界である。その第一線で活躍し高い評価を得ている人たちは憧れの対象でもあろう。彼らの活躍は、在日コリアンの若者たちにストレートに伝わるものがあり、彼らの心の中に積極的なチャレンジ精神も触発してくれるだろうと思ったのである。

ぼくはまた恐いもの知らずに、彼らに手紙を送り、連絡を取っては訪ねて行き、賛同をお願いした。彼らは、自分の名前が役に立つならと快く賛同者として名前を出すことを了解してくれたのである。

会ってみると世代的には、少し上下はあったもののほぼ同世代と言える年代だった。それだけに共通の話題も多く康珍化さんが少年の頃読んだり、真似して書いた漫画の話は、ぼくにとっても懐かしいものだった。

康珍化さんは、李泰栄さんの仕事も高く評価していて、一緒に仕事をしてみたいともおっしゃっていた。李泰栄さんが同じコリアンだからではなく、その才能に魅かれるからだと。それでも、そこにはやはり、互いに本名で活躍しているという連帯感のようなものがどこかにあるのではないだろうかと思ったものである。実際、ワンコリアフェスティバルを通じて知り合い、仕事を一緒にすることになった例もけっこうあったのである。

康珍化さんは、出会ってから2年後の第5回ワンコリアフェスティバルに、ワンコリアフェスティバルのテーマソングを作詞してくれた。84年「桃色吐息」(高橋真梨子)、85年「ミ・アモーレ」(中森明菜)で立て続けに日本レコード大賞に輝き、数えきれないほどのヒット曲を作詞している康珍化さんが作詞してくれたことは、ぼくらに大変な感動と勇気を与えてくれたものだった。その詞が「ハナの想い」だった。

小さな種が／風に運ばれ／見知らぬ空の下／枝を広げる／
どんな大きな／森になっても／生まれた大地を／忘れない／

言葉でうまく／言えない気持ち／だけど瞳は／待ちつづけてる
祈り続けた／夢がいつか／　遠い場所から／帰る日を

ひとつのものを／ひとつのままに／ハナ　ハナ　ハナ
ふたつのものは／よりそうように／ハナ　ハナ　ハナ

ひとつのものを／ひとつのままに／ハナ　ハナ　ハナ
ふたつのものは／よりそうように／ハナ　ハナ　ハナ
ハナ　ハナ　ハナ
ハナ　ハナ　ハナ

テーマソング「ハナの想い」が入った1989年のポスター

この詞がファックスで送られて来て初めて見た時、何より爽やかで優しい一陣の涼風のような詞だと感じ、ぼくらの統一への願いが見事に表現されていると、ぼくは心から感動し、感謝の想いで一杯になった。統一を願う歌というと悲愴感があったり、戦闘的になったりしがちだが、いままでにない統一への想いを表現した歌詞だった。

この年、この詞に付ける曲を一般に募集しようとアイデアを出してくれたのも康珍化さんだった。マスコミを通して曲を募集することになり、たくさんの応募をいただいたが、残念ながらその中から康珍化さんのメガネにかなう作品はなかった。

結局、2年後、この詞を見て感動した当時ジャズシンガーだった朴珠里《パクジュリ》さんが、「ぜひ、この歌でデビューしたい」と申し出があり、彼女が頼んだ作曲家が、ソウル・オリンピックのテーマソング「朝の国から」を作った吉屋潤先生だった。こうしてワンコリアフェスティバルのテーマソング「ハナの想い」は誕生したのである。その後吉屋潤先生は、ジャズ奏者としてもフェスティバルに出演してくれるようになった。

「自分を磨け。」

CMディレクターの李泰栄さんとは、当時彼が所属していたCM制作会社でお会いした。なにしろ超売れっ子で、30分で良ければという約束で時間を取ってもらったのだが、時間がないのでぼくが一方的に話していたが、時間が来ても止められることなく話を聞いてくれた。マネージャーが時間を告げても、「もう少し待って」と結局1時間以上話を聞いてもらったのである。

その時はメッセージをお願いしたが、李泰栄さんは、インタビューは数多く受けているが、メッセージは書いたことがなく、書くことは苦手だとも言いながらも、ともかく引き受けてくれた。その後届いたメッセージは、なんと原稿用紙5枚の「力作」で、しかも名文だった。ほとんど睡眠時間もないほど忙しいと苦笑していたにもかかわらず。彼の在日コリアンの若者への温かい想いが伝わってきて、頭が下がる思いだった。

悲しいかな、どの国でも国籍の差別は存在する。しかしそれは卑屈な人間の一群が行うのであって、全てではない。

彼らは自分というものを見ることができず、自信も持てず、それ故、物事を単純に位置付けることにより人を見下し、自身のよりどころにしているのだ。

そんな下卑な人間の言葉や態度に惑わされてはいけない。

全てはその人の個、すなわち人格で決まるのであって、国籍など関係ない。

困難な状況であればある程、個を磨くのである。

そこから始まる。

そんな意味から、僕は韓国人という民族意識より、李泰栄という名に自信と誇りを持ち、それを磨いて、磨いて、磨きぬいて、世界に通用させることを、真から願っているのだ。


この年出会った演劇人の金守珍《キムスジン》さんも同じく熱いメッセージを寄せてくれたが、彼が李泰栄さんの「自分を磨け」というメッセージについて語ったことも非常に印象に残っている。金守珍さんは、ぼくは12年間朝鮮学校で民族教育を受け、民族意識を強くもって育ったが、まったく対照的な生き方をしてきたであろう2人が同じような結論に達していることに共感する、自らの本名を光らせようとしていることに、と言ったのである。

ぼくはこうした共感が広がることに、ある可能性を感じた。いうまでもなく芸術においては独創性が求められる。独創性とは個性にほかならないだろう。名前はその象徴だとも言えるだろう。本名こそ個性の象徴であるということに思い至ったのである。本名が民族としての出自や主体性を表すだけでなく、個性の主張でもあり得ると思ったのである。

逆に言えば、個性は民族性と切り離せないとも言える。李泰栄さんは先のメッセージで「この社会の人達は、韓国人であるという事で自分達の持ち得ない別のものを提供してくれるかもしれない、と期待して面白がっている」とも書いていたのだが、まさに日本に暮らすコリアンであることをプラスに捉えて、自らの個性を磨く姿に新しい可能性を感じたわけである。

金守珍さんとの出会いについては、もう少し書きたいと思う。彼は東京で「劇団新宿梁山泊」という劇団を立ち上げたばかりだった。東京でいろんな人に会っていると、何人かの人から金守珍を知っているか、知らないと言うと会った方がいいと言われた。しかも異口同音に、鄭さんなら、彼に会えば思いっきり意気投合するか、ぶつかるかのどちらかだろうと言われたのである。

ぼくは当然意気投合するために会いたいと思い、連絡先を教えてもらって連絡を取ることができた。会いに行った日は、偶然にも結成したばかりの劇団新宿梁山泊の旗揚げ公演前日で、その忙しい合間をぬって昼食でも食べながら話そうと応じてくれたのである。

公演会場は東京・市ヶ谷の法政大学の中だった。会場を探していると、突然、「甲寿《カブス》トンム！　甲寿《カブス》トンム！」とぼくに呼びかける声がした。今頃こんな懐かしい呼び方をするのは誰だろうと声のする方を見ると、そこに鄭義信《チョンウィシン》君（いまや演劇界の大物になった彼に君は言いにくいが、学生時代の後輩なので）がいた。彼とは大学時代、京都の留学同の寄宿舎で一緒だったことがあったのだ。

鄭義信君とは文学の話をしていたので文学青年のイメージがあったが、突然寄宿舎を出て、どこに行ったのか分からくなっていた。噂では陶芸の修業をしていると聞いたこともあった。ぼくが驚いて「なんでこんなとこにおるねん」と聞くと、「いま芝居をしてます。新宿梁山泊という劇団で」と言うので、あまりの奇遇に本当に驚いた。「じつはその代表の金守珍さんに会いに来たんや」とぼくが言うと、さっそく巨大な舞台セットを組んでいる会場に案内してくれた。

そこで初めて金守珍さんに会ったが、彼は挨拶もそこそこに「いま4トンもの動く舞台セットを作っている」と説明してくれた。たしかにそこには、これから何かを起こそうとする熱気とエネルギーが満ち溢れていた。

ぼくたちは学生食堂に行って話し、ぼくはさっそく協力を依頼した。メッセージだけでなくワンコリアフェスティバルの演出もお願いした。ぼくは快諾してくれたものと思っていたが、だいぶ後になって寄せてくれた彼のエッセーを読むと、それはとんでもない勘違いで、芝居も見ていない段階で演出を頼んだぼくにいい印象は持っていなかったのである。

それでも、明日の旗揚げ公演をぜひ観てくれと言われ、ぼくは翌日観に行った。その迫力に圧倒された。昨日感じた熱気とエネルギーがまさに爆発していた。ワンコリアフェスティバルに1年目に出てくれた白竜さんも役者として出ていた。今は役者として大活躍の白竜さんだが、この時が白竜さんの役者デビューだったはずだ。ワンコリアフェスティバルに2年目はお呼びできなかったが、この年以後また出演していただいた。もちろんロック歌手として。

ところで、携帯電話などが普及していなかった当時、東京での連絡中継に、下北沢にあった新宿梁山泊の事務所を使わせてもらっていた。事務所に詰めている役者さんたちが、ぼくへの伝言を取り次いでくれていたのである。その上、東京での定宿のように宿泊までさせてもらった。90年に火事で燃えてその事務所は泊まれなくなったが。

実は1990年代後半から2000年代にかけて、広告で支援してくれていた実業家の方からなんと無償で東京事務所を提供していただいていた時期が長くあった。それも2カ所も。新橋と神田という便利かつ贅沢な立地条件であった。実業家の方の所有するビルの一室やマンションの一室であった。両方とも電話まで引いてくれていた。この事務所が不況の影響でなくなるまで、当然ぼくの定宿ともなった。また、東京でのボランティア・スタッフの会議にも使っていた。1994年から始まった東京でのワンコリアフェスティバル開催を支えてくれたことは、いま思い出しても感謝に堪えない。

この東京事務所がなくなってから、また新宿梁山泊の事務所に泊まらせてもらい、新宿梁山泊の事務所は何度か移転しているが、今でも時々泊まらせてもらっている。もっとも東京での定宿のようなものと言えば、作家の小林恭二さんのマンションにも長い間お世話になったものである。今まで一番多く泊まらせてもらったと思う。小林恭二さんのことは後で言及したい。

さて、金守珍さんは、知り合った翌年1988年の第4回目の演出を引き受けてくれた。3年目のパンフレットに朝銀大阪と大阪興銀、大阪商銀がそろっているのを見て、ぼくのことを口だけではないなと思ったそうだ。この後も何度も演出を引き受けてくれたが、いつもダイナミックなアイデアでワンコリアフェスティバルを盛り上げてくれたのである。

演出だけでなく、劇団の看板女優だった金久美子《キムクミジャ》さん、座付作家で役者だった鄭義信君、もう一人の在日コリアンの役者だった朱源実《チュウオンシル》さんも司会者として一緒に来てくれた。

この年には、崔洋一監督と李泰栄さんが制作したテレビコマーシャル映像を、クライアントである企業の了解を得て、フェスティバル会場に設置したテレビ9台でエンドレス上映した。テレビコマーシャルは、誰が作っているか分からないものだけに、これほどクオリティーの高いテレビコマーシャルが、在日コリアンの手になるものであることを伝える意味は大きいものがあると思ったのである。

こうして、3年目以後、たしかな手応えを感じるようになり、ワンコリアフェスティバルに対する支援と協力、参加と賛同の輪が広がりはじめた。

ソウル五輪と「南北共同万博」

ワンコリアフェスティバルが拡大基調で発展し始めた頃、祖国南北と世界の状況は、戦後の大きな転換期を迎えようとしていた。

第4回目の1988年は、ソウルオリンピックがあった年である。この年、ある総連系の雑誌からソウル五輪に関する「アンケート」に答えてほしいという連絡がきた。その「アンケート」の質問事項を見て驚いた。質問は以下の3つだった。

・ソウルオリンピックをどう思いますか?
・ソウルオリンピック後の南北を取り囲む国際情勢は、どうなると思いますか?
・ソウルオリンピック後の在日社会はどうなると思いますか?

これを見てぼくは、雑誌の責任者をよく知っていたので、すぐに会って話したいと連絡をいれた。

当時、南北政府はソウルオリンピックをめぐって緊張していた。北朝鮮は、はじめは反対していたが、中国も旧ソ連も参加表明する中で反対を押し切れなくなると、今度はオリンピックの「南北共催」を要求した。韓国は一部の競技を北で実施する「分催」なら応じるとしたが、駆け引きの末に結局は決裂していた。

ソウルオリンピックをめぐるこのような状況の中で、この「アンケート」は発案され実施されていたのである。「アンケート」対象は不特定多数の相手ではなく団体であり、誰がみても団体の傾向は前もって分かっていることであり、その傾向から言って、ソウルオリンピックに批判的な意見が多いことは十分予想できることだった。

責任者に会ってぼくは、この「アンケート」は中止すべきだと申し入れた。これは「アンケート」というより、「思想調査」というべきであり、各団体がソウルオリンピックをどうみているのかを公表することに何の意味があるのかまったく理解できないと言った。喜ぶのは日本の公安くらいのものだろうとも言った。ソウルオリンピックを批判したければ雑誌自体の責任ですべきだろう、他の団体を巻き込むことは賛成できないと。

しかし彼は、20ほどの団体、機関に「アンケート」を送って、すでにかなり回答も来ているので中止できないと言った。

ぼくは、それならぼくの意見をあえて書きますと、次のように書いた。

「ソウルオリンピックを支持する。韓国民衆の努力の成果として支持する。しかし、南北がいかなる形でも協力してできなかったことは残念である。それならば、次は世界的イベントである万国博覧会を南北で共催しよう」と。「サッカー・ワールドカップ南北共催」でも良かったのだが、スポーツが続くより、東京オリンピックの後、大阪万博をした日本の例もあるので、万国博覧会の共催を提案したのである。

後の2問にはあまりに政治的な見解になるので文章では答えなかったが、口頭でぼくの意見を責任者に言わせてもらった。ソウルオリンピックには中国と旧ソ連も参加することが決まっている。これはもう、両国とも韓国と国交正常化するという流れだ。もしぼくが北の当局者だったら、「クロス外交」を提案する、「クロス承認反対」はもう押し通せないと言った。

日本経済新聞　1990年（平成2年）7月24日（火曜日）

南北自由往来

韓国、協商方式拒否か
会談提案、すれ違いの公算

北朝鮮首相 書簡の要旨

韓国国会
与党、対話の糸口探る
野党の辞職「受け入れず」

ロシア共和国 イリノイ州
姉妹都市契約結ぶ
中小企業育成で協力も

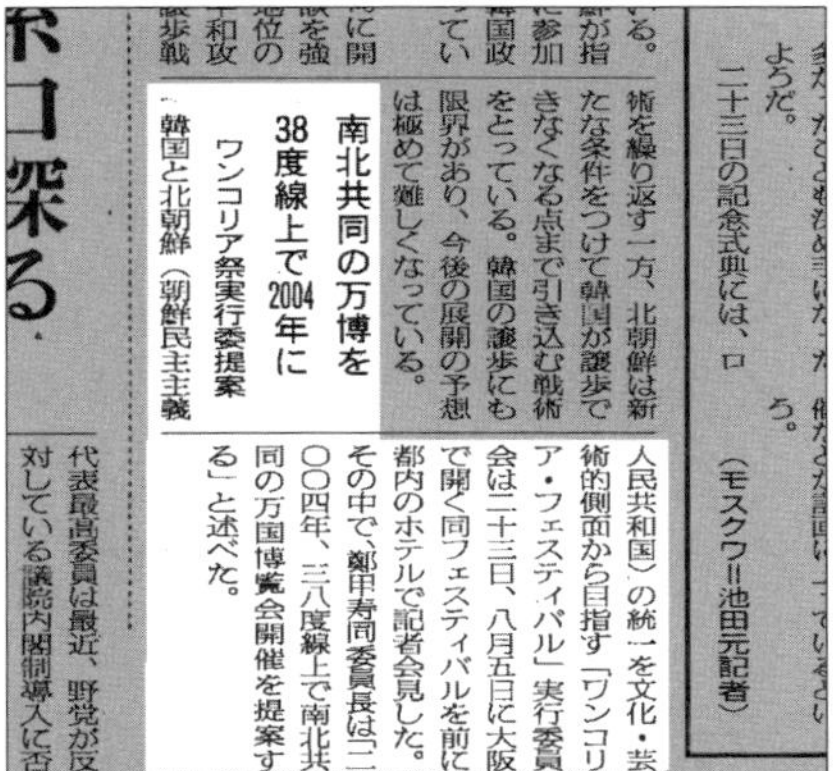
南北共同の万博を
38度線上で2004年に
ワンコリア祭実行委提案

韓国と北朝鮮（朝鮮民主主義人民共和国）の統一を文化・芸術的側面から目指す「ワンコリア・フェスティバル」実行委員会は二十三日、八月五日に大阪で開く同フェスティバルを前に都内のホテルで記者会見した。その中で、鄭甲寿同委員長は「二〇〇四年、三八度線上で南北共同の万国博覧会開催を提案する」と述べた。

南北共同万博を伝える日本経済新聞（1990年7月24日）。下は記事を拡大したもの。

「クロス承認」とは、アメリカと日本が北朝鮮を承認して国交を結ぶと同時に、ソ連と中国は韓国を承認して国交を結ぶという構想であった。これに対して北朝鮮は、1976年頃から明確に「クロス承認反対」の立場を主張し出した。それまで日本に対して呼びかけていた国交正常化交渉をもう日本とはしない。まずアメリカとの関係改善が第一だと考えるようになる。ぼくは、冷戦時代はそれは正しかったと思う。「クロス承認」に反対しないと、確かに分断固定化につながる恐れがあったと思う。

しかし、1988年のソウルオリンピック前後から、明らかに状況が変わり、冷戦時代が終わろうとしていたにもかかわらず、北朝鮮はそれに対応できなかった。ぼくは、ソウルオリンピック後に中国と当時のソ連が韓国と国交正常化するのは時間の問題だと思っていたのである。

とすれば、北朝鮮も新しい状況に対応することによって、できれば状況を主導するような立場の転換が必要ではないかと、先の責任者に言った。それが言わば「クロス外交」だと説明したのである。

「クロス承認を〝承認される〟と思うのがおかしい。こっちが承認してあげる、でいいじゃないですか。アメリカと日本を北朝鮮が承認してあげる。その代わりにそちらも承認しろと。韓国はソ連と中国を承認してあげる。このように主体的にやればいいのではないか。冷戦が終わった後も、統一はすぐにはむつかしい。当面は平和共存するしかない。それの方が現実的だ。むしろ一方だけが外交的に承認を受けて優位に立つのは不安定で非常に危険だ」こう言っても、当時はわかってもらえなかった。

さらに身近なこととして、「在日コリアン社会も、ソウルオリンピックには総連系の人も含めて多大な関心をもっている、近所のコリアタウンを歩いてみればすぐ分かることですよ」と言った。こういう庶民の気持ちを無視してはいけないんではないでしょうかと。

結局この「アンケート」は実施され雑誌も刊行されたものの、この号は後に問題があると回収された。後日この時の責任者は、鄭さんのあの時の指摘は正しかったと言ってくれた。それと共催のアイデア、けっこう評判が良かったですよとも教えてくれた。

ぼくもあえて書いた意見だったが、万国博覧会南北共催はいいアイデアだと思ったので、翌年1989年のワンコリアフェスティバルのパンフレットに、「199X年度万国博覧会南北共同開催決定!」とタイトルをつけて、万国博覧会に関する国際法や条約、1970年の大阪万博のことなどを調べ、万博とは何か、万博の歴史、経済効果など2ページにわたって掲載したものだ。

その前年、1988年のパンフレットには、非武装地帯（DMZ）に「ワンコリアランド」を作ろうと、その架空の遊園地のカラーイラストまで描いて提案をしていたが、この年にはDMZで南北共催「万国博覧会」を開き、その跡地を「ワンコリアランド」にという提案にしたのである。

ところで、2014年、韓国の朴槿惠大統領が光復節の祝辞で、北朝鮮に、DMZに「平和公園」の造成を正式に提案し、同年5月に米国を訪問した際にも、議会上下両院合同会議の演説で、同構想を明らかにし、その後、中国と国連などにも参加を提案したことは記憶に新しい。

実は、金大中元大統領の時代から同様の構想は提案されてきた。盧武鉉《ノムヒョン》元大統領も、2007年の南北首脳会談で、金正日総書記に同様の構想を提案したことがある。金総書記の「時期尚早」という立場表明で立ち消えとなったが。

さらに今では、DMZをまたぐ京畿道《キョンギド》や江原道《カンウォンド》などの地方自治体といくつかの民間団体でも、DMZの平和的利用に大きな関心を持ち、各自構想と提案を出して来ている。

ワンコリアフェスティバルは、はるか以前に、DMZでの万博開催と平和公園としての利用を主張したわけであるが、これも創造的なアイデアや建設的な提案、具体的なシミュレーションの重要さを訴えてきたことの実践の一つと言えよう。ただし、皮肉なことに長い間人間が立ち入れなかったDMZは、いまや自然の宝庫であり、その自然を大事に保存する形でこうした構想も実現すべきだと思っていることも付言しておきたい。

この提案を、1990年に日本経済新聞がなんと国際面で報じてくれた。それも南北に関する悲観的な記事と軍人の行進の写真が紙面の多くを割いていた中で、わずかな希望というように。

ワンコリアフェスティバル実行委員会提案――南北共同万博を38度線上で2004年に――韓国と北朝鮮の統一問題に文化的、芸術的側面からアプローチしようと努力しているワンコリアフェスティバル

実行委員会は、23日、8月5日に大阪で開かれるワンコリアフェスティバルに先立って記者会見し、２００４年に38度線の上で南北共同万国博覧会開催を提案すると話した。

（日本経済新聞１９９０・７・24）

２００４年に特別の根拠があったわけではないが、この画期的な記事をこのような形で掲載してくれた記者のセンスに感激したものである。それにしても、こうした構想が実現できるよう南北が協力してほしいといまも願わずにはおれない。それは、南北の相互理解、相互交流を通じた平和的な統一にも寄与するだろう。

その１９９０年は、ワンコリアフェスティバルにとって大きな成果を上げることになった年であり、この日本経済新聞の記事もそれと関連して載せられたものであった。この年、祖国に先駆けて、ワンコリアでは韓国の金徳洙《キムドクス》氏（サムルノリ）と北朝鮮の金正規《キムジョンギュ》氏（ユネスコ職員）によるアリランの南北合唱という「南北共演」を実現したのである。この記事に「ワンコリアフェスティバルに先立って記者会見」とあるのは、この画期的な「南北共演」をマスコミを通して広くアピールするために開かれた記者会見のことであるが、このことは後でまた述べる。

ところで、１９９０年の「南北共演」のことを語る前に、その前年の１９８９年に起きたある出来事について触れておきたい。

この年、映画監督の崔洋一さんがパンフレットにメッセージを寄せてくれた。それは次のような内容だった。

俺は俺だと思う。君は君だと言える。ここまで頭が良くなるまでいく度か肉体レベルの激論を交わしたことだろう。ここではっきりと言っておきたい、俺は俺の映画の為に生きると。血ぬられた民主主義者や見たこともないデブの親子の為に俺は思考はしない。さて、今日の祭りにいる君達はどうするのだろう。

強烈なメッセージだった。崔洋一監督は１９８３年に内田裕也主演の「十階のモスキート」でデビューし、その後も「いつか誰かが殺される」「友よ、静かに瞑《ねむ》れ」「黒いドレスの女」などメジャーな映画を何本も撮っており、第３回ワンコリアフェスティバルでは、先述したとおり、テレビ9台でコマーシャルフィルムをエンドレスで上映するため、松田優作を起用して、ベルリンで撮影された実に渋いコマーシャルフィルムを提供してくれていた。

「血ぬられた民主主義者」とは当時の韓国の軍事政権であり、「デブの親子」とは北朝鮮の指導者のことである。このメッセージを見て、総連も民団も怒るだろうと覚悟したが、パンフレットに掲載することに迷いはなかった。個人の意見を尊重することは当然だからだ。とはいえ、抗議が来た場合に備えて心の準備はしておかねばと思っていた。

民団からは抗議がなかったが、総連からは抗議があった。しかし、思ったより穏やかな、しかもある意味なるほどと思える言い方で抗議された。「ワンコリアフェスティバルは、批判も代弁もしないと言ってきたが、個人の言葉を使って批判させているではないか」と言われたのである。

ぼくは、崔洋一監督の意見はあくまで一個人の意見であり、個人の意見は、主催者の考えと違っていても統一に反対でないかぎり尊重すべきだと思っているということ、一方で、あらゆる組織や団体の意見も尊重していることを伝えた。ステージの上であれ、パンフレットであれ、もし意見があればそのまま発信させていただきますと。総連はそれを理解し、了解してくれたのである。ワンコリアフェスティバルは開かれた場であり、個人であれ、団体、組織であれ意見は尊重されるべきであり、開かれた場で意見を出し合うことはむしろ望ましいことであった。

実はこの頃ぼくは、韓国領事館と民団から「朝鮮籍」から「韓国国籍」に変えるよう「説得」も受けていた。それに対しては、いつも「朝鮮籍」は国籍ではないこと、何より日本の植民地支配の生き証人であることを強調し、またはじめから「韓国国籍」だったらともかく今わざわざ「韓国国籍」に変えれば、総連および総連を支持している人から誤解され、南北のバランスを取ろうと努力しているワンコリアフェスティバルの姿勢が疑われること、などを訴えていた。

今だから言えるが、それでも執拗な変更の要求をしてきた時に、その場で席を立って帰ったこともあった。ここは絶対妥協できないと思ったからだ。すると向こうも面食らったようで、まぁ穏やかに話し合おうではないかと、その後連絡が来るというようなこともあった。会うとまた国籍変更の話になったが、それでも結局はぼくの立場は変わらなかった。

こうした時期を通じて、少しずつでも、ワンコリアフェスティバルが祖国の南北、総連、民団とバランスを取ろうと努力していることが理解されるようになっていった。ワンコリアフェスティバルにとって、この時期１９８９年までが新しい統一運動の提案と模索の時期と言えるかもしれない。

第4章

「アジア市民」の理想に向けて

１９９０年以後は、80年代に築いてきたことを土台に多様な「南北共演」をワンコリアで実現できるようになっていった。と同時に、米ソによる東西冷戦の終焉という世界的、歴史的な変化を受けて、ワンコリアフェスティバルのビジョンに「アジア共同体」の提唱を本格的に掲げるようになった。

すでに１９８９年の趣旨文において、次のような認識と方向を打ち出していた。

初の南北共演

今日人類の前には、平和と人権、地球環境の危機とエネルギー問題など、人類共通の課題が横たわっています。歴史の過程は複雑でありますが、大きな流れとして見れば、緊張緩和と平和共存、さらにはヨーロッパＥＣに見られるように、統合へとさえ進んでいるように思われます。

ここで「ヨーロッパ共同体」（ＥＣ）を例に、今後世界が地域統合へと進むであろうことを初めて言明したが、この方向を受けて翌１９９０年の趣旨文で初めて目指すべき未来の展望として「アジア共同体」に言及したのである。

これからの世界の進行方向を表すキーワードは、当面リベラル、グローバル、ヒューマニズムに集約されると思われますが、その具現として、ソ連をはじめとする東欧の変革、あるいはヨーロッパのＥＣ統合やアメリカを中心とした北米経済圏など、国境を越えた地域経済圏の形成が進んでいます。

一方アジアでは、そうした動きが著しく遅れています。とはいえ、最近そうした動きへの芽も、わずかながらアジア、太平洋圏において見られることも事実でありましょう。

しかし、アジア経済圏さらにアジア共同体を展望する時、その最大の障碍が、わが祖国を分断する〈38度線〉であることは言うまでもありません。何故ならば、一触即発の火薬庫としての〈38度線〉がある限りこの地に平和と安定はありえず、そのために「アジア共同体」構想は実現し難いからであります。であるならば、周辺諸国にとっても、ワンコリアこそ各国の利益と認識される時が必ずや来ることでありましょう。

ひるがえって当事者として言うならば、わが民族は、〔38度線〕を撤廃して統一を達成し、自己統治能力を国際社会に証明するとともに、アジア共同体への展望を主体的に切り開くべきであります。

もちろんアジア経済圏を考えるならば、日本の役割がきわめて重要であります。したがって、わが民族と日本とのあるべきパートナーシップも、アジア全体の中でそれぞれの役割が模索されるべきでありましょう。

１９９０年

ワンコリアフェスティバルのビジョンを「アジア共同体」の展望へと広げる以上、当然「アジア共同体」には日本も入ることを想定していた。だから、ぼくたちコリアだけでなく、日本の課題と役割にも言及した。日本の過去の歴史清算の問題を、ただ過去のアジア侵略、植民地支配の批判に終わらせるのでなく、共に目指すべき未来があることを訴えることによって、他から批判されるからではなく、自ら進んで主体的に過去の清算をすべきだと呼びかけたのである。21世紀の日本がいまだにそうした姿勢からほど遠いのは残念だが。

こうして、以後「アジア共同体」は、統一とならんでワンコリアフェスティバルの目指すべき未来のビジョンの柱となっていった。この時からワンコリアフェスティバルのビジョンと未来像がより一層明確になっていったといえるだろう。

そして、これも重要なことだが、１９９０年からは、名称も「8・15民族・未来・創造フェスティバル」から、ずばりテーマを冠した「ワンコリアフェスティバル」に変えた。運動において「未来志向」や「創造的提案」がもっと必要だというワンコリアフェスティバルの問題意識が、それなりに浸透したと思ったからであり、これからは、運動の目的自体をより鮮明に前面に出していこうと考えたからである。

先に触れたが、その１９９０年は、ワンコリアフェスティバルにとって大きな画期的な年となった。この年、韓国の金徳洙サムルノリと北朝鮮の金正規ユネスコ職員による「南北共演」を祖国に先駆けて初めて実現したのである。

このことを話そうとすれば、どうしても黒田征太郎さんのことを語らないわけにはいかない。、世界的なイラストレーターとして、またグラフィックデザイナーとして知られる黒田さんとは、１９８８年に出会った。その前年にワンコリアフェスティバルに出演してくれたシンガーソングライターの新井英一さんの紹介だった。当時、黒田さんは新井さんとよくライブで共演していたが、そのご縁で黒田さんにお会いできたのである。

新井さんは、当時大阪でバーをしていて、ぼくがワンコリアフェスティバルのポスターをもって訪ねて行ったところ、たまたま来ていた黒田さんを新井さんが紹介してくれた。ぼくがポスターを見せながら趣旨などを説明すると、すぐにスケジュールを確認して、その場で出てくれることになったのである。

それからワンコリアフェスティバルに出てくれるようになり、ミュージシャンの演奏とともにステージで即興の絵を描き上げる「ライブペインティング」がワンコリアフェスティバルの名物のようになった。

さらに、ポスター、パンフレット表紙など、イラストも手がけてくれることになり、そのアートディレクションを黒田さんの共同デザイン事務所「Ｋ２」の相棒だった長友啓典さんがしてくれることになった。それがどれほど贅沢でありがたいことか。その上、黒田さんは、多くの著名な方々を紹介してくれた。近藤等則さん、喜多郎さん、宇崎竜童さん、伊集院静さん、中畑貴志さんら、数多くの各界の一流の人たちがワンコリアフェスティバルに、出演やメッセージ、エッセー

ワンコリアフェスティバル1990のポスターは
黒田征太郎さんによる初のデザイン

黒田征太郎さんによるライブペインティング
(ワンコリアフェスティバル1993)

の寄稿、インタビュー、対談など、様々な協力をしてくれるようになった。

そのなかでも黒田さんが、韓国のサムルノリチームのリーダー金徳洙さんを紹介してくれたことが、韓国の金徳洙サムルノリと北朝鮮の金正規ユネスコ職員による「南北共演」の実現につながったのである。

ある日、東京のデザイン事務所に黒田さんを訪ねた。黒田さんは、「今夜すごい男が来るから一緒に飯でも食おう」と誘ってくれた。その「すごい男」こそ、韓国サムルノリの創始者であり、チャンゴのレジェンド、金徳洙さんだった。金徳洙さんのサムルノリチームは、韓国のパーカッションとリズムで世界を魅了していた。世界各国の一流アーティスト、ミュージシャンが、そのリズムを取り入れようと、セッションの申し出は引く手あまただった。

会ったその瞬間、小柄ながら、その身体からほとばしる大変なエネルギーを感じた。こんな人には初めて会った。さすが世界で活躍し感動させている人は違うなと思った。黒田さんが、ぼくをワンコリアフェスティバルの代表だと紹介すると、それはいいことだ、それなら我々も出るから、統一のために北朝鮮の人と一緒に演奏したい、と提案してくれた。しかし、日本と国交のない北朝鮮からアーティストを呼ぶというのは非常に難しいことだった。ましてその頃のワンコリアフェスティバルは、実行委員会方式の民間の任意団体にすぎない。

総連関係者をはじめいろんな人に相談したが、その中でワンコリアフェスティバル開催と同じ時期大阪で開かれる学術会議出席のために、アーティストではないが、北朝鮮の外交官が来るという情報を教えてもらった。その学術会議の責任者にお会いし趣旨を説明して協力をお願いしたところ、連絡を取ってくれることになった。しばらくして責任者から、なんと北朝鮮の外交官が出席してくれるとの返事をもらったと連絡が来たのである。おそらく北朝鮮政府も許可してくれたにちがいない。

ぼくは、このことをすぐに金徳洙さんに知らせた。金徳洙さんは、日本で記者会見を開いてはどうかと言った。たしかにワンコリアフェスティバルに南北が共に参加し、観客の前で「南北共演」するということになれば、これは分断後初めての歴史的出来事であり、記者会見をして広く知らせる意味があった。

ワンコリアフェスティバルの日は迫っていた。ぼくは、さっそく記者会見の実現に動いた。まず、ワンコリアフェスティバルの開催場所は大阪だが、大阪で記者会見してはローカルなニュースにとどまるかもしれないと思い、この歴史的な「南北共演」はやはり全国ニュースにふさわしいと東京で記者会見を開くことにした。

記者会見は、開催直前の月曜日と決め、ホテルの一室を予約し、金徳洙さんたちサムルノリチームと黒田さんも同席してくれることになった。しかし、いざマスコミに連絡を取る段になって、とんでもないことが分かった。記者会見2日前の土曜日に連絡したのだが、マスコミも土曜日は休みだったのだ。毎日発行されている新聞に休みはないと思い込んでいたので、担当の記者は月曜でないと出社しないと言われて驚いてしまった。これには焦った。

それでも、さすがに電話自体は通じたわけだが、月曜日では間に合わない。ぼくは、とにかく電話に出た人に必死に事情を説明し、担当者の自宅の電話番号まで聞き出して、なんとかマスコミ各社の記者に記者会見の案内を送ることができた。おそらく10時間以上電話にかじりついていただろう。記者会見にはほとんどの主要なマスコミが取材に来てくれた。

演奏するサムルノリ。チャンゴを叩く金徳洙さん（左から２人目）

「アリラン」を歌う金正規ユネスコ職員

記者会見は成功し、大きく新聞で報道された。

また、ワンコリアフェスティバル当日の実際の「南北共演」の模様は、主要テレビ局のほとんどが、その日のニュースで取り上げてくれたのである。記者会見の最後に金徳洙さんたちサムルノリチームが演奏し、黒田さんとぼくが演奏に合わせて踊ったのも、昨日のことのように思い出される。

記者会見を終えて大阪に戻ると、北朝鮮の外交官であり、国連ユネスコ職員である金正規さんが大阪のホテルに投宿したという連絡がきた。ぼくは、ホテルにご挨拶に行き、そこで金正規さんにお会いした。北朝鮮の人と初めて直接会ったぼくは、その洗練されたダンディな雰囲気に正直驚いた。いい意味で北朝鮮のイメージを裏切られた。パリでの生活も長いと仰っていたが、その影響もあるのだろう。しかも実に気さくで話もユーモアに富んでいた。

改めてワンコリアフェスティバルへの参加をお願いした。金正規さんは、「統一のためなら出るのは当然です」と、金徳洙さんたちと「アリラン」を一緒に歌うことも了承してくれた。ただ、自分は歌手ではないので、統一を願う詩を作って朗読しようと、願ってもない提案をしてくれた。この年、金正規さんと金徳洙さんがワンコリアフェスティバルに寄せてくれたメッセージを、ここで紹介したい。

金正規さん
解放の歓びと分断の悲しみを同時に抱いて生まれた解放っ子である私のその頭に白髪が見え始めた今日に至るまで、ウリナラはふたつに断ち切られて血脈を継ぐことができずにいます。近所の村に石ころ1つ投げることさえ嫌う我が民族がなぜこのような苦痛を受けなければならないのでしょうか?

祖国統一はもうこれ以上待てない民族の大業です。先祖の骨が高麗の地に埋められ、倍達《ペダル》民族の血がからだに流れる人ならば、地球上のどこで何をし何を信じて生きていようが、祖国統一の為に声を合わせなければなりません。

このような意味において皆様が主催するワンコリアフェスティバルは誠に意義のある催しだと言えます。

祖国統一の為の皆様の熱い叫びに私と私の妻子たちの声も合わせて下さいます様お願いします。

金徳洙さん

私たちサムルノリのグループはこの12年間、聖なる古都エルサレムやソ連の首都モスクワ等、世界の至る所で公演を行なって来ました。

その間、民族的背景において、政治経済体制において、また、哲学や宗教において様々に異なった人々と出合って来ましたが、ひとつ極めて明白になった点があります。それは、音楽を通じて、舞踊を通じて、芸術を通じて、私達は民族、国家のちがいを超越することができるということです。

サムルノリのメンバーは全員、朝鮮戦争中に、あるいは、その直後に生まれた世代です。私たちは、当時の軍事紛争について直接的には記憶を持ち合わせていないけれども、ある意味では、わが国を依然と二つにしている政治的分断の犠牲者であるともいえます。「ワンコリアフェスティバル」は、韓国を二つにしているこの政治的分断を、芸術を通じて克服しようと、過ぐる5年間、一貫した試みを行なって来ました。

南北分断の問題を解決しようと、過去、様々なアプローチがなされて来ましたが、しかし、常にイデオロギー問題のため停滞してしまいました。「ワンコリアフェスティバル」が訴えているのは、統一へのアプローチにおける、正に、この人間性の欠如に対してであります。南北はひとつになるべきであり、南北の和解は、人間の精神に訴えることによって達成が可能です。

１９９０年春、サムルノリはベルリン公演を行ないました。ベルリンでは、かって東西ドイツの人々を分断していた恐怖の壁が取り壊され、その破片が、通りでお土産として売られていました。しかし、私たちサムルノリのメンバーにとっては、彼らに対して祝福をしつつも、自分たちの祖国は未だに分断されているのだという事実があるのみでした。

この度、韓国から「ワンコリアフェスティバル」において公演することになった私たちサムルノリは、近い将来、政治・思想的対立が後方へと追いやられんことを望んでいます。そして、前線では、人間の精神を祝福し、高揚させる、このようなイベントが数々催され、全世界を、この世代を、そして来たるべき世代を包囲すべきであります。

いっそう華やぐステージ

初の「南北共演」が実現した90年、会場の大阪城音楽堂は超満員となり、フィナーレは金守珍さんのダイナミックな仕掛けと演出で最高潮に盛り上がった。ステージ後方のコリア風な門が開くと、そこに高さ5メートル以上、幅20メートルほどの白頭《ペクト》山（朝鮮半島北部の聖地）と漢拏《ハルラ》山（済州島の火山）が描かれている幕が現れ、多くの観客もステージに上がって出演者たちと一緒に踊りながら、まるで統一が実現したかのような興奮の内に幕を閉じたのである。とくに「南北共演」の模様は、記者会見の時に触れたように、その日のほとんどのテレビ局のニュースで放映され、大きな反響を読んだ。

この「南北共演」の翌年には、民団系の在日韓国青年会と総連系の在日本朝鮮吹奏楽団の同時出演を初めて実現し、以後、在日本朝鮮吹奏楽団演奏による韓国の歌手金蓮子《キムヨンジャ》さんの民謡メドレー、韓国あるいは民団系と総連系のオモニ合唱団や学生たちの合同出演、合同合唱など、多様な形態で「南北共演」を実現させていった。

こうした「南北共演」とともに、出演者や賛同者もこれまで統一運動にあまり関わりがないと思われるようなアーティストやタレント、各界の人々にますます積極的に働きかけていった。それは、1988年に出演してくれた憂歌団が最初と言えるだろう。4人グループだったが、ボーカルが在日コリアンの木村秀勝（後に充揮と改名）さんだった。

当時憂歌団は、ブルースファンの間では、知る人ぞ知るといった早くも伝説的な存在だった。そのボーカルが在日コリアンであることを聞いて、ぼくはさっそく木村さんに連絡した。木村さんは気さくに会ってくれた。木村さんは生野区の大池橋というところに住んでいた。ぼくも生野生まれの生野育ちだ。その上会ってみると歳も同じで、初対面だったにもかかわらず、その日に意気投合して話し込み、自宅に泊めてもらったものである。

木村さんは、はじめて出演してくれた時、ステージで「朴秀勝《パクススン》です」と挨拶してくれた。ぼくは名前については何も言わなかったが、自然にそう言ってくれたことがうれしかった。先にも述べたように、ぼくは日本名で活躍している在日コリアンのアーティストに本名を名乗ってほしいと頼んだこともなく、今でもない。それは本人の考えを尊重すべきだと思っているからだ。しかし、ほとんどの出演者がワンコリアフェスティバルでは自然に本名を名乗ってくれたものである。木村さんは、憂歌団時代から解散した後もワンコリアフェスティバルには何度も出てくれた。

1989年からは、在日コリアンやその仲間の日本人だけでなく、日本人のアーティストにも出演をお願いするようになった。その最初の出演者が、はしだのりひこさんだった。フォークソングの世界で、はしだのりひこさん、加藤和彦さん、きたやまおさむさんが組んだザ・フォーク・クルセイダーズは1世を風靡した伝説のグループであり、代表曲の「帰ってきたヨッパライ」を知らない人はいないだろう。

はしだのりひこさんにお願いしようと思ったのは、ザ・フォーク・クルセイダーズが朝鮮を南北に分かつ川を渡る鳥に統一の願いを込めた「イムジン河」が放送禁止になり、その悲しみを歌にした「悲しくてやりきれない」が、「イムジン河」のメロディを逆から辿って作られたと聞いていたからだ。ぜひ、ワンコリアフェスティバルで「イムジン河」を歌ってほしかったのだ。

はしださんに連絡して京都のご自宅で会うことができた。はしださんは、ワンコリアフェスティバルの趣旨に全面的に賛同してくれた。その想いは、その年のパンフレットに寄せてくれた短いが熱いメッセージにこもっていた。

白竜＆Mバンド　（ロック）
本名　田　貞一
1952年10月3日　佐賀県伊万里市生まれ
79年12月キティ・レコードよりシングル「警告」でデビュー。以後、LP「鳳仙花」「サード」「光州シティ」、シングル「アリランの唄」「夜に吠えろ」「サイレントダンサー」など。映画「いつか誰かが殺される」などに出演、筑波学園都市にライブハウス「29BAR」をオープン。歌手・オーナー・俳優として精力的に活躍。今年は、「橋」に島田陽子と共演。待望のアルバム『ポジティヴ』をリリースして、はりきっている。

憂歌団　（ブルース）
朴　秀　勝　小学生の時、花岡のいる勝山小学校へ転校。同じクラスでもあった。
内田勘太郎　大阪市立工芸高校時代は奈良から通う。高校で他の3人と知りあった。
花岡　憲二　朴、島田が引越してくるまえから生野区にいる。朴と中学（勝山中学）も同じ。
島田　和夫　小学校3年の時、朴と花岡のいる生野区に引越す。が近所でありながら、横の道路から小・中学校の区域がちがい、西生野小、生野中へ、朴・花岡とは高3ぐらいまで知らず。

「朴秀勝」の文字が見える1988年パンフレット

「イムジン河」を熱唱するはしだのりひこさん（1989年）

大人達に歯むかい切れず、あがいていた僕を救ってくれたフォークソング。時は移り、唄い続けて、89年夏、僕の青春は、南北統一に夢を引き継がれる。

その想いは、その年のワンコリアフェスティバルのステージでそのまま表現された。はしださんは最後に「ワンコリア」と大きく観衆に呼びかけて締めくくってくれた。ちなみに、ＹｏｕＴｕｂｅのはしだのりひこ&坂崎幸之助バージョンの「イムジン河」は、最後にはしださんが人差し指を立てて「ワンコリア」と叫んで終わる。あの日のはしださんの姿がそのままダブるのだ。

初の「南北共演」を実現した１９９０年には、桑名正博さん、ジョー山中さん、元ＫＵＷＡＴＡ ＢＡＮＤの小島良喜さんというような有名な日本人のミュージシャンも出演してくれるようになった。その勢いだろう、１９９１年の出演者にサザンオールスターズを呼ぼうということになった。ぼくは、常々スタッフに、何かアイデアを考える時は、できるかどうかを考えなくていい、したいかどうかだけを考えるように、と言っていた。どうせ、してみればできるかどうか分かるからと。

したいかどうかだったら、したいことはいくらでも出てくる。スタッフから、サザンオールスターズを呼びたいという実に大胆なアイデアが出てきた。できるかどうかではなく、したいかどうかだけを考えるように言ってきた手前、その実現を目指さないわけにはいかない。各界に顔が広い黒田征太郎さんに相談したところ、サザンオールスターズが所属するアミューズの社長は、最近は会ってないが知っていると言う。

そこでサザンオールスターズに出演をお願いする手紙を社長である大里洋吉さんに送った後、直接電話をして、改めてサザンオールスターズの出演をお願いした。大里さんは、実は今隣にシンセサイザー奏者の喜多郎さんがたまたま来ている。喜多郎さんは、アメリカで金徳洙さんと会った時、ワンコリアフェスティバルのことを聞いて関心をもっていると言う。出演してもいいと言っていると。大里さんは、アミューズとしても全面的に協力すると言ってくれた。

ぼくに異存のあるはずがなく、本当にありがたいお話だった。その年１９９１年、第7回目のワンコリアフェスティバルは、中之島公園の中州にある剣先広場でワンコリアフェスティバル史上最大の特設ステージを作って開催した。アミューズ所属で当時大人気だった爆風スランプのメンバーも一緒に連れて来てくれた。ワンコリアフェスティバルは、出演料はなく、交通費、宿泊費などの経費だけで出演していただいているが、喜多郎さんのシンセサイザーの設備とスタッフ、爆風スランプにかかる経費だけでも、とてもワンコリアフェスティバルの財政事情では無理だったが、アミューズさんがそれも負担してくださったのである。ちなみに本来正規の出演料がどれほどになるか、経費どころではないことは言うまでもない。

また、この年「大阪で生まれた女」で有名なＢＯＲＯさんも出演してくれた。会って出演をお願いしたところ快諾していただいたのである。ＢＯＲＯさんのライブにも招待していただき、実は18番まである「大阪で生まれた女」フルバージョンを聴かせていただいたこともある。ＢＯＲＯさんは、東京に行く時の自分の心情を女性に置き換えて歌ったんですよと

ワンコリア史上最大となったステージ（1991年）

ワンコリアフェスティバルに出演した喜多郎さん（左から２人目）

BOROさんと打ち合わせをする筆者（右）

教えてくれた。この年メッセージも寄せてくれた。「チョンカプス氏の熱意にうたれ、ワンコリアに参加します。民衆の声の小さなかけらとして、歌います」と。

だが、残念なことに、その年は台風の影響で大雨となり、これだけ豪華メンバーだったにもかかわらずお客さんが少なかった。それでも傘をさして最後まで観てくれたのが本当にありがたかった。それはともかく、その後もだんだん著名なミュージシャン、アーティストが出演してくれるようになっていった。とにかくしたいことがあったら、まず行動する。情熱は行動に表われる。それがワンコリアフェスティバルのスタイルであり、そこから世界は広がるということを、スタッフも実感していってくれた。

各界に広がる輪

当日の出演者だけではなく、パンフレットに寄せてもらうメッセージもどんどん各界の著名人にお願いしていった。1991年、サザンオールスターズは出演しなかったが、メンバーの大森隆志さんがメッセージを寄せてくれた。「もともと一つの家族なんだから、一日も早くあるべき姿に戻られんことを願ってやみません」と。その後、ビートたけしさん、逸見政孝さん、愛川欽也さん、赤塚不二夫さん、筑紫哲也さん、立松和平さんら数多くの錚々たる方々のメッセージをいただけるようになったのである。

1992年、第9回目のパンフレットからは、エッセーや対談、座談、インタビューなども掲載するようになり、パンフレットも一挙に豪華になって、イベントだけでなく、パンフレットも読み物として注目されるようになった。

記念すべき最初のエッセーは、作家の伊集院静さんと先に触れたCMディレクターの李泰栄さんだった。その後東京大学の姜尚中《カンサンジュン》教授、ジャーナリストの黒田清さん、作家の村松友視さん、鷺沢萠さん、詩人の金時鐘さん、作家の梁石日《ヤンソギル》さん、朴慶南《パクキョンナム》さん、柳美里《ユウミリ》さんたち在日コリアンの作家も、とにかく多彩な方々が無償で書いてくださったのである。

インタビューも多士彩々、作家の金石範《キムソッポン》さん、放送作家の永六輔さん、作家の中山千夏さん、俳優の黒田福美さん、奥田瑛二さん、山本太郎さん、山田純大さんらのインタビューがパンフレットに掲載されたのである。

対談も毎年のように掲載しているが、記念すべき最初の対談は、姜尚中さんと作家の若一光司さんの対談だった。「在日コリアンの新世紀」と題し、「湾岸戦争、ソ連の崩壊、ＰＫＯ…。世界の激震は、ハイスピードで、時代を揺り動かしている。一方、従軍慰安婦問題をはじめ、前の大戦が残した爪跡が新たにクローズアップされている。歴史の狭間に生み落とされた在日コリアンは、この激動の時代の中で、どう変貌していくのか。過去を見据え、現在をどう生き、未来をどのように築いていくのか。二つの祖国と、日本と、世界を見つめて、新時代に向けて歩みゆく在日コリアンの姿を浮き彫りにする、世紀の対談！」というリード文にふさわしい対談だった。

冷戦崩壊後の激動の世界の間っ只中で、在日コリアンも日本人も新しい生き方を模索しようと、改めて戦後の在日コリアンの歩みを振り返り、民族、国家の枠を超えた個人の自己実現の大切さが強調されていた。ぼくもこの対談を受けて次のようにコメントさせていただいた。

「人間の成長にはいくつかの段階がある。最初は自己顕示。そして自己主張があり、自己表現となり、その先に自己実現がある。民族の成長もまた同じではないかと思う。我々は生粋の本国人ではなく、また日本人でもない〝在日〟として、その成長過程を歩んできたともいえる。〝在日コリアン〟は、権利闘争の中で自己主張を繰返し、そして今やっと自己表現の段階まで来たとぼくは思う。この先、自己実現の段階まで自分たちを高めていくために、在日の歴史と祖国の歴史、アジアの歴史と人類の歴史を同視座に見据えて、ワンコリアフェスティバルはもっともっと多くのメッセージを発していきたい。願いはハナ！」と。

その翌１９９３年には、当時明治学院大学国際学部教授の文芸評論家であった竹田青嗣《せいじ》（姜正秀《カンジョンス》）さん、当時法政大学助教授の評論家であった川村湊《みなと》さん、当時立教大学奨励研究員・韓国の啓明大学校外国語大学副教授であった鄭大均《チョンテギュン》さん、そして文京洙さんの４人の座談会を掲載した。「ワンコリア・ワンアジア・ワンワールド」と題し「戦後冷戦体制が崩壊した世界。ボスニア紛争、ＣＩＳなどの深まる混乱、カンボジア和平、パレスチナ・イスラエルの「暫定自治合意」などの平和への動き……。様々な揺れ動きが混在する中、世界はどこへ向かって進もうとしているのか。ＥＣ統合は実現しうるか。そして、今、アジアは…。グローバルな視野に立って、今、論客達が、世界を、未来を語る！」とリード文がつけられた座談だった。

１９９０年に、ワンコリアフェスティバルのビジョンとして「アジア共同体」を掲げるようになっていた。当時、その主張はなかなか簡単には理解されるものではなかった。姜尚中さんと作家の若一光司さんの対談と4人の座談会は、それを理解してもらう一環として企画したものだった。「アジア共同体」は、冷戦終結を踏まえ、グローバル化を予見して打ち出した展望であり、構想だったので、その冷戦終結とグローバル化の意味、とくに在日コリアンに引きつけてその意味を考え、論じてもらおうと思ったのである。とくに座談会では、「アジア共同体」の理念として掲げていた「アジア市民」の可能性について、民族、国民ではなく「市民」「市民社会」を中心にして議論してもらったのである。

それもできるだけ多様な視点から議論してもらうために、竹田青嗣さんには普遍的な哲学的立場から、川村湊さんにはアジアに詳しい日本人の立場から、文京洙さんには在日コリアンと祖国南北の問題に詳しい立場から論じていただこうと、座談会に出席をお願いした。実は、当初鄭大均さんは入っていなかった。そもそも名前すら知らなかった。竹田青嗣さんの推薦だった。竹田さんは、鄭大均さんの『日韓のパラレリズム』という本が、日韓のナショナリズムを批判していて面白い、できたら彼も呼んだらどうだろうというので、ぼくもさっそく『日韓のパラレリズム』を読んでみた。たが、それも自己批判は必要なことなので、鄭大均さんに会って出席をお願いすることにした。ただ、日本より韓国に対してより厳しかっ『日韓のパラレリズム』は、たしかにナショナリズム批判として面白かった。ただ、日本より韓国に対してより厳しかったが、それも自己批判は必要なことなので、鄭大均さんに会って出席をお願いすることにした。会うと鄭大均さんから、なぜ統一なのですかと、想定外の質問をされた。ぼくが、統一は、国際法や条約において国際社会で支持されているもので、南北いずれを支持していても、また在日コリアンで無関心な人はいても、反対する人はいないテーマだからですと答えると、鄭大均さんは、ぼくは反対ですとさらに意外なことを言ったのである。

ぼくは、その理由はなんでしょうかと聞いた。すると鄭大均さんは、2つの理由を上げた。一つは、南北ともに今でもナショナリズムが強いが、統一すればさらに強くなるだろう、それが周辺国と摩擦を強めるだろうということ、もう一つは、南北の経済格差はかなり開いており、統一すれば新たな差別が生まれるだろうということだった。ぼくはなるほど一理あるとは思った。

ぼくは、一つ目の理由に対しては、南北が分断したまま普通の国家どうしとして仲良くできるなら、軍事境界線が普通の国境であるなら2つのコリアでもいいと思いますが、休戦が続いている、しかも互いに自分だけが朝鮮半島全体の正当な政府だと考えている南北が、そのような共存を目指すのは難しいと思いますと答えた。依然としてアジアの潜在的火薬庫として周辺に脅威を与えていることの方が、より周辺国にとって結局は危険だと思いますと。

二つ目の理由に対しては、統一には完全統一、連邦制、連合国家、国家共同体など様々な形態がありえますが、たとえば道州制というアイデアもありえるのではありませんか。経済的に優位な側はいくつかの道州に分け、もう片側はそのままの規模で道州とする、こうすれば格差もその分縮めることができるのではありませんかと答えた。

鄭大均さんは、いままで統一運動をする人の話をたくさん聞いてきたが、鄭さんのようなことを言った人は初めてだと言い、そういう柔軟な発想ならけっこうなことだと思うと、出席を了承してくれたのである。道州制というアイデアは、この時とっさに出たものだった。一種の思考実験として思いついたが、思考実験は姿勢としては常にもっていたいものだと思っている。

こうして実現した座談会は、思想的な面でも画期的な内容になったと自負している。その結論部分をそのまま引用したい。

司会（鄭甲寿）：どうも長い時間ありがとうございました。様々な問題に言及していただいて、非常に有意義な時間でした

竹田：どう言えばいいか……、それぞれが違う脈絡から出発し、結論はそれほど違わないところまできたという感じですね（笑）

川村：まあ、アジア市民の条件は随分出てきている半面、課題もまだまだ山積み……、だからといって、悲観ばかりしていても仕方がない

文：ワンコリアフェスティバルの考え方を僕なりに代弁させていただくと、冷戦後の状況には二つの逆の力が働いているような気がするんです。一つは、求心点が在日の中でなくなってきているということ。求心点を失ってバラバラになって、拡散していく側面がある。帰化や同化に拍車がかかっているという人もいるし。もう一方ではこれまで二つに別れて対峙していたものが、相互に乗り入れる状況が出てきた。結局、いろんな人が多様な立場で、一方でバラバラになりながらも、一方で垣根を越えて接点を模索しはじめている、と。そういう時に、ワンコリアフェスティバルや、皆で集まって何かをやるということは、それなりに意義があるんじゃないかと思う。その中で、

新しい求心点をつくっていくといいんじゃないか、という気はするんですけどね

竹田：個々の在日にはまず差別からくる負い目やひけ目を克服していかなくてはいけないという課題があります。その時に、どうしても民族というところにアイデンティティの拠り所を求めていたわけですね。今はこの民族アイデンティティのリアリティが崩壊している時で、非常に心細い想いを皆が持っているように思います。僕は結論として、今「市民社会」の理念がほとんど唯一可能性のある道筋じゃないか、という考えを持っているので、そういう以前の拠り所が消滅した今、「市民社会」という可能性を在日の中で押し出すのはどうだろうかと考えたんです。以前、文さんに申し上げましたね

文：ええ

竹田：文さんはその時「非常に刺激になる言葉ですが、それはシチューにしてしまうことですね。自分は今すぐシチューになるというのは抵抗があって、いわばサラダボウルでありながら、お互いに認めあっていく道筋がないとまずいと思います」という風におっしゃられて、それが非常に印象に残っているんです。確かにいきなりシチューだとプロセスとしては進みすぎるかな、という気持ちもある。ただずっと進んでいく方向としては、少しずつシチューへという以外には考えられない気がします。ともあれ在日のアイデンティティの問題を、今日ずっと話してきた問題とどういう風に繋げていくか、きちんと考えなきゃいけないなと思っています

文：竹田さんのおっしゃる「流動化を通じて異質な者同士が融けあっていく」ということはわかるんです。しかし今はまだ融けあいという状況ではないような気がする、サラダボウルぐらいでいかないとだめだな、と。僕は流動化というよりむしろ地域に根付く、定住とか定着化を通じて他の日本人達と共存する方向を考えているんです。ただ単に差別をするなとか、異質性を認めろとか声高に叫ぶだけではなくて、同じ地域の課題を一緒に解決する中で、共存していく。ですから最近、僕の頭の中では、在日の問題は定着化、根付くという言葉に集約されていて、そこに竹田さんの「流動化」という視点が入ってきて非常に刺激になったわけです。僕の言う共存の形も、結果的に融けあいの一歩ではあるとも言えるわけだから、「流動化」という条件も入れて市民化についての考え方をどう組み直すか、今考えているところなんですね

竹田：僕が思っている市民というのは、いわばミニマムのルールなんですね。生活上どうしても困るトラブルがあった時だけみんなでルールをつくって処理する。その時はそこに参加している人の民意がきちんと得られるような手続きが必要である。これだけでいいと思っているんです。そういう考え方でいかないと、すぐ共同体が固まっていろんな約束ごとをつくる、統一見解をつくる、権力をつくる……。そういう動き方は異質なものを共存させる上ではマイナスになると考えているわけです

文：僕は竹田さんとはそこがちょっと違うかもしれない。僕の個人的な経験に引き寄せて言うと、大抵、人は子育てを中心とした地域の関わりで、地域社会の重要性に想いが至るんですね。子育てや教育をめぐって多様で切実な交流がある。特に子供の教育については、在日でも誰もがすごく考えるわけです。保育所とか医療とか、イジメをどうするか、子供の通学路の防犯をどうするか、結局そういうことで近隣との関わりが生じる。つまりミニマムをもう少し大きな範囲で捉えざるを得ない。そういうところで、自分が関わって、そこを住民や市民としてつくっているという意識、それが市民感覚を育んで大きな政治の関わり方にもなっていくだろうと思うんですけどね

川村：ただ地方自治の参政権などの運動としての形になると、僕は日本人だから言うわけじゃないけれど、やはり日本人からは反発がありますね。その反発がどういう形で出るか、それはやはり日本人をどれだけきちんと説得できるかにかかっている。それは歴史とか差別のことではなく、将来にむかって日本の社会を一緒にどう作っていくかという積極的な姿勢があり、それが納得されるかどうかですね。俺達は税金を払っているのに選挙権がない、だから差別解消のために選挙権を与えよというのは、僕はあまり説得力がないと思う。選挙権を持つことによって自分達が日本の社会にどんな風に参加し、それを積極的に変えていくことができるか。それをまずはっきりさせなければ多数者は少数者の権利をなかなか認めようとはしないと思いますね

鄭：確かにそれは日本人の問題であると同時に、その時在日がどう対処できるかという問題です。だから本当にサラダボウルというしかないでしょう。シチューであることがもっとも望ましい状態だと仮定しても、そこに行き着くにはまだまだ、百年単位の時間がかかる。我々のアイデンティティといっても、歴史や日本に生まれたことや、それから単純に家庭環境に根差す部分とか、非常に雑多なものが混ざっているわけです。そういうものを抱えながら、

お互いに共感、共鳴していきつつ、憎しみや誤解は課題として出てくる度に一つずつ解決していく。今はそれしかないでしょう

司会（鄭甲寿）：そうですね。だから私達ワンコリアフェスティバルも、百年千年のスパンで世界を眺めたいと思っているわけです。本当はワンワールドが望ましい、だけど急には出来ないからその前にワンアジア、さらにその手前のワンコリアからはじめよう、そう考えているんです

川村：そういう意味では文さんのおっしゃる地域社会での市民化と全くつながりますね。

鄭：だから先程も言ったけれど、ワンコリアのワンは、多様性を含んだワンであってほしいですね。それを目指してこれからも頑張ってください。

司会（鄭甲寿）：ありがとうございます。アジアにおける市民が普遍的に権利と自由を手にする日を目指して、それがワンワールドに広がる展望だと信じて頑張っていきたいと思います。本日はどうもありがとうございました。

この座談会は、この結論部分からもうかがえるように、竹田青嗣さんと文京洙さんとの議論の応酬がもっとも刺激的で実り多いものだった。

それにしても、2000年以降の鄭太均さんは、さかんに内実において日本人とほとんど変わらない在日コリアンは、帰化して内実と国籍を一致させるべきだと言っている。この時は、「我々のアイデンティティといっても、歴史や日本に生まれたことや、それから単純に家庭環境に根差す部分とか、非常に雑多なものが混ざっているわけです」と在日コリアンの内実が複雑であると認めていたのだが、どうしてしまったのであろうか。韓国で長く教職に就いていたので、在日コリアンが韓国でよく遭遇するアイデンティティ・クライシスから来る反動だろうかと想像するが……。国籍選択は本来個人の自由であり、権利としてもっているものであり、その国籍と内実は無関係なのである。

10周年記念トーク

それはともかく、さらに翌1994年は、ワンコリアフェスティバル10周年を記念して東京でも開催することになった

が、東京開催を盛り上げるために、先行イベントとして東京でトークショーを開いた。公開座談会と言っていいだろう。メンバーは、歌人の俵万智《まち》さん、作家の鷺沢萠《めぐむ》さん、女優の金久美子さんという華やかな女性表現者だった。「コリアの新しい魅力、みつけた」をテーマに自由に語り合ってもらった。俵さんは日本人、鷺沢さんは4分の1コリアン、金さんは100パーセントコリアン。クラデーションだね、などと自分たちで冗談を言いながら、会は始まった。閉会後、「新鮮でした。時代が確かに変わってきたのですね」と感想を述べてくださった1世の人がいた。「私も留学してみたい」と語った大学生もいた。このトークショーは、もちろんこの年のパンフレットに全文掲載された。

『サラダ記念日』が大ベストセラーとなった俵万智さんは、短歌に関する本も何冊も出されている小林恭二さんの紹介であった。小林さんは、大手旅行会社JTBの月刊誌「るるぶ」に「温泉日記」を連載していたことがあった。毎回小林さんの親しい作家や映画監督、詩人などをゲストに呼んで、温泉で楽しく過ごすという企画だったが、その一回にぼくをゲストとして呼んでくれたのである。連載が終わり、温泉ゲストメンバーで打ち上げをしようということになり、そこで俵

10周年のトークショーで発言する鷺沢萠さん

万智さんと初めてお会いしたのである。

鷺沢萠さんの場合は、たまたま新聞の記事で、鷺沢さんが「4分の1コリアン」であることを語っているのを読んだのがきっかけだった。その語り方に惹かれた。鷺沢さんは、その時すでに有名な作家であったが、最近父親のことを書こうと思って父親のことを調べていて、父親の母つまり祖母がコリアンであり、自分が「4分の1コリアン」であることを知ったという。それを鷺沢さんは「ラッキー」と表現していたのである。物書きとして書く意味があると。その前向きな捉え方に感動したぼくは、さっそく鷺沢さんに連絡を取ってお会いしたのである。初対面で意気投合し、その後、いろいろな形でワンコリアフェスティバルを応援してもらった。

とくに、ぼくとの出会いを含めて機会ある毎に自分が持っているメディアにワンコリアフェスティバルのことを書いてくれたのである。最初の出会いの時のことは、こういう風に書いてくれている。

大阪で毎年行われている「ワンコリアフェスティバル」という催しが、今年も10月に行われる。今年で9回を数えるそうだ。

わたしが「ワンコリアフェスティバル」の実行委員長である鄭甲寿さんにお会いしたのは、今年のパンフレットに原稿を依頼されたからだった。帰国してまだ間もないころ、仕事の関係でしょっちゅう上京されているという甲寿さんから連絡があり、その当日に会おうということになった。もちろん初対面だったわけだが、いきなり2時間くらい話しこんでしまった。話をしている最中から感じていたことだが、お互いどうも「濃い」というか、あー、この人もやっぱり朝鮮人やー、という感じ。

お互いに、主に「自分が喋りたいこと」をがんがん喋り抜いていたので、隣りで誰かが聞いていたら、「このヒトたち、これで会話が成立しているのかしらん」と首を傾げられていたかもしれない。それくらい、ふたりとも相手の話に合わせるということをせず、甲寿さんがワーっと喋ったら今度はわたしがワーッと喋る、という方式でわたしたちは長いこと話し続けた。

そんな、他人に聞かれたらいったいこれは会話なのかそれとも何か別のものなのか、と思われかねない「お話しあい」

のあと、しかしわたしはなんだかやにわに元気づいたのであった。

まず、甲寿さんが断言に近い形でおっしゃったことがわたしを勇気づけた。それは前々からわたし自身の中にもあった考えであった。

「世界はね、だんだんに良くなっていってるんですよ」

甲寿さんはそう言ったのである。「良い世界」というのをたとえば権力が一点に集中していない、という観点から考えても、と前置きして甲寿さんは続けた。

「いくら金丸信が何億だか溜めこんどった、言うてもね、あなた、金丸信にピラミッド建てられますか、大阪城建てられますか」

そうーですよねッ、とわたしは場違いなほどの大声でもってその意見に賛同した。

もうひとつには、甲寿さんの考えによってわたしも新たな自信をつけることができた、ということがある。

「誰にも反対できないことを、やろうと思たわけですわ」

うーん、なるほど、とわたしは唸った。甲寿さんが言った「誰にも反対できないこと」ということばは、わたしの中に以前からあった「ぐうの音も出ないくらい正しいこと」というフレーズを思い出させた。

これはわたしが勝手にひとりで考えたことだ、という断りをつけて言うが、わたしの中にも、ここまでよじれたら「ぐうの音も出ないくらい正しいこと」のひとつやふたつは必要だな、というような考えがあって、甲寿さんはそれを「統一」というとても明確な形で抽出させたのではないか、とわたしは思ったのである。

世界はだんだんに良くなっている。その「だんだん」は牛の一歩でもいいと思う。あるいは、ちょっと見にはとても人間の力では埋められそうもないように見える深い深い穴に投じられる、ひと片らの石だ。

あたしゃ石になりたいんだよ。

鷺沢萠『ケナリも花、サクラも花』より

一般に作家は自分のメディアをもっているが、知り合った多くの方が、よく自分のメディアにワンコリアフェスティバルのことを書いてくださったのが本当にありがたかった。だいたい、まず雑誌や新聞に連載やコラムがあり、それが単行本となり、さらに文庫本となるというパターンが多かった。つまり一度書いたものが有名な作家の場合、何度も活字になって、より多くの人の目に留まるのである。ぼくは、それをサブリミナル効果と言っていたが、鷺沢さんだけでなく、俵万智さん、伊集院静さんらが、そうした協力をしてくれたものである。中でも別格にたくさん書いてくれたのが、小林恭二さんだった。

金久美子さんは、当時新宿梁山泊に所属していて、ワンコリアフェスティバルの司会もしてくれたことがあった。こうして知り合いとなっていた3人の女性表現者にトークショーに出てもらったのである。それにしても、あんなにも魅力的で溌剌とされていた鷺沢さんと金久美子さんが、あまりにも若くして亡くなられたことが、いまも信じられないし、残念でならない。

ニッキ、松井館長、そして「料理の鉄人」

その後も多様かつ多彩な対談、座談がパンフレットに掲載されていった。黒田征太郎さんと伊集院静さんの対談（94年）、作家の梁石日さんと評論家の佐高信さんの対談（95年）、神奈川大学教授だった尹健次さんと弁護士の福島瑞穂さんの対談（96年）、元プロレスラーの前田日明《あきら》さんと金守珍さんの対談（99年・司会朴慶南さん）、大阪市立大学教授の朴一さんと作家の玄月さんの対談（2000年）など毎年のように対談を掲載していた。その中で、ユニークな対談も実現してきた。料理の鉄人といわれた道場六三郎さんと中華料理の周富徳さんの対談（97年）、そして空手極真会館の館長松井章圭《しょうけい》（文章圭《ムンチャンギュ》）さんと少年隊のニッキこと錦織一清さんの対談（同年）である。

どんなアイデアも結果を恐れず実現に向けて努力するというのが、ワンコリアフェスティバルのスタイルだと書いたが、この対談もそのチャレンジ精神が実った例だと言えるだろう。当時道場六三郎さんと言えば、人気料理番組「料理の鉄人」で超有名だった。その番組を見ていた時のことだった。道場さんは、料理を作る前、必ずこれから作ろうとする「お品書き」を書くのだが、そこに「チャプチェ」と書いていたのである。在日コリアンにとっては、ごくありふれた料理の名前だ。ところが、その番組に出ていた審査員や料理評論家の誰も、それが何か分からなかった。東南アジアの料理ではないかなどとピント外れなことを言いあっていたのである。

90年代半ばは韓流ブーム以前で、日本人の多くがコリアの文化にほとんどまだ関心がない時代だった。そんな時代に和食の達人と言われる道場さんが、さりげなく韓国料理の名前を書いていることに感心した。それから「料理の達人」を注意して見るようになったが、道場さんの料理についてのコメントはいつも公平で聞いていて気持ち良かった。それで道場さんに、ワンコリアフェスティバルで料理に関するインタビュー、あるいは誰かと対談してもらえないだろうかと考えたのである。対談なら、コリアの料理専門家と当時人気絶頂だった「中華の鉄人」周富徳さんにお願いしようと思った。

道場さんに手紙を書き連絡したところ、道場さんの料理店である銀座のろくさん亭で会ってくれることになった。道場さんは、「祖国のために一生懸命がんばっているチョンさんの愛国心はすばらしい」と、協力できることなら何でもしますよと言ってくださった。コリアの料理専門家と周富徳さんとの対談も賛成してくださった。ところが、コリアの料理家に当たったところ、なかなか引き受けてくれる人がみつからなかった。やむをえず、コリア料理に造詣が深く、新宿でコリア料理をメインにした居酒屋をしていた知り合いの梁裕子《ヤンユジャ》さんに司会をお願いすることにした。

道場六三郎さんと周富徳さんの対談（ワンコリアフェスティバル1997　パンフレット）

空手極真会館の松井章圭（文章圭）さんと少年隊のニッキこと錦織一清さんの対談（ワンコリアフェスティバル1997　パンフレット）

周富徳さんにも直接お願いしに行ったが、道場さんと対談できるなら喜んでと対談を引き受けてくださった。そのことを道場さんに知らせると、対談会場もろくさん亭ですればいいよと申し出てくださった。ぼくは、お2人にもう一つお願いした。料理人対談なので、料理の時の服装で対談していただけないでしょうかと頼んだのである。これもお2人とも快く諒承してくださった。こうしてお2人の対談が実現したのである。

「料理から世界が見える」と題した対談は、いきなりキムチの話から入ったが、その内容は、コリアの料理との出会い、料理哲学、そして世界観を、2時間にわたって熱く語ってくださったもので、道を極めた一流の人間ならではの哲学は、実に刺激的で奥が深いものだった。また、「ひとつの中国」という未来を願っているという、在日中国人2世である周富徳さんの心の底に触れることができたのも印象深かった。ぼくたち在日コリアンと通じるものがあることに共感せずにはおれなかった。きっと周富徳さんも同じ想いだったと思う。

道場さんには、それから5年後の2002年にも協力していただいた。ここでそのエピソードにも言及しておきたい。当時ぼくは、国立民族学博物館（大阪府吹田市、以下民博）の客員研究員をしていた。02年は韓日共催のワールドカップが開かれた年で、民博でも韓国をより身近に理解できるように、「2002年ソウルスタイル・李さん一家の素顔のくらし特別展」が開かれることになった。その時、民博教授の朝倉敏夫さんから、その関連事業としてワンコリアフェスティバルで何か企画できないかと提案された。

ぼくはすぐに企画を思いついた。かねがね料理をテーマとしたイベントをしたいと思っていたのだが、民博には調理設備のあるスペースがあった。ぼくは、朝倉さんに、日韓食文化に関するイベントはどうですか、日韓の一流の料理家に実際に料理を作ってもらい、それを一般のお客さんに食べ較べてもらい、それぞれの料理の良さを実感してもらうというものですが、日本料理なら道場六三郎さんにお願いしようと思いますとアイデアを出してみた。朝倉さんは、すごくいいアイデアだけど道場さんのギャラは高いでしょう、民博は国立だけどそれほど予算はないんですよと言われた。ぼくは、5年前に対談をしていただいたことがあるが、その時もボランティアでしてくれました、今回もお願いしてみますと言った。朝倉さんは驚いていたが、できれば素晴らしいですねと、企画を進めるよう言ってくれた。

ぼくは、久しぶりに道場さんにお願いに行ったが、道場さんは、また、「鄭さんは愛国者だから」と笑って引き受けてくれた。日韓の料理についてもアドバイスしてくださり、同じ餅とスープの料理であるお雑煮とトックを作りましょうということになった。お雑煮はもちろん自ら作るので、仕込みのために大阪には前日に入りましょうとまで言ってくださったのである。ぼくは感激するしかなかった。

韓国からは、韓国宮廷料理の人間国宝である黄彗性《ファンヘソン》さんと娘さんの食文化研究家で全州大学教授の韓福真《ハンボクチン》さんをお招きしてトックを作ってもらうことになった。こうして、とんでもない豪華な食べ較べができるということで、１００人募集のところ10倍ほどの応募があった。なんと、著名な料理評論家や料理研究家から、応募したが外れてしまった、何とか参加することはできないだろうかという問い合わせまで来たのである。ぼくは、ズルはできないので、ある提案をさせてもらった。当日は「日韓・食のフォーラム」も開くので、このフォーラムに、コメンテーターとして出席していただければ参加できるようにしますと。

そのフォーラムは、「ワンコリアフェスティバル・イン・みんぱく」と銘打たれたイベントの一環で、パネラーとして道場さん、韓福真さんと民博館長の石毛直道先生、滋賀県立大学教授の鄭大聲《チョンデソン》先生を交えて、日韓の食について話し合っていただいたものだった。石毛直道先生は、鉄の胃袋と言われ世界中の食で食べたことがないものはないという伝説の持ち主だった。コメンテーターも、料理評論家の岸朝子さんや朝鮮料理研究家の全京華《チョンキョンファ》さん、韓国食文化学会会長のハン・ジェスクさんら錚々たるメンバーだった。このフォーラムの内容も実に刺激的だった。

「ワンコリアフェスティバル・イン・みんぱく」では、韓国光州からマダン劇の劇団「ノリペ・神命《シンミョン》（ノリは遊び、ペはチーム）」を招いて統一をテーマとしたマダン劇「トンイルタシレギ（統一多侍楽）―花提灯掲げて愛するお方がいらしたら」も上演した。マダン劇とはコリアの伝統的な劇の形式で、観衆が円形に囲む中で演じられる、主に権力者や特権階級を風刺する民衆の声を代弁する劇だ。この日も最後は、日本人の観衆も一緒になって踊ったが、その中に石毛直道館長も笑顔で入っていた。公演後は、館長主催の歓迎会まで開いてくださった。

ところで「ノリペ・神命」は、１９８０年の「光州民衆抗争」の精神を受け継ぐためにできた劇団である。この後すぐ「ノリペ・神命」の招きで5月に光州の市庁前で開かれた「光州民衆抗争」を記念する市民フェスティバルに参加したことがある。金大中大統領の任期中だったが、ステージの後ろの巨大なスクリーンでは、金大中大統領がブッシュ米国大統領を殴っている合成の映像が流れていた。こんなことは光州でしかできないだろう。

このステージで、ぼくも約1万人の光州市民の前で挨拶させてもらった。ハナコールを呼びかけると大歓声が起こり、怒濤のようなハナコールの声が、光州の空に響き渡った。決して忘れることができない光景だ。

もう一つのユニークな対談についても触れておきたい。道場六三郎さんと周富徳さんの対談をした同じ1997年、異色の対談が実現した。極真空手の松井館長と少年隊のメンバー錦織一清さんの対談だ。ワンコリアフェスティバルは、食文化とともに、スポーツも取り上げて来ているが、この時、世界的な空手団体である在日コリアン1世の大山倍達《ますたつ》が創始した極真空手の二代目館長も在日コリアン2世ということで、ぜひその松井館長に登場してほしいというアイデアが出た。するとスタッフの一人が、実は少年隊の錦織一清さんは、ブルース・リーが創始したジークンドーという武道をしている、2人に武道対談をしてもらったらというアイデアを出してくれた。

ぼくは、それはたしかに意外性があって面白いなと思い、まずは松井館長に会って、錦織さんとの対談をお願いすることにした。松井館長は、ワンコリアフェスティバルの趣旨は大賛成で協力を惜しまないと言ってくれたが、錦織さんとの対談には難色を示した。空手は柔道に較べてまだマイナーな、どちらかというと悪いイメージが根強く残っていると、意外なことを言われたのである。だから、空手のイメージアップのために、アイドルタレントの錦織さんではなく、たとえば筑紫哲也さんのような日本の知的良心と言われるような人と対談したいと。

ぼくは、松井館長の気持ちは理解できたが、それでも錦織さんとの対談をお願いした。ぼくは、筑紫哲也さんもワンコリアフェスティバルには賛同してくれてメッセージも寄せていただき、会場にも来ていただいているので、難しいことではないと思うと言った。しかし、錦織さんとはこれから連絡するつもりなので、どうなるか分かりませんが、芸能界でこれだけ長い間、第一線で活躍できているということは、すごい努力をしているからだと思います、それは一つの道を極めるという意味で通じるものがあるのではないでしょうかと言った。松井館長も納得してくれて対談を引き受けてくれることになったのである。

ぼくはさっそく錦織さんの事務所へ手紙を送った。しばらくして錦織さんのマネージャーから電話が来て、錦織がぜひ参加したいと言っていますという返事をいただいた。松井館長との対談は願ってもない機会だと喜んでいますと。武道や

ころからは、
「丁寧な本づくり」を目指して、
2013年に創業しました。
社会の多様性を楽しめる本を
刊行していきます。

ころから株式会社

〒115-0045
東京都北区赤羽1-19-7-603
TEL 03-5939-7950
FAX 03-5939-7951
ホームページ
http://korocolor.com

ころから　既刊ガイド

7人を子育て中の日本人妻エッセイ

サウジアラビアでマッシャアラー！
嫁いでみたアラブの国の不思議体験
ファーティマ松本
1600円＋税／978-4-907239-00-8　2刷

「アジ鉄」写真集の決定版

I LOVE TRAIN
アジア・レイル・ライフ
米屋こうじ
2200円＋税／978-4-907239-01-5

取扱注意!
ナショナリズムの誘惑
木村元彦
園子温
安田浩一

離島の本屋

奴らを通すな!!
右翼の元ホストが放つ
在特会に対する捨て身の反撃
¡No Pasarán!

九月、東京の路上で

作ること＝生きること

サッカー本大賞受賞!

Jリーグを初観戦した結果、思わぬことになった

中村慎太郎

1300円+税/978-4-907239-07-7

3刷

裸足のフラメンコダンサーのすべて

写真集 YASKOと長嶺ヤス子

YASKO70周年プロジェクト・編

2000円+税/978-4-907239-08-4

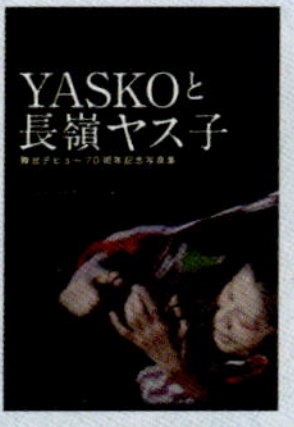

「ヘイト本」をあふれさせているのは誰か?

NOヘイト!

出版の製造者責任を考える

ヘイトスピーチと排外主義に加担しない出版関係者の会・編

900円+税/978-4-907239-10-7

2刷

アイデアをカタチに、カタチをビジネスに

長いは短い、短いは長い

なにわの事務長「発明奮闘記」

宋君哲

1500円+税/978-4-907239-11-4

日本の縮図「東久留米」から考える

議会は踊る、されど進む

民主主義の崩壊とその再生

谷隆一

1600円+税/978-4-907239-12-1

ヘイト出版社と
ヘイト本を徹底検証

さらば、ヘイト本！

嫌韓反中本ブームの裏側
木村元彦、大泉実成、加藤直樹
900円＋税／978-4-907239-14-5

戦争体験者へ。
「同世代」からの手紙

若者から若者への手紙

1945←2015
落合由利子、北川直美、室田元美
1800円＋税／978-4-907239-15-2

ロックフェスから
考える脱原発

太陽のひと

ソーラーエネルギーで音楽を鳴らせ！
朴順梨
1400円＋税／ISBN 978-4-907239-09-1

ワンコリアから
ワンアジアへ

ハナ

ワンコリア道草回顧録
鄭甲寿
2700円＋税／978-4-907239-17-6

書店のみなさまへ

ころからは、低正味・スピード出荷のために直取引（返品可）をメインにしておりますが、取次経由でのご注文にも対応いたします（返品不可）。

格闘技をする人にとって松井館長は、そういう存在なのだと改めて実感した。こうしてお2人の対談は実現したが、この対談も、道を極めている人間どうしの素晴らしい内容だった。その後、お2人は親しくなり、松井館長もジークンドーを応援するなど交流するようになった。

ワンコリアフェスティバルは、こうした対談、インタビューなどを毎回パンフレットに掲載しているが、これは、作家の篠藤ゆりさんの存在なくして語れない。篠藤さんとは、小林恭二さんのおかげで知り合った。先に触れた「温泉日記」の企画がきっかけとなって、毎年一回仲間で温泉に行くことが恒例となった。温泉仲間は、主に小林恭二さんの知り合いの雑誌編集者が多かったが、その仲間に当時「ガンジーの空」という小説で海燕新人文学賞を取ってデビューして間もなかった篠藤さんもいたのである。

温泉仲間のみなさんは、ワンコリアフェスティバル開催に合わせて関西旅行を組んでくれたり、1994年から東京開催が始まってからは、スタッフとしても関わってくれた。中でも篠藤さんは中心的な役割を担ってくれるようになり、対談やインタビューの時には、司会、インタヴュアーとして欠くべからざる存在であり、その後のテープ起こしとまとめという大変な労力のいる仕事も引き受けてくれた。それもすべてボランティアだった。しかもその仕事はいつも完璧だった。たとえば、黒田福美さんにインタビューして原稿にまとめてもらい、それを黒田さんに送ったところ、黒田さんから、私も今までたくさんのインタビューを受けてきたが、こんな見事なまとめの原稿は初めて見ました、まったく修正するところはありませんと、感嘆の声とともに返事が来たものであった。篠藤さんには、どれほど感謝しても感謝し足りないほどだが、この場を借りて改めて心からの感謝をお伝えしたい。

ビジョンの発展

さて、こうした様々なワンコリアフェスティバルならではの画期的と言えるイベント、パンフレットの企画を重ねながら、ワンコリアフェスティバルのビジョンもより発展させていった。本章の冒頭で触れたように、1990年に「アジア共同体」の展望を予見したが、統一と関連させて、在日コリアンを含むわが民族が「アジア共同体」に貢献できる根拠を先の趣旨文に続けて、こう記した。

ONE KOREA
ASIA
WORLD

ワンコリア・アジア・世界

実行委員長　鄭 甲寿

1985年の解放40周年を機に始めましたパリロ民族・未来・創造フェスティバルは、今年第６回目を迎えるに当たって、さらなる発展を期すべく名称をワンコリアフェスティバルと改めました。

当フェスティバルは、解放40周年を未来への新たな出発点として捉え、必ずや達成されるべきワンコリアを目指して始められました。そして、何より、ワンコリアへのヴィジョンを提言してきました。

私達の提言するワンコリアへのヴィジョンは、従来のように統一祖国を在日同胞のバックグランド（援護基地）と考えるばかりでなく、在日同胞を含む海外同胞もまた、統一過程においても、統一後においても、祖国のバックグランドとなり得ると捉える全く新しい発想のヴィジョンであります。すなわち、祖国と海外同胞とは、互いが互いのバックグランドの関係にあると考えるものであります。したがってそれは、海外同胞の存在を積極的、能動的に捉え、その役割を決定的に重視するものであります。

海外同胞の最大の特徴は、世界にまたがるその広範な居住地を反映して、実に多様であるということであります。国際社会の利害と相互関係がますます複雑になっている今日、そうした海外同胞の多様性は、今まで以上に祖国の統一と繁栄に大きく寄与できるでありましょう。たとえば最近も、ソ連のハバロフスクにおける南北の合弁による製薬会社設立が報道されていましたが、南北を仲介したのも海外同胞である朝鮮系ソ連人の会社経営者でありました。こうした事例は、まさに私達のヴィジョンの方向と一致するものであります。

しかし、そうした役割と寄与も、海外同胞が団結してこそ一層有効に果し得るのであります。そのためには海外同胞が結集し、団結しうるシンボルが必要であります。

私達は、在日同胞こそそのシンボルとなるべきだと訴えてきました。何故なら在日同胞は、他の海外同胞とは異なり、祖国南北の対立をもっとも鋭く反映していると同時に、にもかかわらず祖国のように物理的な〔38度線〕は存在しないという、特別な条件のもとに置かれているからであります。私達は、この条件をむしろ積極的に活用し、在日同胞こそまず一つになるべきであり、そのことによって統一へのシンボルとなるべきだと訴えてきた次第であります。そうしてこそ祖国と海外の同胞からも尊敬と信頼を得られるからであります。

当フェスティバルは、こうした考えを具体的に実証するために、何より全ての同胞間のパイプ役でありたいと願い、あらゆる同胞が、その立場や考え方、所属や国籍の違いを超え、実際に一堂に会する場を創造するために開催するものであります。そのために批判せず代弁せず、また反対せず迎合せずという姿勢を貫いてきました。とはいえ私達は、2004年に〔38度線〕において万国博覧会を開催しようと提案するなど、建設的な提案と独創的なアイデアをもって統一に積極的に関わろうとするものであります。

幸い、こうした私達の発想とヴィジョンは、多くの方々の支持と賛同を得ることができ、立場や所属の違いを超えて、実際に大きな成果を収めてきました。こうした成果を土台に、当フェスティバルがさらに発展していけるよう、ここに改めて皆さんの御支援、御指導を仰ぎたいと存じます。

ところで、ワンコリアのヴィジョンは、わが民族の利益のみを考える狭い理想ではありません。

今日人類の前には、平和と人権、地球環境の危機とエネルギー問題、富める国と貧しき国の益々広がる格差など、人類共通の課題が横たわっています。しかしながら、歴史を大きな流れとして見るならば、世界は緊張緩和と平和共存に向けて徐々に動いているように思われます。

これからの世界の進行方向を表すキーワードは、当面リベラル、グローバル、ヒューマニズムに集約されると思われますが、その具現として、ソ連をはじめとする東欧の変革、あるいはヨーロッパのＥＣ統合やアメリカを中心とした北米経済圏など、国境を越えた地域経済圏の形成が進んでいます。

一方アジアでは、そうした動きが著しくおくれています。とはいえ、最近そうした動きへの芽も、わずかながらアジア、太平洋圏において見られることも事実でありましょう。

しかし、アジア経済圏さらにアジア共同体を展望する時、その最大の障害が、わが祖国を分断する〔38度線〕であることは言うまでもありません。何故ならば、一触即発の火薬庫としての〔38度線〕がある限りこの地に平和と安定はありえず、そのために「アジア共同体」構想は実現し難いからであります。であるならば、周辺諸国にとっても、ワンコリアこそ各国の利益と認識される時が必ずや来ることでありましょう。

ひるがえって当事者として言うならば、わが民族は、〔38度線〕を撤廃して統一を達成し、自己統治能力を国際社会に証明するとともに、アジア共同体への展望を主体的に切り開くべきであります。

もちろんアジア経済圏を考えるならば、日本の役割がきわめて重要であります。したがって、わが民族と日本とのあるべきパートナーシップも、アジア全体の中でそれぞれの役割が模索されるべきでありましょう。

とくにわが民族は日本と他のアジア諸国とのパイプ役ともなれるでありましょう。もちろんそのためには、日本自らのアジア諸国に対する明快な過去の清算が必要でありますが、それは、アジアとの未来志向的な関係を創り出す上で欠くことのできない前提条件であります。すなわち、日本はその自浄能力が問われているといえます。日本の近代史における自浄能力の発揮は、アジア各国の信頼を得るためにも、世界の尊敬を得るためにも、かならず必要なものだと思います。アジア各国の信頼なくして「アジア共同体」の成功はありえません。

アジアにおいて、わが民族が自己統治能力を、日本が自浄能力を発揮する時、アジアは一つになることができるでありましょう。そのことによって、世界と人類の大きな課題にアジアとして輝かしい貢献ができるでありましょう。

さて、昨年1989年は、世界にとって激動の年でした。とくにドイツ分断の象徴であった〔ベルリンの壁〕が崩壊したことは、わが民族に大きな感動を与えました。現実にドイツが統一されようとしている今日、アジアにおいては、わが民族の統一問題がにわかにクローズアップされています。

こうした中で先日、解放後初めて南北首相会談の開催に南北が合意しました。今後もなお紆余曲折はありましょうが、私達は、南北首相会談の成功を願い、見守ってゆくものであります。

まさにこのような時に、祖国南北ならびに在日、在中の同胞がワンコリアのため一堂に会し、心を一つにして共演することは、南北の交流と統一に向けて画期的な意義を有するものと信じます。

当フェスティバルは、皆さんとともに創るものであり、発展させてゆくものであります。

皆さん、ともにワンコリアの歴史を切り開いてゆきましょう。

하 나!

ONE KOREA FESTIVAL

ワンコリアから「ワンアジア」を宣言した1990年の趣旨文

とくにわが民族は、日本と他のアジア諸国とのパイプ役ともなれるでありましょう。もちろんそのためには、日本自らのアジア諸国に対する明快な過去の清算が必要でありますが、それは、アジアとの未来志向的な関係を創り出す上で欠くことのできない前提条件であります。すなわち、日本はその自浄能力が問われているといえます。日本の近代史における自浄能力の発揮は、アジア各国の信頼を得るためにも、世界の尊敬を得るためにも、かならず必要なものだと思います。アジア各国の信頼なくして「アジア共同体」の成功はありえません。

アジアにおいて、わが民族が自己統治能力を、日本が自浄能力を発揮する時、アジアは一つになることができるでありましょう。そのことによって、世界と人類の大きな課題にアジアとして輝かしい貢献ができるでありましょう。

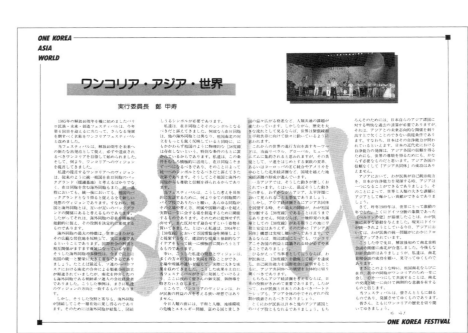

１９９０年

冷戦後の世界が、地域統合に向かうと予見しながら「アジア共同体」を展望し、その中でコリアと日本の課題を、それぞれ「自己統治能力」「自浄能力」を発揮して果たそうと呼びかけたものである。前にも書いたように、それは、それぞれの主体的責任において、それぞれの課題を解決しようという呼びかけであり、とくに日本に対しては、コリアや中国が批判するから過去の清算に向き合うのではなく、コリアと中国をはじめとするアジア諸国との共通の未来に向けて、日本自ら進んで過去の清算をする姿を見せてほしいという呼びかけなのである。

１９９２年の趣旨文では次のように述べている。

一方、第一回開催の1985年は、周知のように、旧ソ連のゴルバチョフ大統領がペレストロイカを掲げて登場した年であり、まさに、世界が戦後冷戦体制の転換に向けて大きく動き出した年でありました。そして今日世界は、冷戦体制の終結、ドイツ統一、ＥＣ統合の一層の深化、ソ連邦解体と劇的な変革期にあります。それとともに祖国南北を取り囲む状況も著しく変化し、一昨年には韓国と旧ソ連が国交を樹立し、共和国と日本も国交正常化交渉を開始しました。ついで昨年は南北がともに国連に加盟。さらに先日、韓国と中国が国交を樹立するに至りました。今後の共和国と日本・米国との国交正常化交渉が注目されます。

こうした世界の激変に対応して、南北の対話と交流も画期的な進展を見せてきました。昨年の世界卓球選手権における南北統一チーム「コリア」による参加、南北の「不可侵と交流・協力」の合意、「非核化共同宣言」と南北関係も新たな局面を迎えています。いずれ南北首脳会談も開かれるでしょう。もし、首脳会談が実現すれば20世紀中にも連邦、国家連合、国家共同体のいずれか、あるいはそれらの混合した形態の統一国家樹立もありえるでしょう。いずれにせよワンコリアはいよいよ現実のものになりつつあります。私達もまた、画期的な南北の「不可侵と交流、協力の合意書」と「非核化共同宣言」を支持するとともに、その実行を見守るものであります。

ところで、昨年のパンフレットの挨拶文において、経済的には南北合弁が近く実現するであろうことを指摘していましたが、早くも、先日韓国の大宇グループが共和国との間に合弁第一号を実現し、また共和国の副首相が韓国を訪問して南北の経済協力をアピールしました。今後、南北の経済協力合弁事業も一層進展するでありましょう。

現在世界は、統合と解体、求心力と遠心力が混在し、混沌とした様相を呈しているように見えます。がしかし、そうした過程を通して新たな求心力のもとに統合される方向に、たとえば、東欧がECに、旧ソ連のイスラム圏がトルコ・イランを中心とする黒海経済圏に、といった形で収斂してゆくものと思われます。

当フェスティバルもそうした世界の流れを見極めながら、かねてから、アジア経済圏、さらにはアジア共同体（AC）を展望してきましたが、これも「環東海経済圏」「環日本海経済圏」構想や、「黄海経済圏」構想、あるいは「アジア経済グループ」構想など、現実的な構想として論議されるようになってきました。とくに最近そうした経済圏に関連した具体的な計画として、共和国の豆満江流域開発がクローズアップされていますが、この計画は国連開発事業として祖国南北、日本、中国、ロシア、モンゴルが加わる国際的プロジェクトであり、今後その推移が注目されます。しかし、こうした構想にとっても、南北の分断状況は、依然としてアジアの紛争地域として不安定要素を残す好ましくないものであり、その解決が急がれるのであります。すなわちワンコリアは、アジア全体の平和と発展にとっても必要なのであります。

ここでは、「アジア共同体」にとって、南北分断の克服すなわち統一が必要であることを改めて強調している。さらに1993年の趣旨文では次のような問題にも注意を促している。

マレーシアのマハティール首相が提案している「東アジア経済グループ」（EAEG）構想は大きな反響を呼び起してきました。さらに先日、アメリカのクリントン大統領がアジア・太平洋経済協力会議（APEC）の首脳会議開催を提案し、新太平洋共同体（PC）を提唱したことは、記憶に新しいところです。今後アジアをめぐる統合の論議はますます活発になり、具体的な動きも出てくるでしょう。もちろん、現状では領有権問題など統合を阻む複雑な問題が横たわっています。中でも東アジアでは、我が祖国の分断と対立が、常に同地域の平和と安定を脅かしています。しかし、そうした問題も統合に伴う相互補完的、互恵的関係の深まりによって解決がより容易になるものと思われます。相互信頼の深まりは、軍事的安全保障の比重を低下させ、より安定した平和をもたらすでしょう。このことが、さらに経済発展を可能にし、同時に地域内の市民的権利や自由もより保証されるようになることでしょう。

マハティール首相が提案した「東アジア経済グループ」（EAEG）構想とアメリカのクリントン大統領が提案した「アジア・太平洋経済協力会議」（APEC）の首脳会議開催および新太平洋共同体（PC）は、この地域のアメリカの存在をめぐる葛藤の産物であったと、実は思っている。「東アジア経済グループ」（EAEG）構想は、東南アジア諸国に加え、中国、韓国、日本をメンバーに入れようとしていたが、アメリカが入っていなかったのである。アメリカの意向を無視できない日本が、むしろアメリカの意向を受けて実現に動いた会議が「アジア・太平洋経済協力会議」（APEC）だった。ここには、太平洋国家であるオーストラリアも入り、わざわざ第1回会議をオーストラリアで開いている。「東アジア経済グループ」（EAEG）構想を牽制するとともに、アメリカ、日本が前面に立って刺激するのも避けたのであろう。こうした日本の姿勢がアジア諸国の不信を買ってしまうのだが。

とはいえ、こうした地域経済圏への関心の高まりを活用して、日本社会にその意義を訴えより広めるために、1992年からは、政治家と各県知事の祝辞も寄せてもらうようにした。その年に寄せてくれた政治家は、北川石松（自民党）、土井たか子（社会党）、中司宏（大阪府議）だった。自民党と社会党、与野党のバランスを取るように努めたのである。

翌年には、石田幸四郎・公明党中央執行委員長、江田五月・社会民主連合衆議院議員・科学技術庁長官、小渕恵三・自民党衆議院議員、土井たか子・前社会党委員長・衆議院議長、中野寛成・民社党政策審議会長、羽田孜・新生党党首、不破哲三・日本共産党中央委員会幹部会委員長、細川護熙・日本新党代表と、一気に祝辞が増えた。

この年初めて知事からの祝辞もいただいた。この時は、奥田八二・福岡県知事、澄田信義・島根県知事、福島譲二・熊本県知事、平松守彦・大分県知事の4人だった。もちろん全県にお願いしたが、この年最初に届いた県知事の内、3人が九州で、1人が韓国にもっとも近い島根県だったことは、象徴的とも思えた。やはりアジアの一員との感覚があったのだろうと思う。知事の祝辞も翌年から徐々に増えていった。青島幸男・東京都知事、大田昌秀・沖縄県知事も祝辞を寄せてくれるようになり、太田房江・大阪府知事、磯村隆文・大阪市長と地元大阪の首長も加わるようになった。

各県の担当者からよく聞かれたのが、大阪・東京を会場にした催しなのに、なぜ当県に祝辞を要請されるのでしょうか、という質問だった。ぼくは、ワンコリアフェスティバルのビジョンを説明し、これからはアジアの時代ではないでしょうか、国家間の交流も大切ですが、これからは、ますます自治体レベルの交流が大事になると思うので、「アジア共同体」を目指しているワンコリアフェスティバルとしては、ぜひ自治体からも連帯の意味でご祝辞がいただければありがたいと答えたものである。

また、この1993年の主旨文では「私達はかねてよりアジア共同体（AC）を提唱していますが、それも単なる経済的統合でなく、やはり〈アジア市民〉の創出という理想を目指す発想であります。すなわち、アジアにおける市民的権利と自由の普遍的実現を目指す発想であります」とアジア共同体の理念が、「アジア市民」の創出という理想を目指すものであることを明確に提示したのである。

その上で、この理念と理想を実現するために、繰り返し、コリアと日本の課題に立ち返っている。

アジアにおける統合を考える時、日本にもコリアにも乗り越えなければならないハードルがあります。日本の場合、アジア諸国との関係が問われるでしょう。日本は明治以来の『脱亜入欧』的なアジア観を克服することが求められています。つまり日本は近代史において自浄能力を発揮することによって、アジアから信頼され世界から尊敬される国家になりうるといえるでしょう。その意味で、新政権が基本政策の中で先の戦争の反省を明確に述べ、細川首相が「侵略戦争である」と明言したことは画期的なことだと思います。今後、戦後補償や歴史教育を通じて、さらに具体的な成果を示されることを期待したいと思います。

一方、私達コリアは、分断状況を克服し、自己統治能力を実証しなければなりません。今日の複雑な国際情勢の中で、ワンコリアを実現するためには、北と南、在日と祖国、正義と利害、理想と現実など、様々な関係のバランスを考えなければならないでしょう。そのために私達は、とくに現実的でしたたかなバランス感覚の必要性を強調したいと思います。

当フェスティバルは在日コリアンこそまず一つになってワンコリアのシンボルとなり、南北間のバランスをとりつつ、祖国および海外同胞のパイプ役としてワンコリアの実現とアジアの平和に貢献しようという独自の発想を掲げてまいりました。幸い、祖国南北をはじめ立場や考え方、国籍や所属の違いを超えた画期的な参加と協力、賛同と支持を得てきましたが、こうした成果を大切にすると共に、さらに発展させるため、明確にアジアと世界を視野にいれ、私達のビジョンをよりグローバルなものにしていきたいと考えています。

「帝国」と「帝国主義」の違い

ところで、こうしたビジョンを追求してきたワンコリアフェスティバルにとって、2014年出版された柄谷行人《こうじん》さんの『帝国の構造―中心・周辺・亜周辺』(青土社)は刺激的で、何より実践的に意味のある本だった。ぼくの問題意識と重なる部分が多く、非常に参考になるものだった。実は学生時代、ぼくは柄谷さんをよく読んでいたが、『マルクスその可能性の中心』(1978年)で彼の限界を見て離れたことがあったのである。

また柄谷さんは、作家の中上健次さんと盟友のような関係だったが、中上さんもよく読んでいたものの、『枯木灘』まではかろうじて読み通したが、『鳳仙花』の途中で読むのを止めてしまった。中上さんの出身である被差別部落の問題に正面から向き合わず、「神話」にしていったと思ったからである。柄谷さんは、その中上さんと対談すると、なぜか押されているような、遠慮しているような感じで、そういうところも、もうひとつ当時の柄谷さんを信頼できないところだった。

ちなみに中上さんとは、後に黒田征太郎さんの紹介でお会いすることになる。ぼくは中上さんへのこうした評価を、黒田さんにも言ったが、黒田さんは、それでも彼を紹介してくれたのである。

しかし、2010年に柄谷さんが『世界史の構造』(岩波書店)を出した時、これはいいと思い、学生時代以来30数年ぶりに読んだのである。この本は、1990年以来ワンコリアフェスティバルが掲げている「アジア共同体」にも参考になるものだった。それをさらに深化させた成果が『帝国の構造』にほかならない。ここでワンコリアフェスティバルのビジョンの意味をより理解していただくために、この本について言及したい。

まず、「中心・周辺・亜周辺」と言えば、アメリカの社会学者ウォーラーステインの「近代世界システム」の「中心・半中心・周辺」を思い出す。しかし、柄谷さんは、ウォーラーステインを批判して「世界=帝国における中心と周辺、半周辺の関係と、近代システムにおけるそれとは、決定的に異なるものである。後者では、旧来の世界=帝国は周辺に置かれる。そして、もはや圏外も亜周辺も存在しえない」と言っているが、これは極めて重要な指摘であろう。それは、ウォーラーステインが近世までの「帝国」と近代の「帝国主義」を明確に区別できていないからである。

柄谷さんは、近代の「帝国主義」は、近代国民国家の資本主義的拡張であり、民族主義的であるのに対して、近世までの「帝国」は、あらゆる民族・習俗・宗教を包括する柔軟で寛容な体制だったことを強調する。近代の「帝国主義」は、ヘーゲルが明確に捉えていたように「資本・ネーション（民族）・ステート（国家）」としてのシステムなのであり、現代の世界、とりわけ冷戦終結後の世界は、今なお、まさにこのシステムの中にあると。

このシステムを乗り越えるためにこそ、柄谷さんは、近世までの「帝国」を分析し、再評価しているのである。ペルシャ帝国やローマ帝国、秦帝国など古代帝国から、近世のオスマン帝国や清王朝まで、これまでの常識や先入観を、ことごとく破り、しかも実証的に覆す。この「帝国」の再評価から、柄谷さんが現代の世界を次のように読み解いているのが一層注目される。

一九九〇年以後の〈新自由主義〉の時代は、一八七〇年代以後の〈帝国主義〉の時代と類似する。一九九〇年以後に顕著になってきたものを、何か新たな画期的なものとして、あるいは、最高の段階として、見てはいけない。それは反復的なものです。

さらに、その具体的な世界の動きとして次のように書いている。

一八七〇年代に旧世界帝国（ロシア・清朝・ムガール・オスマン）が、西洋列強の帝国主義によって追いつめられながらもまだ強固に存在していたように、一九九〇年代に、それらが新たな広域国家として復活してきた。

現在を一九三〇年代と比べる見方がありますが、それはこのような違いを見ないものです。１９３０年代には完全に無力な状態に置かれていた、中国、インド、その他が経済的な強国としてあらわれています。かつてオスマン帝国、イラン帝国であったところも、いわばイスラム圏として復活してきたといえます。また、ヨーロッパもヨーロッパ共同体という〈帝国〉として再登場したことを忘れてはなりません。

いみじくも１９９０年から、ワンコリアフェスティバルはことあるごとに「(東) アジア共同体」の展望を語ってきたわけだが、講演などでも、日本がこういう動きを読めず、ましてや１９３０年代に逆戻りするかのような時代錯誤な政治を続けていけば、さらに孤立し、日本抜きの「(東) アジア共同体」もありえますよと、警告してきたものだった。ぼくと世界の見方がこれほど重なっている本には初めて出合った想いだった。

ぼくも、世界が地域統合に向かうことは避けることができないことであり、ヨーロッパ共同体はもちろん、北米経済圏、南米、中央アジア、イスラム圏で地域統合やブロック化が進むことを何度も指摘してきたのである。たとえば、ワンコリアフェスティバルの１９９３年のあいさつ文においては、こう書いた。

とくにEC統合（ヨーロッパ共同体）は、人類の歴史的実験として注目されます。ECに関しては市場や通貨の統合の困難さ、ブロック化の懸念など、経済的側面のみが強調されがちですが、単なる経済的統合に留まらずに、地域内において「ヨーロッパ市民」の形成という理想を目指すものとしても、注目する必要があるでしょう。それは究極において「世界市民」という普遍的理想に通じるものであります。今後、長い紆余曲折と試行錯誤を繰り返すでしょうが、人類の望ましい姿に向かう可能性を示唆しているのではないでしょうか。

この統合の動きは南米にも広がりつつあり、さらに最近では、アラブ、アフリカでもそれぞれ統合への模索がはじまっています。いずれもEC統合以上の困難や混乱を伴うかもしれませんが、大きな流れとして見るならば、世界はやはり統合の方向へと進んでいるのではないでしょうか。

さらに、２００１年の趣旨文では中国の台頭にも言及しているが、それもまた、柄谷さんの「帝国」再評価と重なる。

今後5年から10年の間には、東アジアにおいて中国が突出した存在になる可能性が高いでしょう。この地域の安全保障と発展のためにこうした研究をはじめ、さらに韓・日・中の連携と協調が求められます。そのためにも日本には、過去の清算に基づくアジア諸国との信頼関係の確立、とくにコリア南北とのそれが求められるでしょう。そうしてこそ、21世紀のはじめにも「アジア共同体」が構想から現実として浮上してくるでしょう。

地域統合のための「市民」

ワンコリアフェスティバルが考える「(東)アジア共同体」の展望において、とくに東アジア地域で直接的な関係を有する中国のかつての帝国的秩序である「華夷《かい》秩序」に注目してきたのも同じ理由からである。

中国は、長い歴史の間に異民族支配を幾度か経験し、多くの国境を接する国と葛藤や戦争を多く経験してきている。中国をはじめ互いに国境を接するアジア諸国は、ヨーロッパのような戦乱と交流の経験を積んできているのである。東アジアにおける中国を中心とする「華夷秩序」というものは、地域の安定に貢献した秩序でもあった。朝鮮やベトナムなどが、中国に「朝貢」するのも、中国がその10倍、20倍のお返しをしてくれるからなのである。「貢いでいる」のは実は中国の方だとも言えるだろう。いかに大国と言えども、多くの国境を接している国々といちいち戦争していては消耗するばかりだからだ。リーダーたるものは、奪うものではなく、与えるものだ、ということを歴史から学んでいるのである。最近日本では、さかんに「中国脅威論」が流布されているが、中国を「脅威」と見ることを改めてみれば、地域における中国の役割、責任というものも見えてくるはずなのだ。

もう一点柄谷さんの本でぼくがもっとも感銘を受けたところは、最終章「亜周辺としての日本」における日本とコリアの比較だった。この点についても触れておきたい。ここに書かれていることは、ぼくが講演などで話していることと、多少誇張して言えば、ほとんど一言一句同じと言いたいほど認識が近いのである。

柄谷さんは、従来の日本研究は、中国やヨーロッパと日本を較べて論じてきたものがほとんどだが、「中心」の中国との直接的比較では、「亜周辺」の日本の事は分からない、比較すべきは「周辺」であるコリアとベトナム、とりわけコリアであると明確に書いている。日本人が書いたもので、これだけ深く広い視野で、日本とコリアを比較して的確な分析をしているものは、はじめて読んだ。

柄谷さんは、日本の講座派マルクス主義が日本の経済・社会構造や古代以来の歴史、天皇制の分析において客観的に捉えることになぜ失敗したのかも指摘している。ぼくも学生時代、講座派の著作はよく読み、とくにリーダー的な存在だった野呂栄太郎や歴史家の石母田正は尊敬もし、好きでもあった。しかし、彼らは、日本の歴史を唯物史観に当てはめようとし、しかもコリアのことを研究せず、中国とヨーロッパのみを見て研究していたことに限界を感じたものだった。

ところで、ぼくは、講演などでよく文化や歴史の比較を鏡に喩えさせてもらっている。自分の顔が鏡や写真、映像に写さないかぎり見えないように、自国の文化や歴史も他国の文化や歴史を知らなければ見えませんよと。他者を知ることは自分を知ることですと。柄谷さんは、歴史、制度、文字、文学などのいくつかの面から比較していて、天皇や日本という呼称のことや武士と朝鮮のソンビ（士大夫）の比較など面白い比較はたくさんあるが、ここでは文字の比較についてのみ取り上げよう。

柄谷さんは、日本の万葉仮名が、コリアの「吏読《イドク》」からもたらされたと推測している。それが「帰化人」によってというのは不注意ではあるが、コリアからもたらされていると言っていることは鋭い洞察である。すでに述べたように、ぼくは学生時代、立命館大学の日本文学科の先生だった姜斗興《カンドゥフン》先生から、しばらく個人教授を受けていたが、姜斗興先生の専門は「万葉仮名」に関する、吏読を踏まえた言語学研究だった。吏読は、漢字を借用するが、漢字の意味を捨てて音だけを写すという万葉仮名とまったく同じ原理から成り立っていた。ただ、吏読で書かれている資料は、「三国遺事」に収録されているわずかな郷歌《ヒャンガ》以外ほとんど残っていないので、研究が困難なのであるが。

さて、柄谷さんは、日本では漢字と仮名が併用され、漢字かな交じりが使われたのに対し、コリアでは漢字一辺倒になった理由も、中国との距離の差からくると言っている。中国の律令制を忠実に実行したコリアでは郡県制と官僚制が発達したがゆえに、官僚が文字を独占するために「万葉仮名」と同じ原理の「吏読」を使わなくなったが、日本は律令制は取り入れてもはじめから形だけだったおかげで、万葉仮名から平仮名、片仮名が生まれたと。

柄谷さんは言っていないが、これについても、ぼくは講演などで、この仮名と名付ける発想は日本的ですとよく説明している。仮名とは、仮の文字という意味ですが、自分たちが創意工夫した文字を仮名と言うのはなんと謙虚だろう、仮の文字というからには真の文字があるということであり、それは漢字のことで真名（マナ）と言ったんですよと。それに対してハングルは、偉大な文字と言う意味なんですと。非常に対照的でしょう？　中国から遠い、それも海で隔てられていた日本は中国を意識しなくてもすみましたが、中国と陸路で接するコリアは常に強く意識せざるをえなかったからですと、まさに柄谷さんと同じことを言っていたわけである。

ところで、ワンコリアフェスティバルの活動を通してぼくが、つたないながらも懸命に考え、実践しようと努めてきたことは、先述したように理想はいかに語られるべきか、それはいかにして実現できるか、と言うことに尽きると言っても過言ではない。それは実に、いかに徹底して現実を客観的に認識するか、ということにかかっているのだ。ぼくは、すでに述べたように、それをヘーゲルから学んだ。学ぶとは、認識するということであり、認識とはすなわち実践であり、実践するとは学んだことを乗り越えることであり、そうした実践ができなければ、それは単なる知識にすぎない。

とはいえ、人間の認識には、カントが言うように限界があるが、カントのすばらしいところは、人間の実践には限界を認めなかったことである。「実践（道徳）においては、自由である」と。柄谷さんは、まさにこのカントの考えから、マルクス、ヘーゲルを読み直し、乗り越えて『帝国の構造』にたどりついたにちがいない。そこに共感する。

柄谷さんは、「亜周辺」の日本は、世界に通じる普遍性をもちえるか懐疑的であり、ここから、次のような「客観的」な認識が語られる。

「明治以後の〈日本帝国〉も、帝国のあり方を理解できなかった。ゆえに、帝国主義にしかならなかったのです。戦後の日本人は、それまでの帝国主義を否定しました。しかし、「帝国」を理解できないという点において、変わりはありません。そのため、東アジアの近隣諸国とのよい関係を築くことができない。結局、内に引きこもるか、ないしは、攻撃的に外に向かう。つまり、内閉的孤立と攻撃的膨張の間を揺れ動くことになります。日本が今後、〈アジア共同体〉の中に入ることはおそらく無理でしょう」と。

ここまではまったく同感である。「しかし」、と柄谷さんは言う。

「しかし、日本人が〈帝国〉的であることが絶対にできないというわけではありません。それを可能にする条件はすでに日本にあります」と。それが「憲法九条」であるとして、次の一文をもって同書は終わる。

「この憲法の根底にあるのは、カント的な〈永遠平和〉の理念です。そして、この理念は近代国家ではなく、〈帝国〉に由来するものです。したがって、憲法九条は、もしそれを真に実行するのであれば、たんに一国にとどまるものではない。それは世界共和国への第一歩となりうるものです」

ぼくは、正直拍子抜けしてしまった。「憲法九条」も「世界共和国」も、すばらしい理想である。しかし、いかに実行し、そのための第一歩をいかに踏み出すのか、具体的な道筋はいっさい語られていない。だが、実践にとって何より重要なことは、その道筋を示すことなのである。

ワンコリアフェスティバルが、「(東)アジア共同体」のビジョンを掲げるのも、一挙に「世界共和国」、ぼくの言い方で言えば「世界市民」に向かうことは現実的にはありえないからである。近代国民国家を乗り越える地域統合の現実的な実験を始めてすでに半世紀を超えるヨーロッパの経験に注目してきたのもそのためである。しかも、単なる経済統合、通貨統合ではなく――それは手段にすぎない――何より「ヨーロッパ市民」という理想を掲げていることにこそ、重要な意義を認めるものである。

ヨーロッパ連合がなぜ「ヨーロッパ市民」という理想をわざわざ掲げるのか、それは地域統合を可能にする「理念」がどうしても必要だからだ。換言すれば、「理念」としての「市民」であることが大切なポイントである。地域統合のためには、そのままでは利害が衝突するしかない国家間の統合のために理念が必要なわけだが、それは言わば接着剤でなければならないのだ。その接着剤が「市民」にほかならないのである。

近代国民国家を超えるためには、国民国家の接着剤である「国民」「民族」を越えなければならない。それらは、けっして地域統合の接着剤になりえないことは火を見るより明らかだからだ。むしろ衝突の原因にしかならない、せいぜい互いを尊重して距離を置くことしかできないことは、説明するまでもないであろう。だからこそ、柄谷さんも「民族」に寛容な近世における帝国の経験を再評価しているわけだが、それだけでは実践的な道筋は出てこないということを、じつは自ら暴露してしまっているといわざるをえない。

付言すれば、「階級」も接着剤にはなりえない。ヨーロッパ諸国にも、もちろん階級があり、階級対立がある。だからこそ、それも「理念」にはできないのである。とはいえ、現実には労働者こそが「市民」の中核になるべきだとぼくは思っている。にもかかわらず、「階級」を全面的に押し出しては地域統合は不可能だという現実から出発すべきだと思っている。

柄谷さんは「帝国」の寛容から「憲法九条」へ、と言っているが、そのためにも日本は、過去のアジアとの関係を清算し、「憲法九条」の精神を持って、アジアと共に未来を切り開く道を歩んでほしい。

そのためには実践の主体をはっきりしなければならない。マルクスは、労働者階級が歴史を切り拓く主体だと考え、労働者階級が階級意識をもつことの重要性を説いたが、近代国民国家から地域統合へ向かうためには、それを市民意識の自覚へと発展させなければならない、と今一度強調しておきたい。

1990年以降「アジア共同体」を掲げて来たワンコリアフェスティバルのビジョンの先駆性は、2000年代になると学問的にも評価されるようになった。とくに、神奈川大学の尹健次教授と北海道大学の玄武岩《ヒョンムアン》准教授は、その意義を具体的に論じてくれていた。このことは後にまた詳しく述べよう。

広がる「ワンコリア」と「ハナ」

さて、こうして明確になっていったビジョンは、1994年の第10回の主旨文で簡潔な表現にまとめられ、それは今日まで基本的に変わることなく引き継がれている。

> 在日同胞こそがまずひとつになってワンコリアのシンボルになり、祖国南北、海外同胞間のパイプ役としてワンコリアの実現に貢献するとともに、究極において世界市民に連なるアジア市民創出のためのアジア共同体を展望する、まったく新しいビジョンを掲げその実現を目指しています。

このビジョンは、在日コリアンだからこそ発想できるビジョンであることを、繰り返し強調もしてきた。たとえば、1997年の趣旨文では、インターネットの急速な普及にも言及して次のように書いた。

> このビジョンは、そうした未来を切り開く普遍的で積極的、能動的な在日コリアン像を提示するものであります。

在日コリアンは海外に居住し、国籍も一様ではないために、むしろ「国境」を超えた発想ができ、また民族差別を受けてきているために、人権と民主主義を切実に求めざるを得ません。そしてなにより祖国の分断を反映して韓国民団・朝鮮総連に分裂しているものの「38度線」のない日本で生活しているために互いに会うことができ、こうした条件を生かせば、統一のモデルとなることができます。さらに祖国と日本をともに深く理解できる在日コリアンは、両国の架け橋となることができます。

さらに、人類史上産業革命以来のマルチメディア情報革命といわれる、パソコン、衛星放送を通じてのインターネットの急速な進歩と普及は、こうしたグローバル化を一層促進するでありましょう。

こうした世界の流れにおいて、すでに述べた特性と条件をもつ在日コリアンこそ、ますます普遍性をもった存在としてその役割はさらに重要性を増すと私達は考えます。そうした役割の一環として当フェスティバルは、祖国南北に対しても民族愛とともに人類愛に立って「批判せず、代弁せず」という姿勢を貫きながら、祖国南北、総連・民団をはじめとする様々な団体、個人の間のパイプ役となれるよう努めてまいりました。また、日本の各界・各層の皆様の支持と賛同を得られるよう努めてまいりました。

このビジョンの深化とともに総連系、民団系が共に参加する「南北共演」にも努めてきたわけだが、その頃は、在日コリアン社会にも、そうした雰囲気が高まってきていた。１９９４年の趣旨文では、次のように紹介している。

とくに当フェスティバルは、シンボリックなイメージを重視し、その浸透を通してコリアのイメージアップと統一のための南北対話や交流を支持する国際世論の醸成に少しでも寄与しようと努めてまいりました。

またイメージを現実化するために、実際にも祖国南北の共演、総連・民団の共演を実現してきました。嬉しいことにここ数年、在日コリアン同士の和解に向けた交流の動きも活発になってきています。とくに最近では、「ワンコリアフェスティバル柏田地域」（1992・1993年 東大阪）「ワンコリアウリマル教室」（1993年 統一日報）

「ワンコリアライブ」（1993年早稲田大学を中心とするコリア学友会等）
「ワンコリアパレード」（1993年 京都民団、総連共同）
「ワンコリア大阪囲碁大会」（1994年 大阪朝鮮囲碁協会、コリア大阪囲碁協会共催）
というように使われてきています。
このように各地での様々な取り組みが統一志向を鮮明にできるワンコリアのイメージで統一的に展開されるならば、日本や祖国に対しても大きなインパクトをもって在日コリアンの肯定的なイメージが広がるでありましょう。当フェスティバルが10年前、在日コリアン、ワンコリア、フェスティバルといった表現を初めて使った時に、多くの反発があったことを思えば昔日の感があります

「ワンコリアフェスティバル柏田地域」は、東大阪市柏田地域の民団支部と総連支部の合同開催だったが、「ワンコリアフェスティバル」という呼称を使ってもいいかとの問い合わせがあった。もちろん、どんどん使ってほしいと答えた。

また、この文章に続けて「ハナ」（ひとつ）という言葉についても触れている。

「ところで表現は英語であっても、在日における統一志向のイメージが広がり、定着するならば、母国語による表現も広がりやすくなる効果があります。事実、当フェスティバルでもワンコリアのイメージを常に母国語では「ハナ」（ひとつ）と表現してきましたが、このイメージも浸透しつつあります」

実際、この後、大阪の民団、総連が共催で「ハナ・マトゥリ」というイベントを隔年で3回に渡って開いたり、川崎の総連、民団が共催で「川崎同胞ハナ・フェスティバル」を開いたりしていたものである。ぼくが招待されたこともある。

1993年の「ワンコリアライブ」は、早稲田大学の学生が中心となって開かれたものだが、中学生の頃からワンコリアフェスティバルのスタッフをしてくれていた学生が、早稲田大学に入学し、周りの在日コリアンの学生に呼びかけて実現したものだった。この時中心メンバーだった学生たちが、翌1994年初めて東京で開いたワンコリアフェスティバル東京実行委員会の中心を担ってくれ、大学卒業後も色々な形で応援を続けてくれている。その後も、彼らはワンコリアフェスティバルの中心メンバーとなってくれたのである。

とくに卒業後日本テレビに就職した玄昶日《ヒョンチャンイル》君は、今は韓国支局長として活躍しているが、２０１４年に韓国のＤＭＺ（非武装地帯）に隣接した公園で開催したワンコリアフェスティバルも、ニュースとして日本に放送されるようにしてくれた。また、卒業後外資系コンサルティング会社に就職した姜正斗《カンチョンド》君は、仕事がハードでワンコリアフェスティバルのお手伝いがなかなかできないのでと、東京で借りるマンションに、ぼくがいつでも泊まれる専用の部屋をわざわざ空けてくれていた。本当にいい後輩たちをもてて幸せである。

いい後輩もそうだが、ワンコリアフェスティバルをしていて本当に良かったと思うことは、生涯の親友ができたことである。なかでも、これまで何度か登場していただいている小林恭二さんとの出会いは、何ものにも代えがたい人生の宝であると言っても過言ではない。

生涯の親友との出会い

小林さんとは、新宿梁山泊代表の金守珍さんの紹介だった。金守珍さんは、よく新宿梁山泊の芝居を観に来てくれる小林恭二という新進気鋭の若手作家がいるが、コリアのことにも詳しいので、ワンコリアフェスティバルにも協力してくれると思うと、会うように勧めてくれたのである。さっそく連絡して会いにいったことは言うまでもない。この時の出会いのことを小林さんは、５年後の１９９４年にワンコリアフェスティバルのパンフレットのためのインタビューで語ってくれているが、それを紹介するのがもっともその時の雰囲気が伝わると思う。

鄭さんと知り合ったきっかけ？　５年前にいきなり電話がかかってきて、ボクの仕事場にきたんですよ。初対面では、とにかくびっくりしましたね。ワンコリアの何たるかもわかりませんでしたから、髭面で人懐っこい民芸酒場の主人という雰囲気の、怪しい人物が突然やってきたという。

そのとき、お昼にきて夕方まで4時間、熱弁していかれたんですね。基本的には、朝鮮半島に関しては政治情勢とか、私としてはよくわからないとしか言いようがないんですよ、複雑で。でも、鄭さんは異様に熱意があるし、最初から北でも南でもないと明言しているし、風体は怪しいけれど話は面白いし（笑い）、人間的には信じられましたから。

それで、いつのまにか第5回ワンコリアフェスティバルの賛同人ということになっていたんです。

ただ、鄭さんのワンコリアの思想・理想はその4時間でわかったんだと思います。もう彼とは5年付き合ってますが、それ以外のものはでてこないですから。それはもちろん悪い意味でなく、後から妙なものがでてこないということ。こちらの思惑を超えたところへ、相手の理想が変質してしまうことがありますからね。変わることは、支持者、賛同者に対する裏切りになる場合があるでしょう。そういうことをしないのが、相手に対する信頼感につながっていきますし。逆に言えば、変える必要がないほど、完成されたコンセプトを最初から持っていたんでしょうね。

すでに書いているように、会っていきなり話し込むというのは、ぼくの場合よくあることだった。その頃は、ワンコリアフェスティバルと言ってもほとんど誰も知らないので、初対面の時に、ぼくは懸命に趣旨や自分の想い、考えを伝えようとしていたのであろう。そんな熱意が多くの場合伝わったことはありがたいことだった。その後、小林さんとの友情がはじまるが、まずその友情を育んでくれたのは、温泉旅行だった。これも小林さんのインタビュー記事から。

「それから、鄭さんが東京に来るたびに連絡をもらって、飲んでたんです。時には私の家に泊まったりして。でも、ぐっと親しくなったのは、翌年の90年の11月に旅行雑誌『るるぶ』で私が連載していた「温泉日記」という連載（単行本『酒乱日記』所収）でゲストにきてもらってからでしょうね。

この連載は、ゲストの友人と温泉に行って、ただただ飲んで騒ぐというものだったんですが、関係ない編集者も遊びにきたりして、なんだかみんな仲よくなっていったんです。連載が終わったいまでも、年に何回も集まって飲んだり、温泉に行くんですよね。そういう付き合いの中でどんどん親しくなっていってね」

それで知り合った仲間がわざわざ大阪までワンコリアフェスティバルを観に来てくれたことは先にも触れたが、小林さんは、その時の印象も語ってくれている。

2年前、92年の第8回ワンコリアフェスティバルを見に行ったのも、「温泉日記」の仲間でした。印象ですか？　まず、来ている人が幅広い。若い世代から年寄りまで、文字通り老若男女。みんな楽しんでいる感じがありましたし、密度も濃かった。鄭さんのいつも言っていることの等身大のイベントだと思いました。〝粉飾した偉そうなものにしよう〞とはしていない、自然体でした。

でも、すごい熱気があったから、鄭さんという人間とすごくシンクロする部分を強く感じました。

この頃は、「時には私の家に泊まったりして」という程度だったが、その後かなり後年になって、小林さんのマンションがぼくの文字通り定宿になっていたこともあった。朝ご飯はだいたい一緒にしたが、それも小林さんの手作りだった。夜早めに帰ってきた時は晩ご飯もご馳走してくれるのだが、これも手作りだった。

前列左から小林恭二さんと筆者。後列は、ミン・ヨンチさん、篠藤ゆりさん、朴保さん。20周年記念パーティで

朴保さんのステージ（ワンコリアフェスティバル2001）

食事もありがたかったが、小林さんとじっくりいろんな話ができるのが何より楽しかった。小林さんは博学で、文学はもちろん、哲学や歴史についても造詣が深かった。とくに中国に詳しく、小学生の頃から中国の放送を聴き、中国に関する書籍を読みまくり、考えてきた人だ。ぼくも非常に勉強になった。また、小林さんが読んでいい本だと思ったものはすぐに薦めてくれたというより、くれたこともありがたいことだ。

生涯の親友と言えば、シンガーソングライターのミュージシャン朴保《パクポ》さんのことを語らないわけにはいかない。朴保さんも、金守珍さんの紹介だった。金守珍さんから、朴保こそワンコリアフェスティバルにぴったりの歌手だ、絶対会ったらいいと言われた。1995年のことだった。もちろん、ぼくはすぐに会いに行った。会ったとたん意気投合という言葉では足りないほど、そのピュアなスピリット、熱い正義感と情熱に惹かれた。朴保さんは、ワンコリアフェスティバルとの出会いを、1995年のパンフレットのインタビューで、こう語ってくれている。

その頃、新宿梁山泊の金守珍から、ワンコリアフェスティバルの鄭甲寿を紹介されたんだ。ワンコリアフェスティバルのことは、サンフランシスコにいる時から中上健次さんを通して知っていた。中上さんは自称、俺のファンクラブの会長だったから。それでもしチャンスがあれば、出たいなって漠然と思っていたんだよ。南北統一は親父の悲願だったし、もちろん、僕の思いでもあるから。また、『あっ、きたな』って思った。

10年間アメリカで活動した後日本に帰ってきた直後だった。先にも触れたが、朴保さんがアメリカで会った作家の中上健次さんから、日本に帰ったらワンコリアフェスティバルに出たらいいと言われていたと聞いて驚いた。中上健次さんは、サムルノリの創始者金徳洙さんから聞いて知っていたと。

すでに書いたように、金徳洙さんは、ワンコリアフェスティバルで北朝鮮の国連職員だった金正規さんとアリランを歌って、初の南北共演をしてくれた。朴保さんとは、そんな目に見えない縁ですでに繋がっていたのだ。その縁は、金守珍第一回監督作品である映画『夜を賭けて』にもつながる。朴保さんは、その『夜を賭けて』のテーマ曲である名曲「いつの日にかきっと」を作詞・作曲し歌っている。

映画『夜を賭けて』は、梁石日さんの小説『夜を賭けて』が原作で大阪工兵廠跡の鉄クズを盗む「アパッチ」と呼ばれた在日コリアンの話を描いていた。映画にはないが、原作の後半では大村収容所の話が出てくる。大村収容所は、戦後長い間朝鮮人を韓国に強制送還させるための施設だった。その過酷な収容の実態から「東洋のアウシュビッツ」と言われていた。今はないが、なくなる直前だからこそ大村収容所の話を描こうとし、そして見事に描き切ったところに、この小説の名作たる理由があるとぼくは思っている。

ぼくは常々、梁石日さんの最高傑作は『夜を賭けて』だと思っているが、トルストイの『戦争と平和』が前半と後半で相当違う世界を描きながら統一されている作品であることに、それは比することができるものだと思っている。

金守珍さんも、「小説の後半を映画化しなければ、この映画は完成しない」という。だからこそ、群衆劇が主人公というべき原作の前半部分を、小説の後半で主人公として描かれる、金義夫と初子を、主人公にして映画にしたのだと。この後編は「いつの日にかきっと」実現してほしいものだと思う。

実は小説の『夜を賭けて』は、「ハナ、ハナ、ハナ」というワンコリアフェスティバル恒例の「ハナ・コール」が響いて終わる。だから最高傑作と言っているわけではもちろんないが、金守珍さんは、『夜を賭けて』後編は実際のワンコリアフェスティバルのエンディングの「ハナ・コール」をラストシーンに使うつもりだと言ってくれた。そんな夢が実現する日が早くきてほしいものだ。

さて、朴保さんとの出会い以来、朴保さんは毎年欠かさずワンコリアフェスティバルに出演してくれている。ワンコリアフェスティバルの象徴的存在の一人と言えよう。朴保さんの歌は、心に、いや魂に、人の深いところにじかに届く何かがあるのだ。

一度朴保さんのアボジ（父）がワンコリアフェスティバルの会場まで来てくれたことがある。頑固一徹のアボジは、朴保さんが髪を長く伸ばしていることもロックをやっていることも、絶対に認めようとはしなかったという。お前みたいな息子は故郷に連れていけないと、頑なに韓国に連れていかなかったと。それが、はじめて息子の歌を聞きに、静岡から大阪の会場まで来てくれたのである。

朴保さんは、南北統一はアボジの悲願だったからワンコリアフェスティバルに来てくれて、ぼくの歌を初めて聞いてくれたと、心から嬉しそうに言ってくれた。ぼくも感激した。以来、韓国に一緒に墓参りに行くようになり、こっそりライブ会場にも姿を見せるようになったという。この時ぼくもアボジにご挨拶させてもらったが、本当に凛とした厳格そうなアボジだった。背筋がまっすぐ伸びて寡黙な雰囲気を醸し出していた。朴保さんの「アボジの歌」そのままだと思った。

小さい時のお父さんは／仁王様のように恐かった／苦しい時も悲しい時も／うしろを向いたままのお父さん
うしろ姿のお父さんは／どんな時にも揺られず／重い石のようで／海のように広い心を持った人
いつかはきっと／お父さんみたいな人になりたい／ありがとう お父さん
サランヘヨ サランヘヨ アボジ

朴保さんの家も一時、東京の定宿になっていたことがある。大きなピアノがあったのが、やっぱり音楽家の家だなぁと思ったものである。

作家の中上健次さんは、先に述べたように黒田征太郎さんの紹介でお会いすることになり、都はるみさんともお会いする縁につながった。当時中上さんは、都はるみさんをメインにしたコンサートを故郷の和歌山・新宮で開催する計画を立てていて、ぼくも協力させていただくことになり、実際新宮まで行ったこともあった。お会いするのは、その時は2度目だったと思うが、彼は、すでにずいぶん顔色が悪かった。

お会いして間もない1992年に亡くなられたが、アメリカで朴保さんに、ワンコリアフェスティバルに出るように言ってくださっていた縁が黒田さんを通して、これから何かにつながるという予感がした時に、本当に残念だった。

ところで、先にぼくが中上さんの小説には批判的だったことは書いたが、それは、中上さんの小説の凄さを否定するものではない。ぼくは、中上さんの小説がある種「神話化」していくのについていけなかったのである。それは、後に梁石日さんの評論集『アジア的身体』を読んだ時、梁石日さんも同様の批判をしているのを読んで驚いたことがあった。梁石日さんは、たしか中上さんの『枯木灘』に出てくる労働の場面だったと思うが、労働を神々しく描いていたことに、彼は本当の労働を知らないと批判していたのである。

ここで、梁石日さんのことも書いておきたい。梁石日さんは、ぼくらの世代の音楽や演劇、映画など芸術に関わる人間にとって、兄貴分のような存在だ。こういう言い方は誤解されるかもしれないが、やんちゃな雰囲気をもっていたのが魅力的だった。年はかなり離れていたが、若々しかったのだ。音楽や演劇で頑張っている後輩たちを常に身銭を切って応援し、悩みや相談に乗ってくれる優しい兄貴分だった。

かく言うぼくにも、深夜まで一緒に飲んで帰る時にはいつも「どっか泊まるとこあるのか」と声をかけてくれ、「お前もいい歳なんだから、たまにはホテルに泊まれ」と、ポケットにお金を入れてくれたりしたものだった。もちろん、ワンコリアフェスティバルには、メッセージ、エッセー、インタビュー、対談などで何度も協力してくださった。メディアや本にもワンコリアフェスティバルのことを何度も書いてくれた。

だから、金守珍さんの呼びかけでできた「ヤンの会」という梁石日さんを中心にした会も、多くの後輩たちがはせ参じるのである。時々もたれる会には、いつも100人前後、時には200人近くが集まるのである。「ヤンの会」で小林恭二さんとぼくも「幹部」ということになっていた。そう言えば、2000年に詩と批評の雑誌『ユリイカ』で梁石日さんの特集が組まれた時、「徹底討議――仲間たちが語る梁石日」という座談がもたれたが、その「仲間たち」が、梁石日さんよりだいぶ後輩の金守珍さんと小林恭二さんとぼくだったのも、梁石日さんらしかった。

第5章

南北が主人公になる時

海外コリアンの役割

1990年代に新しいビジョンと理念を確立していった過程で、ワンコリアフェスティバルは、常に祖国南北の情勢と国際社会の動きを、海外に住む在日コリアンの立場と結び付けて、その意味や方向を提示するように努めてきた。それは第1回目からそう努めてきたことであったが、第3回目に「理想」と「ユートピア」の必要を強調し、在日コリアンの積極的役割を新たに提唱して以来、ますます明瞭になったと言えよう。第3回目の趣旨文は、先に全文紹介したが、ここで関連個所をもう一度引用したい。

「イデオロギーの対立を越えた新しい社会を創造するONE・KOREAは、世界に新しい理想を示すでありましょう。その理想の実現のためには、まず在日同胞、そして全ての海外の同胞がONE・KOREAで一致し、同じ民族として握手し合うべきであります。そうすれば、それは必ずわが祖国にも大きな影響を与えることでありましょう。いまや、海外にある私達こそ、祖国に民族としてあるべき模範を示すよう努力すべきであります。そうしてこそ、祖国の同胞も私達を尊敬するのであります」

「模範を示す」とは、在日コリアンの捉え方、可能性を強調するためとはいえ、ややおこがましい表現になっているが、これはその後「シンボル」あるいは「モデル」という表現になっていく。とくに1989年の趣旨文は、「歴史の過程は複雑でありますが、大きな流れとして見れば、緊張緩和と平和共存、さらにはヨーロッパECに見られるように、統合へとさえ進んでいるように思われます」と初めて「ヨーロッパEC」に触れ、世界が地域統合に向かうだろうと予想した上で、在日コリアン自らが発想の転換をすべきだと訴えたのである。

私達は発想の転換を訴えます。

私達は、統一における海外同胞の役割を決定的に重要なものと考えます。海外同胞の存在を、受け身ではなく積極的、能動的に捉えます。

海外同胞の多様性を最大限に重視します。すなわちルーツを同じくするものが、少しでも同胞社会の発展と、祖国の統一に寄与するならば、国籍や所属、立場や考え方の違いをいっさい問いません。例えば、今回主旨文にも取り上げた、韓国現代グループ名誉会長・鄭周永《チョンジュヨン》氏の共和国訪問の仲介役をした在日実業家も「帰化」されている方です。しかし現実にわが民族に大きく寄与しているのであります。日本国籍であっても、コリアがルーツであり、祖国であることにかわりはありません。その点では、華僑のように居住他の国籍を有しながら、祖国・中国に貢献しているような生き方も参考にしてよいのではないでしょうか。

「在日実業家」の例を具体的に上げたうえで、このような発想の転換にもとづいて、この趣旨文は「どうか皆さん、パリロフェティバル（この年まで8・15（パリロ）フェスティバルと呼称）を長い目で、皆さんの手で大きくお育て下さるようお願いします。ワンコリアのシンボルとなるような、海外同胞の素晴らしいフェスティバルを共に創ろうではありませんか。

ともに知恵を出しあい、さらに輝かしい未来のビジョンを創造しましょう。

共にワンコリアを創っていきましょう。「ハナ！」と呼びかけて締め括られたのである。ちなみに、最後に「ハナ！」を付けるようになったのは前年の趣旨文からであった。

翌年1990年の趣旨文では、海外コリアンの役割に関して「朝鮮系ソ連人」の例を上げている。

「国際社会の利害と相互関係がますます複雑になっている今日、そうした海外同胞の多様性は、今まで以上に祖国の統一と繁栄に大きく寄与できるでありましょう。たとえば最近も、ソ連のハバロフスクにおける南北の合弁による製薬会社設立が報道されていましたが、南北を仲介したのも海外同胞である朝鮮系ソ連人の会社経営者でありました。こうした事例は、まさに私達のビジョンの方向と一致するものであります」

こうした事例をさらに発展させるためにも、在日コリアンはハナ（ひとつ）になり「シンボル」となりえることを主張している。

「しかし、そうした役割と寄与も、海外同胞が団結してこそ一層有効に果し得るのであります。そのためには海外同胞が結集し、団結しうるシンボルが必要であります。

私達は、在日同胞こそそのシンボルとなるべきだと訴えてきました。何故なら在日同胞は、他の海外同胞とは異なり、祖国南北の対立をもっとも鋭く反映していると同時に、にもかかわらず祖国のように物理的な〔38度線〕は存在しないという、特別な条件のもとに置かれているからであります。私達は、この条件をむしろ積極的に活用し、在日同胞こそまず一つになるべきであり、そのことによって統一へのシンボルとなるべきだと訴えてきた次第であります。そうしてこそ祖国と海外の同胞からも尊敬と信頼を得られるからであります」

その後も一貫して、祖国南北の情勢および国際社会の動きと在日コリアンおよび海外コリアンの役割を結び付けて、その意味や方向を提示するように努めてきたのである。

翻ってみれば、戦後、在日コリアンは、多くのスターを生み出してきたスポーツ、大衆歌謡、映画、テレビ界をはじめ、演劇、音楽、文学、学術などの分野で目覚ましい活躍をしてきた。にもかかわらず、祖国においても、日本においても、在日コリアンの文化的存在感は低いものだと言わざるをえない。それは、その多くがルーツを隠してきており、本名であっても、自分とコリア全体とを結びつけることができず、コリア全体の評価とつながらないためであろう。

グローバル時代のコリアの全体とは、祖国の南北はもちろん、世界のコリアンをひとつの全体として視野におくことである。現在のグローバル社会では、文化もグローバル化が求められるが、とくに異なる文化への理解力が大切であり、これからは、政治力、経済力、軍事力より、文化的影響力が益々重要になることを前提にして、グローバル化時代の在日コリアンの文化的役割がますます重要になるだろうと考えたのである。

在日コリアンは、日本の文化の影響を受けざるをえないが、と同時に、日本の排他的な文化的土壌の中で揉まれてきたために、一般的に日本人よりバイタリティーがあり、一方で日本の優れた文化を取り入れたり、影響を受けたりすることによって、日本人にはない表現がにじみ出るものであり、それが多くの日本人を魅了してきたことも事実であろう。

在日コリアンの文化は、意識すると否に関わらず、国境を越え、かつ跨いでいるマージナル（境界）性と複合的、多文化的要素を孕んでおり、それは、祖国南北にも、日本にも弱いものであり、在日コリアンが、それを芸術的、学術的な表現として磨き、昇華するなら、祖国と日本ひいては世界の人々を魅了する可能性がある。それは、コリア全体と結びつくことによって、コリアのより多様な魅力とイメージを創造することに貢献できるだろう。

さらに、それは、日本における多文化共生社会にも、祖国と在外コリアンの多文化的共同体としての統一にも、東アジアの交流、協力を通じた「(東)アジア共同体」(仮称)にも寄与できるだろう。3年目以後確かな手応えを感じることができるようになったワンコリアフェスティバルは、在日コリアンの文化的な可能性と日本と祖国に対する在日コリアンの役割を、いっそう自覚的に追及していった。

多文化共生としてのワンコリア

ここで、その点に関して、ワンコリアフェスティバルについて言及してくれている玄武岩《ヒョンムアン》北海道大学准教授の評価を紹介したい。玄武岩さんとは、彼が東京大学の講師で姜尚中・東京大学教授の弟子のような存在だった頃から知り合いだったが、その頃からワンコリアフェスティバルに注目してくれていた。

さて、2007年に刊行された『統一コリア――東アジアの新秩序を展望する』(光文社文庫)において、次のように書いてくれている。

> 20年の歴史を刻むワンコリアフェスティバルには、近頃韓国からもゲストが招待され、「在外同胞団体」が参加者を募集して参加することもよく見られる。ところが韓国の参加者たちは、「在日」の目指す「ワンコリア」に対して違和感をあらわすこともしばしば見られる。彼らには、沖縄文化や日本の祭り文化などを取り入れたワンコリアフェスティバルが異質的なものとして映るのだろう。そこには期待した「韓民族固有の文化」は存在しなかったのである。
>
> 在日コリアンが民族教育や文化活動をとおして民族的に生きているのは、韓民族という共同体的な実体を具現しようとするためではなく、韓国人・朝鮮人としての主体的なアイデンティティをもって生きていくためなのである。個人的に自立することと民族的に生きるということが矛盾していないことを在外コリアンは見せてくれる。主流文化や他のエスニック・マイノリティーと多文化的に共生することによって民族的に生きられるという「在日」の叫びは、たんに日本の主流社会にだけ向かっているのではない。
>
> 韓国における異質的なものに対する排他的な風潮は、官僚的な政策過程だけでなく一般人の意識構造にも深く根

づいている。中国朝鮮族に対しては、言語や文化においては同じ民族としての同質性を求めながら、政治的には中国人に過ぎないとして違和感をあらわす二重性を見せてきた。

脱領土的なコリアンの連帯が、統一過程の基盤となり、さらには東アジアの地域協力体づくりに役立つためには、内部の対等な対話と水平的な関係もさることながら、それが閉鎖的な民族概念を超えて、外部に開かれていく推進力を持つことが求められる。

南北の統合という課題をどのようなかたちであれ進めていかなければならない状況で、在外コリアンとの関係を構築することが、多文化的な風土の経験が乏しい韓国国民に与える意味は少なくないのである。

玄武岩さんが的確に指摘しているように、「脱領土的なコリアンの連帯」と「東アジアの地域協力体づくり」は、グローバル時代ますます大切になる。統一もたんに単一民族による国民国家を志向するのではなく、「内部の対等な対話と水平的な関係」すなわち在外コリアンの多様性を含み活用できる多文化的な民族共同体としての統一、「閉鎖的な民族概念を超えて、外部に開かれていく推進力」すなわちエスニック・マイノリティーとも共生できる統一まで視野に入れて考えていかなければならないだろう。

ワンコリアフェスティバルは、「沖縄文化や日本の祭り文化」だけではなく、しばしば中国やフィリピン、タイなど他のアジアの文化やブラジルやチリなどから来た日系人の文化も取り入れてきた。それは、コリアンどうしの多文化的な民族共同体、エスニック・マイノリティーとの多文化共生社会の実現が、ワンコリアのビジョンに欠かせなくなっていることを感じてもらいたいという狙いがあったからである。

前後するが、玄武岩さんは学問の分野において、もっとも早くワンコリアフェスティバルの東アジア的視野と「アジア共同体」の提唱の先駆性を評価してくれていた。2002年に刊行された学芸総合誌『環』の特集「歴史のなかの〈在日〉」に寄せた論文「コリアンネットワークと〈在日〉」という論文で、まず韓国におけるグローバル時代の民族の捉え方を次のように述べる。

朝鮮半島における統一の方案として提起された「韓民族共同体」の議論は、１９９０年代に入り、グローバル時代の民族の生存戦略として新たに位置づけられる。「海外同胞」もそのようなグローバル戦略の一翼を担うべく、その存在が注目され始めた。

この国家の側の「民族の生存戦略」を押さえた上で、その「韓半島中心主義」「本国」中心主義を乗り超える海外コリアン、とくに在日コリアンの動きもあると次のように述べる。

一方、「在日」サイドでも、日本社会における「在日」、あるいは本国との関係における「在日」という既存の思考範疇を脱し、東アジアにおけるリージョナルな存在として自らを位置付け直そうとする動きが見られる。まさしくこれは、80年代半ばの指紋押捺撤廃運動を通して主流の民族団体から離れた下からの意志表明という変化につづき、今度は、東アジアというリージョナルな地点から自らを眺めようという大きな転機といえよう。

この「位置付け直」し、「大きな転機」の事例が注釈として付けられているが、そこでワンコリアフェスティバルがもっとも代表的、先駆的例として評価されている。

２０００年のワンコリアフェスティバル（大阪）が「二一世紀のワンコリアと東アジア」をテーマにし、また２００１年（東京）にも「アジア共同体」をメインテーマとして掲げることで、「在日」と東アジアをめぐる本格的な議論が始まった。

ここに「二一世紀のワンコリアと東アジア」とあるのは、その年6月の南北首脳会談と「南北共同宣言」発表を受けて、12月に開いたシンポジウムのことであり、正式タイトルは「二一世紀のワンコリアと東アジア――南北共同宣言の意義と海外コリアンの役割」だった。パネラーに尹健次神奈川大学教授、李《イ》鍾元《ジョンウォン》立教大学法学部教授、朴一大阪市立大学経済学部教授を招き、司会を文京洙立命館大学国際関係学部教授にしていただいたのである。第一線の国際政治、思想史、経済学の専門家による非常に内容の濃い示唆に富むシンポジウムだった。

李鍾元さんは、南北首脳会談について「常に客体としてのオブジェクトだった朝鮮半島が主体として踊り出た」として「南北がお互い消耗するばかりの分裂状況がこれまで続き、大国に翻弄されたわけですが、注目すべき点ですが、この南北が大きな一歩ですが、和解と協力に向かったとたんに状況の主体になりうる大きなポテンシャルがあるということが明らかに実証された」と評価していた。

「南北共同宣言」についても、「今回の南北共同宣言というのは、南北の従来の相互否定、相互の排除から、相互の認定、あるいは共存に大きく転換したという意義が大きい」と指摘していた。さらに、東アジアの地域統合に関しては、アメリカと中国が消極的であると、つぎのような鋭い指摘をしていた。

ＡＰＥＣが出た時のアメリカの消極的な姿勢にも現れますように、あるいはＡＳＥＡＮ（東南アジア諸国連合）を始めとして東アジア全体のなんらかの地域的な枠組みへの動きに対し、大国のアメリカと中国が政策的には消極的であるというのが現状であります。

この見方は、後に述べるが、１９９３年頃のワンコリアフェスティバルの趣旨文で何度か言及したアメリカの東アジア戦略の分析とまったく同じだった。その後、中国は大きく戦略を転換し、２０１５年には「アジアインフラ投資銀行」（ＡＩＩＢ）設立にまで至ったことは、記憶に新しいが、それはともかく李鍾元さんは、最後にもっとも大切な在日コリアンの役割について、次のように述べていた。

主権国家の意義が変わったのがこの20世紀でありますが、でもある意味では不幸にもこの東アジアにはまだそういう認識が相対的に弱いというのが依然抱えている問題だと思います。それは東アジアの人々が頑固であるからというわけではなくて、中国を見ましても、あるいは私達朝鮮においても、国民国家を目指そうとするプロセス、そのレースが始まって、完成も見ないうちに、ゴールを目前としてゲームのルールが変わってしまってゲームが終ってしまった。そういうある種の挫折感があるゆえに、中国大陸、台湾においても、朝鮮半島においても、いずれにしても依然として主権国家へのこだわり、ナショナリズムへのこだわり、これが非常に強くあるのが私達の現状であると思うのですが、しかし、このグローバリゼーションの流れは私達に押し寄せてくるわけであります。

そういう流れにおいて私達がやるべき事は、既に古いゲームになりつつある、強い頑固な主権国家を創るというゲームを続けるのではなくて、これからの私達のそれぞれの社会を、それは日本であれ韓国・北朝鮮であれ中国であれ、それぞれの東アジアの社会が国境というものをもう一度考え直し、それぞれの社会を魅力あるものとし、様々な世界から資源と能力を取りこんで、魅力ある社会を創り、強い社会を創りあげる事でその社会に対するプライドを持つ、これが新しいナショナリズムだという風に私は思うわけであります。そういう流れにおいて海外コリアンの果たす役割というのは、新しい時代、グローバル化する時代においてナショナリズム、国家という意味をもう一つ多様に考える、そういう実存的な主体としての意味が非常に大きいのではないかという風に考えております。

尹健次さんは、ワンコリアフェスティバルのビジョンについて、改めて整理して次のように話してくれた。これは、まさにワンコリアフェスティバルへのエールと言えるだろう。

来る前に、このワンコリアフェスティバルを少し、調べてみました。鄭甲寿さんが中心になって、またたくさんのボランティアの方々がおやりになっているわけですけれども、これが始まったのは１９８５年で、解放40年を契機にして、南北統一を目指す「在日」を拠点にして始められた運動なんだろうと思います。勿論、在日の運動とは、在日本ですから日本の問題にも関わるわけでして、ワンコリアですから南北朝鮮の統一と朝鮮半島の問題にも関わると、朝鮮半島の問題と言いますと、南北の問題だけではなく、東アジアさらには世界の問題に関わっていくということになります。これは、ワンコリアフェスティバルが85年に出発した時からやはりこれは、東アジア、世界につながる運動として意図されたんだろうと思います。

毎年のワンコリアのパンフレットや決議文、集会の案内文を読んでみますと、5周年目の1989年にヨーロッパＥＣと言う言葉が初めて出てきます。緊張緩和と平和共存のモデルとして、ワンコリアフェスティバルも将来的にはこれを目指すんだということが鮮明にされたと思います。また、90年の第6回フェスティバルを見てみますと、「ワンコリア・アジア・世界」というスローガンが案内文の全面に登場しております。当初から、自分たちの運動を世界史的な視野で捉えたということができると思います。それは同時にアジア共同体の一員としてワンコリアフェスティバルをするんだと、アジア共同体を一緒に創っていくんだということを鮮明にされたのだと思います。その後、運動を続けてこられて、93年に「アジア市民」という言葉が出てきます。

アジア市民の一員として、あるいは、アジア市民を連帯の中で創り上げていくんだと、在日コリアンの南北問題だけではなくて、日本の皆さん、朝鮮半島はもちろんのこと、東アジアも含めた中で、アジア市民を創出する運動なんだと、それによって東アジアの共同体というものを考えていく、南北の統一を考えていくことだろうと思います。

この発言は、ほとんど同じ内容で、翌年２００１年に出版された尹健次さんの著書『「在日」を考える』(平凡社)の中の「〈在日〉にとっての東アジア認識」でも書いてくれたものだった。玄武岩さんも、先の『環』所収論文でこの尹健次さんの本にも触れており、２０１３年に出版された『コリアン・ネットワーク――メディア・移動の歴史と空間』(北海道大学出版会)にはその論文を大幅に発展させて採録している。

この本は、20世紀に東アジアで展開されたコリアンの越境・メディア・故郷の再生をネットワークとして捉え、朝鮮半島、日本、中国東北部、極東ロシア、サハリンという多様な地域における移動と定住、アイデンティティの諸相を考察している重要な本だ。

採録された論文は、終章の「東アジアとコリアン・ネットワークの新世紀――リベラル・ナショナリズムからの問い」であるが、その中で、歴史的、世界的に広がったコリアン・ネットワークの今後の課題について次のように述べている。

「今後のコリアン・ネットワーク論の理論的・実践的課題を見据え、脱領土的なコリアンの連帯として南北朝鮮の統一過程の基盤をなし、さらに東アジアの地域協力体を形成する下地になる存在としてコリアン・ディアスポラの位置を問い直すことであろう」として、その展望を考える場合、近年、政治理論の分野で活発になっている「リベラル・ナショナリズム」の議論が参考になると言っている。

「リベラル・ナショナリズム」とは、「グローバル化の現象、およびその負の影響を人々が意識するようになるにつれて、新しい問題意識が高まり、リベラル・デモクラシーと安定したネイションや国民国家との関係を再検討する」ものであるという。

「国民国家」を指向するナショナリズムには、「ネイション化を推進するナショナリズム」「外部に祖国をもつ者のナショナリズム」「国内マイノリティーのナショナリズム」があり、これに対応するコリアン・ネットワークの志向性は、「統一コリア」「コリアン・ディアスポラ」「コリアン・マイノリティー」であり、それらが相互に拮抗したり、支えあったりするという。

その際、血統や領土より、市民的価値観によって、多様なコリアンのあり方を認める方向で「国民国家」を超えて統合へと向かうべきであり、それは、たとえば韓国の碩学・白楽晴《ペクナクチョン》のいう「多国籍・多言語的民族共同体」の提唱も、その一つであろうといっている。

その「リベラル・ナショナリズム」の代表的実践として、玄武岩さんはワンコリアフェスティバルを取り上げてくれているのである。繰り返しになるが、ワンコリアフェスティバルは、沖縄の文化や日本の祭文化、さらには、中国、インド、タイ、フィリピンなどの文化も取り入れているが、それは、文化活動を通し民族的に生きることが、個人として、市民として生きることと矛盾しないからであり、主流文化や他のエスニック・マイノリティーと多文化的に共生することによって民族的に生きられるからであると指摘している。

それは、日本社会だけでなく、韓国社会にも向けられたナショナリズムに対する相対化の視点でもあると。玄武岩さんの分析と指摘はここでも的確だと思う。たしかに、ワンコリアフェスティバルは、「統一コリア」「コリアン・ディアスポラ」「コリアン・マイノリティー」のすべてを包摂しており、ナショナリズムを相対化し、超えていこうとはしているが、否定するものではない。

在日コリアンは、現代の人類のもっとも重要な課題である人権尊重という普遍的課題と、ポストコロニアリズム・脱植民地という地球的規模の課題に直面してきたため、意識せずともリベラル・ナショナリズムを実践してきたといえよう。だからこそワンコリアフェスティバルは、すべてのコリアンと繋がるためのグローバル・コリアン・ネットワークの構築に、文化を通して役割を担いたいと思っているのである。

さて、もう一人のパネラーである朴一さんは、経済学者として主に経済的な観点から話してくれた。まず、「南北首脳会談の前に起こった出来事として東アジア全体に、97年通貨危機」があったことを想起し、(東) アジア共同体を考える場合、通貨の問題が重要だと指摘していた。「アジアの経済というのは基本的に自分たちの通貨をドルに連動してきましたので、ドルに過度に依存したシステムがこの通貨危機の大きな原因で」あり、「20世紀が残した課題として21世紀にアジア共同体を創るために、またこのドルに連動した通貨危機を二度と起こさせないためには、やはりこの共通の通貨を創る」必要を強調していた。

その上で「ここに日本の円が大きな役割を果たすと考えるならば、まず日本は20世紀の宿題としての戦後処理を克服しなければいけないという風に強く思います」と指摘していたが、逆に言えば、日本は戦後処理を克服できなければ、そうした役割を果たすことができないということなのである。その日本に変わって中国が台頭し、ついにはAIIBを設立したというわけである。このことの意味は今後ますます重要になるだろう。

朴一さんは、「これから韓国の企業だけではなくて、在日、日本の企業が安心して北朝鮮でできる環境を、その北朝鮮、韓国、日本が話し合いながらどう創っていくのかというのが、これからの朝鮮半島の緊張緩和にとって非常に大切だと思います」と北朝鮮との経済関係の構築の必要性を強調し、当面の人道支援の大切さにも触れ、そこで在日コリアンが果たしてきた役割と今後の役割について語ってくれた。

「日本が北朝鮮と国交を正常化し、日本が北のインフラ開発に対して全面的な協力をするシステムをどう創っていくか、それに対して、やはり在日コリアンが協力しながら雰囲気を醸成していかなければならないのではないかと思います」と。

こうしたシンポジウムは、その後も大阪、東京、神戸などで重ねてきた。とくに2000年代前半は、シンポジウムを毎年のように開いていた。この時期は、2000年の南北首脳会談と南北共同宣言発表、2002年の朝日首脳会談と北朝鮮の日本人拉致問題発覚と激動が続く中で、ワンコリアとアジア共同体を目指すワンコリアフェスティバルのビジョンを、歴史の動き、現実の変化を踏まえてしっかり発信するためであった。しかし、すべてを詳しく紹介しているスペースはないので、主なシンポジウムのテーマ、パネラー等を紹介したい。

しかし、その前に、ここで２０００年の南北首脳会談と南北共同宣言発表を振り返っておきたい。とくにワンコリアフェスティバルがいかに対応したのかを中心に述べようと思うが、そのためにも、金大中さんが大統領になった時点にまでさかのぼって述べる必要がある。

南北首脳会談から始まった２０００年代

長年民主化のために闘い何度も生死の淵を歩いた金大中さんは、１９９８年ついに大統領となった。大統領となって初の日本訪問の時には、当時朝鮮籍のぼくを懇談会に招待してくれた。大統領就任と同時に経済危機に見舞われたが、財閥の事業を大胆に統廃合し、とくに労働組合が本来受け入れられないＩＭＦの要求を、民主化のために命をかけてきた金大中大統領だから労働組合も甘受し、構造改革を果敢に進めることができ経済的にＶ字回復を成し遂げた。

金大中大統領は、アジアの指導者の中でいち早く「(東)アジア共同体」構想を唱えた大統領でもある。１９９８年、「ＡＳＥＡＮ＋３会議」において、すなわち、東南アジア諸国に韓国、日本、中国も入れて話す場を作り、この枠組みの中で、その構想を位置づけさせたのである。ありがたかったことは、この後ワンコリアフェスティバルの唱える（東）アジア共同体に対する批判や非難がぼくの周辺からなくなったことである。

ぼくは、ワンコリアフェスティバルにオリジナリティがあるとすれば、冷戦崩壊後すぐに、グローバル化と地域統合が進むと予想し、統一の展望を、アジア共同体を目指すことで、国民国家の枠組みを超えたものとして提示したことだろうと思っているが、どうも金大中大統領の考えも近いものがあると思った。

アジア共同体のことはヨーロッパ共同体を参考にしながら考えていたが、それは、ヨーロッパの戦後と東アジアの戦後の比較でもあり、ヨーロッパにおける冷戦終結の過程から、いまなお冷戦が続く東アジアは何を学ぶべきかについてでもあるのだ。とくに、同じ分断国家の西ドイツが主導した１９７５年の「ヘルシンキ宣言」に始まる「ヘルシンキ・プロセス」

（欧州安全保障協力会議）は、ソ連、東欧の体制を尊重することによって、東西間の対話と交流の制度化を進め、より大きなヨーロッパ統合を実現した。それも比較的大きな混乱もなく。

金大中大統領は、このことを深く研究して、対北抱擁政策、いわゆる「太陽政策」と「(東)アジア共同体」構想を提唱したのではなかろうか？「太陽政策」は、体制の尊重と経済支援のセットである西ドイツの「東方政策」に相当し、「(東)アジア共同体」構想は、「ヘルシンキ・プロセス」に相当するものだったと言えるだろう。

思い出すのは、金大中大統領が、初めて北朝鮮に和解と経済協力を呼びかけた場所が、ドイツのベルリンだったことである。２０００年3月9日の「ベルリン宣言」である。この宣言を知らない人も多いので、ここに紹介しておこう。

私は本日、ベルリン自由大学を訪問したこの席を借りて、地球上に最後に残された韓半島冷戦構造を解体し、恒久的な平和と南北間の和解・協力を成し遂げるため、以下の通り宣言する。

第一に、わが大韓民国政府は、北朝鮮が経済的困難を克服できるよう、手助けをする準備がある。

これまで、南北は政経分離原則による民間経済協力が進められている。しかし、本格的な経済協力を実現するためには、道路、港湾、鉄道、電力、通信など、社会間接資本が拡充されなければならない。

また、政府当局による投資保障協定と二重課税防止協定など、民間企業が安心して投資できる環境造成が必要だ。

さらに、現在、北朝鮮が抱えている食糧難は単純な食糧支援だけで解決できるものではない。肥料、農機具改良、関係施設改善など、根本的な農業構造改革は、民間経済協力方式だけでは限界がある。

したがって、これからは政府当局間の協力が必要な時である。わが政府は北朝鮮当局から要請があった場合、これを積極的に検討する準備がなされている。

第二に、現段階で我々の当面目標は、統一よりも冷戦終息と平和定着である。

従って、わが政府は真正なる和解と協力の精神で力が及ぶ限り、北朝鮮を手助けしていく。

北朝鮮はわれわれの誠意を疑わずに、われわれの和解と協力の提案に積極的に応じてほしい。

第三に、北朝鮮は何よりも人道的次元の離散家族問題解決に積極的に応じなければならない。高齢化し亡くなる人が増えている離散家族の再会をこれ以上遅らせてはならない。

第四に、これらすべての問題を効果的に解決するため、南北当局間の対話が必要だ。私はすでに2年前、大統領就任の際にも、1991年に採決された南北基本合意書の履行のために、特使を交換することを提議した。

北朝鮮はわれわれの特使交換提議を受け入れることを要求する。

わが大韓民国政府は、韓半島問題は究極的に南北当局者だけが解決できると確信し、今後もこれらの政策を誠意と忍耐心を持ちながら一貫して推進していく。

ドイツをはじめとした国際社会も韓半島の冷戦を終息させ、南北間の和解と協力が1日も早く実るよう、より一層の積極的な声援と支持を継続してほしい。

2000年3月9日　ベルリン
大韓民国大統領　金大中

金大中大統領にとって、特別な想いを込めた、極めて意識的な声明発表の場であっただろう。世界の、とりわけヨーロッパの支持を得るためだっただろう。ぼくは、その政策を見ながら、僭越を承知で言わせてもらえれば、世代、生まれた場所は違っても、時代の変化を分析しながら考えることは普遍的に通じるのだと思ったものだった。

こうした金大中大統領の呼びかけに北朝鮮も応えて実現したのが南北首脳会談だった。2000年4月10日、「6月に南北首脳会談」を開催することに南北が合意したと発表された。注目すべきは、そこに1972年の「7・4共同声明」と1991年の「不可侵と交流・協力合意書」という南北が合意しながら実行されなかった文書が再度確認されていたことだった。それは、地下水のようなもので、見えなくなっても消えてしまうものではないことが、今また確認されたのである。

この発表後すぐに新聞社、テレビ局などからぼくにコメントを求める電話が次々とかかってきた。その日の夕刊にはぼくのコメントが載った。友人たちからも何かするのかと電話がかかってきた。しかし、ぼくはこの時こそ総連、民団に合同で何かしてほしかった。南北首脳会談歓迎の共同声明だけでも出してほしかったのである。

ぼくは、自分が住んでいる地域の民団、総連の支部に連絡した。両支部で共同声明や合同行事をしてはどうでしょうかと打診してみた。両支部が共同で在日同胞に呼びかけるなら、同胞にとって大きな喜びになるのではありませんかと。両支部とも反応が良かった。やはり南北首脳会談開催決定の報に喜んでいた。両支部は、歩いて10分ほどしかからない場所にあるにもかかわらず、今まで行ったことも、会ったこともなかったという。

まずは会って話してみてはどうでしょうかと提案したところ、両支部とも賛成してくれた。実際、支部の代表ら幹部3人づつで会うことになり、言い出しっぺとしてぼくも参席させてもらった。進行がスムーズに行くように、ぼくは首脳会談を歓迎する共同声明のたたき台も用意した。両支部で討議してもらったところ、ほぼ原案通りで了承された。それぞれ持ち帰ってまた会うことになった。手応えは良かった。ところができないという返事が両支部から来た。覆りそうもなかった。

それならワンコリアフェスティバルでするしかないと思った。そこで、ぼくは南北首脳会談を支持する在日コリアンの存在を、日本全国、世界にアピールするため、緊急のワンコリアフェスティバルを東京で開くことにしたのである。

「南北首脳会談歓迎!」イベント

南北首脳会談は、北朝鮮の平壌で6月12日から始まることが決まっていた。ぼくは、どうしても会談の前にワンコリアを開くべきだと思い、前日の6月11日「南北首脳会談歓迎! ワンコリアフェスティバルIN東京」を開催することにした。会談の前日に開催し在日コリアンの立場からの支持と要望および提言を発信することによって、ワンコリアフェスティバルのビジョンにもとづく在日コリアンの主体的な対応を実践、実証したかったのである。

会場は、飯田橋駅近くの韓国ＹＭＣＡのホールだった。そこで開催準備をしていた時、すでに準備段階で取材に来ていたテレビ、新聞の記者から首脳会談が一日延期されたと知らされた。記者たち、そしてスタッフの間にも緊張が走った。これまで何度も南北対話に期待し失望してきた歴史があるので、「ひょっとして中止になるのでは」と不安がよぎってしまうのである。

しかし、ぼくは楽観していた。世界に発表した首脳会談を中止することはありえないと思うからである。延期となれば、世界はさらに固唾を飲んで見守るだろう。いやが上にも注目が集まるだろう。もし、南北が意図して延期したとしたら――。ぼくは内心、なかなかやるなぁと思っていた。もちろん、フェスティバルは予定通り開いた。

緊急の呼びかけにもかかわらず、作家の金石範さん、梁石日さん、朴慶南さん、小林恭二さん、学者の尹健次さん、姜尚中さん、女優の黒田福美さんらが駆けつけ、それぞれ想いのこもった5分から10分のスピーチをしてくださった。その時の臨場感がよく伝わるので、すべて紹介したいくらいであるが、かいつまんで紹介したい。

最年長の金石範さんも、「今度の4月10日の合意（発表）の中で重要に思うのは〈7・4共同声明〉を再確認して、7・4の精神をもう一度見なおして南北合意書を考えると言うことだ」と指摘し『7・4声明』『不可侵と交流・協力合意書』二つの基本的な合意を持ちながら今まで何十年たって、ようやく。ことわざに『一杯の酒でハラは膨れない』『始まりは半ば』というものがあるのですが、お互い会う、会う事が38度線を越えるわけです。目上である金大中さんが訪問するのですから、金正日さんは礼を持って韓国に出向くと思います」と今後の進展に対する期待を語ってくださった。その後、金正日さんは韓国に行けなかったが。

梁石日さんは、「1972年の7月4日に、『7・4声明』が発表されました。この時は本当に興奮しましたけれども」と振りかえり、それから28年たってようやく「難しい状況はいまでも色々あると思います。ですが、28年前と比べますとその間の世界は激変しているんですね。東欧、ソ連の社会主義が崩壊したとか、日本のバブルは崩壊してそこに、国際的なマネーゲームが頂点に達する。北朝鮮は非常に困難な状況にある。だからこそ、この困難をどうにかしないといけないというのもあると思うんですけどね、そう言う視野で見ますと、機は熟してきたんではないか、と思うんです」と世界の変化の意味を語ってくださった。

尹健次さんは、「南北首脳会談の合意が発表されまして、ちょうど明日と、これが先ほどのお話ですと、1日伸びた、ということですけれども、やはり私は、統一というものは1つの目標であるだろうと思っています。しかし、私はまた逆に、統一というものは目的であるけれども同時に、1つのプロセスでもある、そういうふうに思っています」と統一がプロセスであることを強調し、その上で自分がどう生きるのかが一番大事だと「私自身は1つのプロセス、そしてなかんずく、日常、日々の闘いというと少し大げさではありますけれども、そういう生き様ではないかなと、思っています」と語ってくださった。

姜尚中さんは、国家に翻弄された近代の世界とコリア南北にとって国家とは何かを改めて問い「南北というのは、常に二律背反で、国家を持ちたいという気持ちと国家にどんなに蹂躙されてきたか、という二律背反の歴史だった」と指摘した上で、「僕は夢なんですけれどもワンコリアフェスティバル、このワンコリアというあるべき21世紀の朝鮮半島の姿を先取りしてきたんではないかっていう気がするんですが、それは、広場、出会いの場、それは単にコリアンだけではなくて、ハーフであれクオーターであれイルボンサラム（日本人）であれ、朝鮮半島に何らかの関わりを持ちたい人々が自由に出会う場であればいいと思うんですよね。そして、英語しかしゃべれない在米コリアン2世たちとの出会いの場になれば」と夢を語ってくださった。

朴慶南さんも「南北首脳会談が明日だったのが明後日になると聞いて、ドキッとしました。大丈夫だろうか。なぜかと言いますと、今まで20年30年前から、こんどこそはこんどこそはと期待して裏切られ続けてきた歴史があるからです。でも、大丈夫でしょう」と言った後、「父はお酒を飲むと泣きます。昔、国のない時、国を奪われている時、国のない民族がどれだけみじめか、南北が分断されて、自分の家族が北の地にいて、南の慶尚北道に自分の故郷がある。弟の家族が北にいるから自分の故郷に帰ることができない、なんて悲しい民族だろうとアボジのことを話し、だからこそ統一を切実に求める自身の想いを「父がお酒を飲んで泣く時、本当に私の胸が締め付けられます。学生時代、国が統一して欲しい、統一させたい、このことに私は全てをぶつけてやってきました」と語ってくださった。

黒田福美さんは、日本が略奪した文化財の返還問題に関わり、会談で取り上げられるかもしれないという期待感から、「この南北会談というのは、私も当事者として非常に関心を持っているわけです。なかなか、おいそれと統一ということには難しいかもしれませんけれど、一つ一つこういう文化財を元の場所に返還していくことや、そういうことに携わっていく中で南北が対話して、そして日本・韓国・北朝鮮のコミュニケーションが出来ていければというふうに思っているわけです」と語ってくださった。

小林恭二さんは、ワンコリアという言葉の意味を深く捉えた話をしてくれた。これは少し長いがほぼ全文紹介したい。

私がワンコリアフェスティバル、鄭甲寿実行委員長と関わるようになったのは、たしか第3回か4回目のときでしょうか。わざわざ鄭さんが我が家まで出向いてくださって、熱弁を振るわれて、それ以来虜になってしまったのですが。

それで、非常に印象に残っていますのは、現在にいたるまで終始一貫しておっしゃってた『ワンコリアフェスティバルは出会いの場、人と人とが出会う場である』という事でした。しかし、この意味がわかってきたのは最近の事です。ワンコリアフェスティバルで、色んな人が関わっていますから、実行委員会会議やスタッフがこれを機会に知り合って、仲間の輪をひろげていくということだと思っていたわけですが、最近もうちょっと大きな意味があったということに気付きました。

ワンコリアという言葉の意味ですが、もう十何年も聞いていると聞き慣れたといえばそうなのですが、非常に高い衝撃力が込められた言葉であると、厳格な政治的な緻密性というか、地球上の政治的な意味合いとは一線を画すという強烈な意味合いを秘めたものだと思います。

これは16年のワンコリアフェスティバルの歩みを見ていけば非常に分かりやすいのですが、理想を高く掲げながら、現実的なある種の妥協というものがいくらもなかったということです。ワンコリアという言葉は、理想の高さと強さを実証していく苦闘といいますか、その流れがこの16年間あったわけです。ただそれによってその苦闘の中で、ワンコリアという言葉は非常に強くなってきたわけです。

ワンコリアという言葉は、試されてきた、鍛えられてきたわけです。その高い理想と共に、思い付きではなくて、意志の堅固さを見せてきたというわけです。その言葉のもとに、その言葉を媒介にして人と人とが出会えるというのは、非常に素晴らしい事だと思います。

　南北首脳会談が行われることになったわけですが、このワンコリアという言葉、強い言葉を必要としているのは、やはり、金大中大統領であり、金正日総書記だと思います。もちろんこの言葉を使わないと思うのですが、おそらく必ず、彼らの耳にはもうこの言葉が届いていると思いますし、そしていつかはこの言葉を使える日を念願している人々がいると思います。彼らは、もちろん長い時間がかかり、いろんな紆余曲折を経ると思いますが、彼らが、もしくは彼らの次の次の代の人々が、このワンコリアという言葉をつかえるようになれば、それが一つの夢の実現という言葉が正しいのかわかりませんが、夢が達成された事になるでしょう。そういう意味では、誰かが集う場としてのワンコリアという言葉を作り上げてきたワンコリアフェスティバルに敬意を表するものです。ワンコリアという言葉が人々を集わせる魅力を放つような、そしてその言葉が現実的に牽引していくような力を持って行くであろうし、持っていくことを望んでやまないわけです。


　小林さんとは親友だと思っていたが、この話を聞いて、いつの間にか誰よりも同志になっていたと思ったものだった。特に、それまで「ワンコリア」という言葉を使ってきたぼく自身が、その意味を教えられた思いがしたのだった。

　会場のスピーチだけでなく、大阪のスタッフや開催地だった生野コリアタウンのおっちゃん、おばちゃんのビデオ・メッセージ、遠くニューヨークからも、当時ニューヨークに住んでいた黒田征太郎さん、ちょうど仕事でニューヨークにいた朴一さん、1998年に「ニューヨーク・ワンコリアフェスティバル」を一緒にしたキム・ドンチャンさん、そのとき出演してくれた若き2世のラップ・ミュージシャン、ジェイメーズさん、アメリカで言論活動をしているキム・ミヌンさんらのビデオ・メッセージも流した。みな熱いメッセージだったが、ここでは割愛せざるをえない。ニューヨーク・ワンコリアフェスティバルのことは、後に述べたい。

　第二部のステージ公演では、朴保さんや田月仙さんらが、ライブで熱い想いを伝えてくれた。盛り上がって六時間にも及ぶイベントとなった。

　この日は狭い会場にメディアが集中した。なにしろ分断後初の歴史的な南北首脳会談を控えているというのに、在日コリアンの動きが他にほとんどないので、ワンコリアフェスティバルに集中してしまったのである。

テレビ朝日の「ニューステーション」、NHKの「ニュース10」でのドキュメントと生中継をはじめ、東京・大阪の全テレビのキー局が様々な形で取り上げ、新聞も全国紙全てに取り上げられたのである。さらに、キー局、共同通信などを通じて地方ではどのくらい報道されたかわからないほどだった。そして韓国のマスコミでも、KBS、MBC、SBS等のドキュメントに取り上げられたり、新聞・雑誌のインタビューを数多く受けた。

後に金時鐘さんから、「どのチャンネルを見てもワンコリアフェスティバルと君が出てくるから、はじめはうれしかったが、しまいにはもういいかげんにせいと思ったよ」と笑いながら言われたほどだった。

とくに久米宏さんがメインキャスターを務めていた「ニュースステーション」の反響はすごかった。南北首脳会談が実際にあった13日には生中継でスタジオと生野区の焼き肉店をつないで、久米宏さんとぼくが南北首脳会談とワンコリアをめぐってやり取りをしたのだが、翌日からしばらくは、どこに行っても見知らぬ人から声をかけられたものだった。番組の人気の高さをまざまざと実感した。

何より感動したのは、民団、総連の現役の若い幹部が、韓国YMCAの会場に駆けつけ、テレビ局のインタビューにも堂々と答えてくれたことだった。

「南北首脳会談歓迎!」声明

最後に発表した「南北首脳会談歓迎！ワンコリアフェスティバルIN東京」声明によって、南北首脳会談に対するワンコリアフェスティバルの姿勢、歴史的な臨場感がよく伝わると思うので、そのまま全文引用する。


私たちは、明日から開かれる歴史的な南北首脳会談を歓迎するとともに、深い関心と注目を持ってその成功を願っていることを表明すべく、この場に集いました。

ワンコリアフェスティバルは、1985年の「解放40周年」を契機に始まり、今年で第16回目を迎えますが、2000年代最初のワンコリアフェスティバルを南北首脳会談の緊急アピールをもって開催できることは大きな慶びであります。

当フェスティバルは、在日同胞こそがまずひとつになってワンコリアのシンボルになり、祖国南北、海外同胞間のパイプ役としてワンコリアの実現に貢献するとともに、究極において世界市民に連なる「アジア市民」創出のための「アジア共同体」を展望するという、まったく新しいビジョンを掲げ、その実現を目指しています。

そのため、当フェスティバルは、祖国南北の共演、総連系・民団系の共演など、さまざまな南北共演の実現に努めてまいりました。90年代に入って、当フェスティバルの他にも、「ワンコリア」を冠して、「ワンコリア囲碁大会」や「ワンコリア花見大会」というように、総連・民団合同の行事も持たれるようになり、在日コリアン同士の和解と交流の動きも活発になっています。こうした動きは首脳会談後にさらに活発になるでしょう。

また、当フェスティバルは、「ニューヨーク・ワンコリアフェスティバル」開催や同年から始まった「韓国議政府市・ワンコリアフェスティバル」との交流など、海外・祖国同胞との連携と交流も深めてきました。グローバル化の進む国際社会において文字通りグローバルな存在である550万人以上の豊かな多様性を持つ海外同胞の役割は、今後益々重要になるでしょう。今や統一とは、海外同胞を含む「多文化民族共同体」の形成を孕むものといえるでしょう。

一方、「アジア共同体」とは、まず第一に、アジアにおける平和の構築であり、より具体的には経済的統合とともに、各民族文化の相互尊重と交流、域内の経済格差の縮小から解消、環境問題や安全保障における協調、そしてなにより自由や人権、民主主義などの市民的権利のアジアにおける普遍的実現、すなわち「アジア市民」の創出を意味するものであります。

さて、当フェスティバルは、南北間において対話や交流の動きがある度に歓迎と支持を表明し続けてきました。1984年の韓国の水害に対する共和国（北朝鮮）の物資援助とその後の対話気運の盛り上がり、1985年の離散家族相互訪問と芸術団相互公演の実現、1989年の韓国実業家の共和国訪問、1991年の世界卓球選手権大会（日本・千葉）における初の南北統一チーム『コリア』の参加と、総連・民団共同応援の実現、さらに同年末の南北の「不可侵と交流・協力合意書」と「非核化共同宣言」の発表、1994年の金日成主席と金泳三前大統領との南北首脳会談開催発表、1999年の現代グループによる金剛山観光の実現、そしてついに、韓国金大中大統領と金正日朝鮮労働党総書記との南北首脳会談の開催に至りました。

南北関係は幾多の緊張激化と中断を繰り返しながらも着実に進展してきました。それがこの度の南北首脳会談の開催へとつながったといえるでしょう。

私たちは、この歴史上初の南北首脳会談の開備に対して、ここにあらためて歓迎の意を表するものであります。と同時に、私たちは、同会談に至る最近の激変する国際情勢への南北それぞれの対応に注目を促したいと考えます。

周知のように、南北分断をもたらした戦後冷戦体制は、祖国南北を除いては終焉し、EU(ヨーロッパ連合)をはじめ、EAEC(東アジア経済協議体)など地域統合の流れと経済のグローバル化が急速に進んでいます。私たちは早くからこの流れに注目し、統一のビジョンにおいても重要な要素として注目してきましたが、この度の会談の開催もこの流れを理解してこそその意義がより明確になるものと考えます。

韓国は、金大中大統領就任以来「IMF危機」を乗り越えながら、韓国の「世界化」を唱え、グローバル化への対応を押し進めるとともに、共和国に対しては一貫していわゆる「抱擁政策」を押し進め、官・民による食料支援や現代グループによる金剛山観光の実現など大きな成果を収めてきました。

共和国も朝・米交渉、朝・日国交正常化交渉の再開、イタリア、オーストラリアとの国交樹立など、国際社会の変化に対応するいわば「脱冷戦・全方位外交」を展開しています。特に当フェスティバルの1996年度の趣旨文においても指摘しましたように、私たちは共和国がすでにその頃から、かつて敵対していたASEAN(東南アジア諸国連合)を評価していることに注目を喚起してきましたが、ASEANに韓国・日本・中国を加えた「ASEAN地域フォーラム」(ARF)に共和国の加盟が決まり、今年の7月にミャンマーで開催される同フォーラムに参加します。共和国もまたグローバル化と地域統合への対応を進めようとしているといえるでしょう。

以上のような南北の姿勢と対応を見るなら、同会談が成功する可能性は非常に高いと思われます。たしかに南北対話は、中断と挫折を繰り返してきましたが、今度こそその繰り返しに終止符を打つ成果を挙げなければなりません。

両首脳も、全ての同胞と全世界が注目する中で、もはや失敗は許されないと深く認識しているものと信じます。
私たちは、同会談の成功に向けて、単に支持し、見守るだけでなく、各界各層において歓迎、支持の声を高め、民族の叡智を集め、提言、要望など、より積極的に関与していくべきであると考え、ここに次の要望および提言を表明するものであります。

1・私たちは、南北両首脳がいかなる前提条件もなしに、民族の統一と繁栄に関して虚心坦懐に語り合い、信頼関係を築き、今後とも首脳会談が継続することを望むものであります。

1・私たちは、南北両首脳が1972年の「7・4南北共同声明」において合意した「自主・平和・民族大団結」の統一のための三大原則にもとづき、着実かつ現実的な統一への展望を開かれることを望むものであります。

1・私たちは、南北両首脳が1991年の「不可侵と交流・協力合意書」において合意した実践項目を尊重し、特に南北間の交流と協力を積極的に推進することを望むものであります。

1・私たちは、南北両首脳が、分断により南北・海外に離散した家族の再会をすみやかに実現できるよう具体的な措置を講ずることを望むものであります。

1・私たちは、南北両首脳が海外同胞の地位と権利に留意し、その向上のために各地域の実状にあった具体的で実効性のある海外同胞政策を実現するよう望むものであります。

1・私たちは、南北両首脳が「2002年ワールドカップ韓日共催」において、南北統一チームによる出場が実現するよう、積極的に努めることを望むものであります。

1・最後に、私たちは、南北両首脳に対してピョンヤンとソウルをつなぐ軍事境界線付近において、環境問題の解決と人類の融和につながる東アジアにおける共同体を目指すことをテーマとする万国博覧会を共同で開催し、その跡地を自然公園とすることを提案いたします。

2000年6月11日

「南北首脳会談歓迎！ワンコリアフェスティバル－N東京」参加者一同

ワンコリアフェスティバルのビジョン、そのビジョンにもとづく15年の活動、南北関係に対する姿勢など、いわばそれまでのワンコリアフェスティバルの集大成のような声明であり、そのビジョンと活動から出てくる要望と提言だったと言えよう。

南北首脳会談最終日である6月15日、5項目の合意からなる「南北共同宣言」が発表される。「南北共同宣言」の全文は次の通りである。

祖国の平和統一を念願する全同胞の崇高な意思により、大韓民国の金大中大統領と朝鮮民主主義人民共和国の金正日国防委員長は、2000年6月13日から15日までピョンヤンで歴史的に対面し、首脳会談を行なった。南北首脳は分断の歴史上初めて開かれた今回の対面と会談が、互いの理解を増進させて南北関係を発展させて、平和統一を実現するのに重大な意思を持つと評価し、次のように宣言する。

1・南と北は国の統一問題を、その主人である我が民族どうし互いに力を合わせて解決していくことを決定した。

2・南と北は国の統一のため、南側の連合制案と北側のゆるやかな段階での連邦制案が、互いに共通性があると認め、今後、この方向で統一を志向していくことにした。

3・南と北は今年の8・15に際して、離散家族、親戚の訪問団を交換し、非転向長期囚問題を解決するなど、人道的問題を早急に解決していくことにした。

4・南と北は経済協力を通じて、民族経済を均衡的に発展させ、社会、文化、体育、保険、環境など諸般の分野での協力と交流を活性化させ、互いの信頼を高めていくことにした。

5・南と北は、以上のような合意事項を早急に実践に移すため、早い時期に当局間の対話を開始することにした。

金大中大統領は金正日国防委員長がソウルを早急に訪問するよう丁重に招請し、金正日国防委員長は今後、適切な時期にソウルを訪問することにした。

2000年6月15日
大韓民国大統領　金大中　朝鮮民主主義人民共和国国防委員長　金正日

まず、第1項の「南と北は国の統一問題を、その主人である我が民族どうし互い力にを合わせて解決していくことを決定した」というのは、自主的統一と民族大同団結を合わせているように思える。前文に平和統一の実現を目的とすることが明記されていることと合わせて見れば、「自主・平和・民族大団結」の統一のための三大原則が、ここでも確認されていると言えよう。

したがって、ワンコリアフェスティバルの声明の7項目のうち、「自主・平和・民族大団結」「南北首脳会談の継続」「1991年の〈不可侵と交流・協力合意〉において合意した実践項目の尊重」「離散家族再会の実現」が盛り込まれていることになる。

在日コリアンの立場からは、「海外同胞の地位と権利に留意し、その向上のために各地域の実状にあった具体的で実効性のある海外同胞政策を実現するよう」求めることが重要であった。海外同胞である在日コリアンが、統一に寄与するためにも必ず南北に要求すべきことなのだ。

ワンコリアフェスティバル独自の項目は、「〈2002年ワールドカップ韓日共催〉の南北統一チームによる出場」と「(東)アジア共同体を目指すことをテーマとする万国博覧会の共同開催およびその跡地を自然公園とする提案」をしたことだ。ワンコリアフェスティバルのビジョンとアイデアをここに込めたのである。祖国の肯定的な動きに呼応するともに、在日コリアンの立場と位置や発想を、できるかぎり発信しなければならないと思うからである。

南北共同宣言は、大国に翻弄されてきた南北が世界史の主体として、「(東)アジア共同体」を志向する東北アジアの新しい秩序を、周辺諸国と対等に協調しながら形成していく可能性を開いたと言えるだろう。しかし、その可能性は、まだ可能性にとどまっている。金正日国防委員長がソウルを訪問する決断が結局はできなかったことにも、それは表れているように思う。その大きな原因は、すでに朝鮮戦争の休戦協定に関する問題を指摘して述べたように、南北関係の歴史の真実にまだ向き合えていないからだと、ぼくは思う。

しかし、在日コリアンの立場から、この成果と可能性を活かしていくために、この年ワンコリアフェスティバルは、様々

ワンコリアフェスティバルのビジョンが明確化された「南北首脳会談歓迎！　ワンコリアフェスティバル IN 東京」

な企画を実行していった。ぼくは、東京からすぐに大阪にもどった。大阪でも緊急のワンコリアフェスティバルを開催するためだ。まず大阪の仲間と一緒に、平壌の順安《スナン》空港での金正日国防委員長と金大中大統領の握手を衛星放送の生中継で見た。みな感激していた。

6月14日の夜遅くになって、やっと「南北共同宣言」が発表された。予想していたとはいえ、東京で発表した声明と基本的に一致していたことは、やはり大きな喜びだった。15日、「南北共同宣言支持！　ワンコリアフェスティバルＩＮ生野コリアタウン」を開いた。南北の酒を一つのコップに混ぜて入れ、みんなで乾杯した。もちろん乾杯の音頭は「ハナ！」だった。

8月15〜18日、南北共同宣言にもとづき、朝鮮戦争による離散家族の再会が実現することになった。分断の悲劇を象徴する一千万人と言われる離散家族、南北１００名ずつの再会ではあっても、和解の象徴としての意味は大きい。それに先立つ8月10日、大阪国際交流センター大ホールで「解放55周年ワンコリアフェスティバル」を開催し、東大阪朝鮮中級学校と建国小学校が南北離散家族再会を祝福する、この日のために創作された歌「愛しき国　大河のように」を合唱した。離散家族の再会を祝福し、今後すべての離散家族が再開できるように願って歌ったのである。

11月5日、前年の初のコリアタウン開催に続いて、「ワンコリアフェスティバルＩＮ生野コリアン」を開催した。この２０００年は、9月から開かれたシドニー・オリンピックの開会式で南北選手団の共同入場が実現した。これも南北共同宣言にもとづき実現したものである。この時、１９９１年に千葉で開かれた世界卓球選手権大会の南北統一チーム「コリア」の代表旗——白地に青で南北コリアが描かれた——が9年ぶりに登場した。

ワンコリアフェスティバルのパレードでもこの統一旗を先頭にし、商店街の各店ごとに統一旗を掲げてもらったのである。ちなみにこの統一旗が、世界卓球連盟会長だった荻村伊智朗さんが作ったことは、ほとんど知られていない。このことも後で述べたい。

この年の締めくくりが12月10日に開催した先のシンポジウム「21世紀のワンコリアと東アジア——南北共同宣言の意義と海外コリアンの役割」だったのである。

この年南北首脳会談をめぐる報道と一連のワンコリアフェスティバルの開催により、一気に「ワンコリア」という言葉が日本社会にも広がった。マスコミの影響は何と言っても大きい。ワンコリアフェスティバルの存在、ビジョンをより多くの人に知ってもらうためには、マスコミの協力が必要なのである。

記者たちの協力

当初から、マスコミへの取材依頼には力を入れていたが、こちらが接するのは、まず現場の記者の人たちである。日本のマスコミは、担当がすぐに変わることが多い。とくに若い記者は、いろんな部署や地域を経験するために異動が多いのである。初対面の時、コリアの問題についてはほとんど何も知らない場合も少なくないのだ。朝鮮、韓国、在日のことについてまだ不勉強なので、教えてくださいと言われることも多い。ぼくは、そういう時、少なくともぼくにとっては何のタブーもないので、遠慮なく、なんでも聞いてください。何を言っても自由で対等だと思っていますからと。もし、あなたが知らずに、ぼくが差別的だと思うような発言をしたとしたら、その時は指摘させていただきますが、それをどう捉えるかは、それもあなたの自由ですと言い続けた。

こんなことをわざわざ言うのも、本当にお互いに自由に意見交換すべきだと思っているからであり、それでお互いの理解をより深めたいと思っているからなのだ。実際、そうして知り合った記者とは、その後も友人となって付き合いが続くことが多い。そんな記者が書く記事やニュース、ドキュメンタリーは、やはり内容もいいものになるのだ。そうして知り合った記者の一人が、NHKに入って間もない小林晶子さんだった。小林さんが1989年のワンコリアフェスティバルを取り上げてくれた45分のドキュメンタリー番組が「ひとつのコリアをめざして」というタイトルで全国に放映され、ワンコリアフェスティバルが全国で知られる大きなきっかけとなった。その時のことを小林さんは、4年後のワンコリアフェスティバルに寄せた文章で、こう書いてくれている。

4年前の夏、第5回のワンコリアフェスティバル（当時はまだ8・15フェスティバルという名称でした）を取材させてもらった時、私はNHKに入ってまだ4カ月しかたっていない新米でした。いきなり45分という長い番組を作ることになり、右も左も分からない私は、在日コリアンをとりまく状況にも全く不勉強で、通名を使っている人に「なんで本名を使わないんですか？」などと、今思えば冷や汗の出るような質問をぶつけたりもしました。でも、実行委員長を初め、メンバーの方々はみんな親切に取材に応じてくれました。あの時の驚きや感激が、取材者としての自分の原点にあります。

フェスティバルがこんなに大きく成長し、参加者が次々にいい仕事をしていくのを見ていると、励まされる反面、「自分は一体何をしているのだろう」といつも思います。ワンコリアフェスティバルが投げかけた多くの問題を、私はまだ消化することができません。でも必ずいつか、自分なりの答えを出したいと、それまではこの仕事をやめられないと思っています。

こうした記者との出会いと友情もまた、ワンコリアフェスティバルの貴重な財産である。

この時期、マスコミの後援名義を得ることにも力を入れていた。政治的に偏ったものには後援しないと一般的に思われているマスコミの後援を得ることで、ワンコリアフェスティバルが政治的に偏っていないというイメージを高め、ワンコリアフェスティバルに対する社会的信頼を高めたかったからである。１９８８年にマスコミでは初めて地元のラジオ大阪（大阪放送＝ＯＢＣ）が後援に名前を出してくれた。産経新聞系列のラジオ局なので、ぼくの回りはみな意外に思ったようだった。

実は、この年、ワンコリアフェスティバルと同じ日にラジオ大阪主催の大きな音楽イベントが、同じ大阪城公園内で催されることになり、音がバッティングする恐れがあるので、ワンコリアフェスティバルに挨拶に来てくれたのである。その時ぼくは、これはチャンスとばかり、当時の部長さんに、音はこちらも出すのでお互いさまです、これも何かの縁とワンコリアフェスティバルの趣旨を懸命に語って、後援のお願いをした。その部長さんも男気のある人で、鄭さんの考えには自分も共感できると、会社に掛け合って後援を取り付けてくれたのである。その後も後援だけでなく、ラジオ大阪の番組に登場させてくれたり、多大な協力をしてくれた。

ラジオ大阪の後援を皮切りに、また先のＮＨＫのドキュメンタリー番組のおかげもあっただろうと思うが、１９９０年からは、大阪府、大阪市の後援が付くようになり、その後一気にマスコミも増え、ＮＨＫ大阪放送、毎日放送、読売テレビ、朝日放送、関西テレビ、テレビ大阪、ラジオ大阪、FM802、日本経済新聞社、朝日新聞社、産経新聞社、毎日新聞社、読売新聞社が名前を連ねるという、なかなか見られない光景が実現したのである。もちろん一社一社丁寧にお願いしに行ったことは言うまでもない。1993年には、KBS京都、サンテレビ、エフエム大阪、ラジオ関西が加わった。

東京開催が始まった1994年には、東京都と東京のテレビ局にも、テレビ局は同じ系列でも東京と大阪では社名が違うので後援をお願いしたが、大阪での実績が認められたのであろう、東京都、TBS、日本テレビ、テレビ朝日、フジテ

政治の壁超え一堂に

在日韓国人と朝鮮人の若者

イデオロギーを超えた新しいビジョンで祖国統一への足がかりを――大阪に住む韓国・朝鮮人の若者らが八月二日、大阪城公園の野外音楽堂で「民族・未来・創造フェスティバル」を開く。日本社会の各分野で活躍する多彩な顔ぶれの在日韓国・朝鮮人が賛同者として駆けつけるほか、在日韓国居留民団と朝鮮総連の傘下青年団体がともに協力する。朝鮮半島の政治対立が厳しい中、日本で開かれる一つの催しに、民団と総連の系列団体が協力するのは異例のことだ。

昨年開かれた2回目の「民族・未来・創造フェスティバル」＝大阪城公園の野外音楽堂で

祖国統一願い祭典

来月2日 今年も大阪で実現

フェスティバルのテーマは「ONE KOREA（ワンコリアン）」。八尾市東山本新町一丁目、プラスチック加工業、鄭甲寿さん(三三)ら在日二、三世の若者らが実行委員会をつくり、「日本にいる七十万の同胞が二つに分かれて非難し合っていて、どうして日本人から尊敬されるか」と、政治的な立場を超えて統一への足がかりになる場づくりを提案。催しはことしで三回目で、回を重ねて同調の輪が広がり、今回初めて民団傘下の在日韓国青年会と総連傘下の朝鮮青年同盟が案内のビラ配りなどを手伝っている。

当日は午後三時半からフェスティバルが始まり、ロックの白竜、ジャズの金成亀、シャンソンの朴聖姫らが公演。また、ロックグループ「憂歌団」のボーカル、木村秀勝が初めて本名、朴秀勝を名乗って会場にかけつけるほか、ニューミュージック「悲しい色やね」などの作詞者として知られる康珍化も参加する予定。

実行委員長の鄭甲寿さんは「在日韓国・朝鮮人というと、どうしてもマイナーなイメージがつきまとうが、音楽などの世界ではメジャーで活躍する同胞も多いということを確認し合い、それを軸に同胞が握手し合えばきっと祖国にも大きな影響を及ぼすはずだ。将来は民団、総連にも直接協力してもらえるよう働きかけていきたい」といっている。

在日韓国青年会大阪府地方本部の金鐘一・組織部長の話 同じ民族がイデオロギーを超えて握手し合おう、という考えには賛同できる。総連の関係者が来るからこちらが行かないとか、逆に総連関係者に来るな、とかいうような立場はとらず、一参加者として協力していきたい。

在日朝鮮青年同盟大阪府本部の呉浩一・副委員長の話 思想を問わず、民族的にやろうというので支持している。民団の関係者も協力していることは知っているが、統一という目標には同胞ならだれも反対はできない。

フェスティバルの入場料は大人五百円、高校生以下は無料。問い合わせ先は鄭さん方（〇七二九―九七―二四六九）。

総連系、民団系両方の団体のコメントとともにワンコリアフェスティバルを報じた朝日新聞（1987年7月22日）

レビ、テレビ東京、エフエム東京、J‐WAVEが後援してくれた。

コリア関連のイベントで、ワンコリアフェスティバルほどメディアに取り上げられたイベントは少ないのではないだろうか。新聞では大きな特集に取り上げられたり、連載されたりした。ぼくが新聞の「ひと」欄に取り上げられたことも何度もあった。テレビでも何度かドキュメンタリー番組として放送されたり、ぼくがゲストとして出演したりしたこともあった。どれも思い出に残っているが、すべて書くと切りがないので、いくつか印象深い記事や番組のことを書いておこうと思う。

ワンコリアフェスティバルが、はじめて新聞の国際面に大きく取り上げられたのは、1987年、3年目のことだった。朝日新聞だった。ワンコリアフェスティバルのようなイベントが国際面に載るということは、めったにないことだ。日本経済新聞に1990年に載ったことは先に触れたが、記事としては小さいものだった。しかし、朝日新聞の記事は、前年のワンコリアフェスティバルのステージの写真も入れ、そのページのトップ扱いだった。大きな見出しは「政治の壁超え一堂に」とあった。それが画期的な記事となったのは、朝日新聞の取材に対して、民団系の在日韓国青年会大阪府地方本部の組織部長と総連系の在日朝鮮青年同盟大阪府本部の副委員長が、名前と肩書きを明らかにして、ともにワンコリアフェスティバルに賛同、支持の声を出してくれたからだ。ぼく自身、この記事から大きな勇気を得たのであり、両団体へ感謝を伝えずにはおれなかった。2人に直接会って感謝を伝えたが、2人から共に民族の和解と統一のために頑張りましょうとエールをもらった。

マスコミということで言えば、今まで名前の出ていない東京新聞のことは、ここでどうしても言及しておきたい。1994年、東京開催を決めて、東京でも各新聞社の記者に会って、ワンコリアフェスティバルのことを記事にしてもらう段取りが整い、いったん大阪に帰ろうとした時だった。ある公衆電話で電話をしようとした時、公衆電話の上にたまたま東京新聞が置かれていた。ぼくは、東京新聞のことをまったく知らなかったので、そうだ、東京でのイベントだったらこの新聞にも連絡しなければと、はじめて思いついたのである。

ぼくは、そこに載っていた社会部に電話した。すると女性の記者が出た。ぼくがワンコリアフェスティバルのチョンと言いますがと言うと、なんと彼女は、ワンコリアフェスティバルのことを知っているというではないか。最近まで静岡支局にいたが、静岡のAさんから聞いていたというのである。ぼくの知り合いでワンコリアフェスティバルのことを応援してくれている人だった。その人からワンコリアフェスティバルのことを取材したらと言われていたと言うのである。こんな偶然があるだろうか。記者はたくさんいるのに、それも東京ではまだまだ知られていない時に、よりによってワンコリアフェスティバルを知っている記者が電話に出るなんて。

ぼくは、大阪に帰るのを遅らせてすぐ彼女に会うことにした。会社の場所を聞くと品川だという。ぼくは、その時まさに品川駅にいたのである。こうして奇跡的に出会ったのが佐藤直子記者だった。大阪の人間であるぼくは大阪新聞のような小さな地方紙だと思っていたが、東京新聞は、想像以上に大きな新聞だった。東京では主要全国紙に劣らない部数を発行していた。佐藤さんが、ワンコリアフェスティバルの記事を書いてくれるようになって、東京でも多くの人が知ってくれるようになっただろう。佐藤さんは、今は論説委員として活躍されている。

他にも恩人と言っていいような記者は何人もいる。まず、日本経済新聞の小田晋作さんについて。小田さんは、1990年に知り合った時、すでに編集委員をされていた。日本経済新聞の先の国際面の記事を見て、訪ねて来てくれたのである。小田さんは、ぼくよりだいぶ年上だったが、気さくで好奇心旺盛な方だった。実家が祖父の代から兵庫で「丹波新聞」という地方新聞を発行しているので、根っからの記者魂のようなものをお持ちだった。

はじめて「南北共演」を実現したその年、小田さんは、フェスティバルが終わってまだ舞台を片付けている真っ最中に、スタッフが忙しく行き来する会場の中で、インタビューしてくれた。だから、紙面にその熱気が伝わるような記事になっていた。「関西トレンディー」という紙面の半分以上占める大きなスペースに書いてくれたのである。ぼくの大阪弁もそのまま使われていた。たとえば、あの国際面で取り上げられた万博のアイデアに絡んで「2004年には38度線で国際万国博を開く構想も？」と聞かれ「昨年の米ソ・マルタ会談で、2004年にベルリンでの五輪開催が提案されたでしょう。これに合わせてどうや、ちゅうわけです。跡地は遊園施設の「ワンコリア・ランド」にする。案外ホンマになるかも知れませんよ」と答えたが、大阪弁丸出しである。残念ながらこの構想は2004年には実現しなかったが。

小田さんは、この後も記事だけでなく、自分が持っているコラムにも機会あるごとにワンコリアフェスティバルにまつわる話題を書いてくれた。1994年のワンコリアフェスティバル10回目の節目には最終面の文化面で、自由にワンコリアフェスティバルのことを書かせてくれた。小田さんは、今は退職されて、地元に帰って「丹波新聞」の社長として、地元の発展に貢献されている。丹波新聞にもワンコリアフェスティバルのことを取り上げてくれたことは、言うまでもないだろう。

次に朝日新聞の佐々木亮さんについて。佐々木さんとは記者として知り合う前に、佐々木さんの妻とぼくの弟の鄭龍寿の妻が親友だった関係で知り合った。知り合ってすぐにワンコリアフェスティバルのスタッフとして、受付など裏方の仕事をしてくれた。記者ということで、黒田征太郎さんと伊集院静さんの対談の写真を撮り、テープ起こし、まとめもしてもらった。もちろん紙面で記事にもしてくれたが、その中でもっともありがたかったのは、金大中大統領の日本訪問に合わせて、ぼくを「ひと」欄に載せてくれたことだった。金大中大統領も、日本滞在中に自分が載った記事を読むだろうからと、その記事が載る紙面に合わせて載せてくれたのである。日本語もよく知っていた金大中大統領が読んでくれた可能性は高いだろう。

この時、金大中大統領は、韓国大統領として初めて「朝鮮籍」の人間を、大統領懇談会に招くという歴史的な決断を実行された。当時「朝鮮籍」だったぼくも、同じく「朝鮮籍」だった金時鐘先生と共に招かれたのである。これは、他の新聞でも大きく取り上げられた。それは「対北抱擁政策」の一環でもあっただろう。

金大中大統領と面識はなかったが、実は接点があった。この4年前、1994年に初の東京開催をした時、その資金捻出のために、「ワンコリア・アート展」を、黒田征太郎さんと長友啓典さん共同のデザイン事務所K2のギャラリーで開催したことがある。この時、ワンコリアフェスティバルが資金集めに苦労していると伝え聞いた金大中先生が、自筆の書を送ってくれたのである。

当時金大中先生は、1992年の大統領選挙に敗れ引退説もあった。しかし、その書は、憂国の心情溢れる気合のこもったものであった。その中に「憂心輾転夜」「霜月照弓刀」という言葉があった。それを見てぼくは、きっとまた大統領選に立ち上がるだろうと思ったものである。はたして1997年の大統領選に立ち、ついに大統領となったのである。実はこの時、大統領だった金泳三大統領からも書を送っていただいていた。金泳三大統領は、長く続いた軍人出身の政権から約30年ぶりに文民政権に変えた大統領だった。その後大統領になったのが金大中大統領であり、韓国は、長い民主化の闘いの中から、民主化のために闘ってきた野党の指導者だった政治家が、大統領になれる時代を迎えていたのである。

ぼく自身も、大阪での大統領懇談会に招かれた後、「朝鮮籍」のまま、韓国に行けるようになった。それまで「韓国国籍」に変えるように言われていたことを考えれば隔世の感があった。結局２０１０年に韓国籍に変えるまで、朝鮮籍のままで32回韓国に行ったことになる。32回も行った人間は他にはなかなかいないようである。韓国籍に変えた理由は、後で述べる。

「ワンコリア・アート展」のことが出たので、ここで「ワンコリア・アート展」についても述べたい。「ワンコリア・アート展」は、すでに述べたように、ワンコリアフェスティバル東京開催の資金集めのためにもたれたものだった。ワンコリアフェスティバル10回目の節目を記念して、東京で開催してほしいという要望もあったので、東京で開催することにしたのだが、大阪開催だけでも財政的にはけっして楽ではなかった。独自の財源が必要となる。黒田征太郎さんに相談したところ、それならアート展をしようと提案してくれた。画用紙の半分に自分がイラストを描くので、その隣にいろんな人の絵、イラスト、メッセージなどを書いてもらい、それを買ってもらおうというアイデアだった。

黒田さんは、いつも行動が早い。さっそく50枚ものイラストを画用紙の片側に描いてくださった。ぼくは、その画用紙

ワンコリアフェスティバルとともにアート展を告知するポスター（1998年）

をもって、各界の方々に黒田さんのイラストに添える絵やメッセージをお願いしに回った。金時鐘さんや俵万智さんら詩人・歌人、梁石日さんや伊集院静さん、小林恭二さんら作家、黒田福美さんや奥田瑛二さん、金久美子さんら俳優、浅羽克己さんら、イラストレーター・デザイナー、赤塚不二夫さん、永井豪さん、弘兼憲史さんら漫画家、当時首相だった村山富市さんにまでお願いした。詩や短歌、俳句、メッセージ、イラスト、漫画など、貴重な芸術的、文学的作品が揃ったものである。ここに、特別作品として金泳三、金大中両大統領の書も展示したわけである。この企画は成功し、財政的に赤字を出さずにすんだ。

このワンコリアフェスティバル東京の1年目は、大阪の1年目と違っていきなり開場前に長蛇の列ができ、会場の上野水上音楽堂は満員になった。戦後間もない頃から上野で焼肉屋をしていたぼくの親戚は「上野水上音楽堂が満員になったのを初めて見た」と喜んでくれたものだった。

この時司会を務めてくれたのが、永六輔さんと朴慶南さんだった。まったくの手弁当で出演してくださった永さんにワンコリアフェスティバルのオリジナルセーターを差し上げようとしたところ「いや、買わせてもらう」と3着も買ってくださったのである。それだけでも驚いたが、その後、東京の街中で偶然ばったり永さんにお会いした時、なんとそのセーターを着ておられたのである。本当に感激したものだったが、そうか、これが永さんの生き方なんだと心から尊敬の念を抱かずにはおれなかった。

コリアタウンでの開催

マスコミのエピソードにもどろう。1999年のある日、朝日新聞の若い記者から連絡が来た。曺ですと言う。在日コリアンの曺喜郁《チョウヒイク》君だった。彼は、ワンコリアフェスティバルは、今年初めて生野コリアタウンですると聞きましたが、それは素晴らしいことだと思うので、大きく特集記事を組みたいと提案してくれた。それは、1回紙面の半分も使って4日間連載という破格の特集記事となった。記事のことを書く前に、ここで生野コリアタウンですることになった経緯にも触れないわけにはいかない。

1991年に中之島公園・剣先広場で開催した翌年、1992年に大阪城音楽堂にいったん戻った後、会場を服部緑地野外音楽堂に移していた。大阪城音楽堂では、近隣住民から音がうるさいとクレームが来ていた。他の日にはもっと大きな音のロックイベントもしているにもかかわらず。やむをえず、同規模の服部緑地野外音楽堂に移っていたのである。

服部緑地野外音楽堂でしていた当時、ぼくの母校建国の後輩であり、オモニと一緒にコリアタウンでキムチ屋さんを営んでいた李容柱《イヨンジュ》君が、「先輩、ワンコリアフェスティバルをコリアタウンでしませんか」と言ってくれた。ぼくが、「自分の生まれ故郷でもあるコリアタウンでできれば、それはうれしいが、大きなステージが必要なワンコリアフェスティバルをする場所がないからなぁ」と言うと、「先輩、ありますよ、御幸森《みゆきもり》小学校の校庭ならできるでしょう」と言ったのである。

たしかに御幸森小学校の校庭の広さならできる。それに、コリアタウンの玄関口とも言える立地の小学校を使えるなら、ぜひ実現したいものだと思った。メインのステージ公演は御幸森小学校でして、コリアタウン全体を舞台にしたワンコリアフェスティバルをすれば、理想的な祭りができるだろうと思った。

大阪城音楽堂にしても服部緑地野外音楽堂にしても、固定のステージと客席なので、フェスティバルといいながら、どうしてもコンサート的なイベントになってしまう。それでも盛り上がってはいたが、どこかで物足りなさを感じていたのも事実だった。こうしてコリアタウン開催をしようと決め、李容柱君といっしょに実際に実現に向けて奔走する日が始まった。動き出してみるとコリアタウンを取り囲む事情が意外と複雑であることが分かってきた。

ぼくが住んでいた小学校の頃は「朝鮮市場」と呼ばれ、今ではコリアタウンと呼ばれている御幸通商店街は、西から「御幸通商店街」「御幸通中央商店会」「御幸通東商店街振興組合」に分かれているということをはじめて知った。しかも、それぞれの商店街が、どうもあまりうまくコミュニケーションが取れていないようなのである。

御幸通中央商店会と御幸通東商店街振興組合は、コリアタウン活性化のために、それぞれの出入り口にコリア伝統風の門を立てていた。長さ400メートルもない両商店街に門が二対あることにも、コミュニケーションのなさが現れているようだった。御幸森神社が入口にあり、日本人の店が多い西の御幸通商店街にいたっては、そうした門もなかった。むしろコリア的な雰囲気になることを避けようとしているようだった。ちなみに今では西の御幸通商店街もコリア伝統風の門を立てている。

そこでまず、商店街どうしのコミュニケーションを図ることから始める必要があった。とくに店が多い御幸通中央商店会と御幸通東商店街振興組合の協力が不可欠であった。とにかく両商店街の代表や役員に会って話さなければならなかったが、両商店街のもっている相互の不信感は思いのほか深刻だった。それは今までの経緯があってのことだったが、ぼくは何度も両商店街の代表や役員に会って話を聞き、その上で両商店街の代表や役員に同席してもらい、ワンコリアフェスティバルのコリアタウン開催の意義を話させていただいた。

ワンコリアフェスティバルのコリアタウン開催が、商店街の活性化につながり、地域における多文化理解と共生にも寄与することを強調して、やっと両商店街協力のもとにコリアタウンでのワンコリアフェスティバル開催が合意に達することができた。しかし、商店街の同意だけでは足りなかった。商店街が属している町内会の代表や役員にも挨拶し、了解を得なければならなかった。

商店街の代表は在日コリアンだったが、町内会の代表は日本人である。コリアタウンといっても、町内会の役員代表に在日コリアンがいないこともはじめて知った。コリアタウンの周りは日本人の方が多く、町内会の理解なしには物事がスムーズに進まないのである。ぼくは、町内会の代表や役員に理解と協力をお願いした。幸い町内会も協力してくれること

コリアタウンで初開催となった1999年のステージ

になった。

御幸森小学校の使用許可ももらわなければならない。李容柱君と校長に会いに行きお願いしたところ、地域の方々が賛成しているならと快く承諾してくれた。ただし、音楽イベントなので、学校の周りの家にはきちんと挨拶してほしいと言われた。李容柱君と一軒一軒訪ねて、理解を求めたものである。

ようやく様々なハードルを乗り越えて、具体的な企画を考えることになった。ステージは、御幸森小学校に設置することにして、商店街では、各店に普段売っている商品とは違うものを出す出店をお願いした。たとえば、キムチ屋さんにトック（コリアンお雑煮）をというように。パレードやコリアの伝統的な結婚式もしようということになった。

こうして迎えた1999年のワンコリアフェスティバルのステージでは、総連系のオモニ合唱団と民団系のオモニ合唱団、韓国から来てくれたオモニ合唱団が共に合唱し、民団系の建国小学校、金剛学園と総連系の大阪朝鮮第四初級学校がそれぞれ演目を披露してくれた。パレードも大阪朝鮮第四初級学校、金剛学園、建国小学校が共に民族楽器を演奏しながらしてくれた。このパレードには忘れられない思い出がある。

その日、コリアタウンのすぐ側にある大阪朝鮮第四初級学校ではバザーが開かれていた。その学校の中にパレードが入っていったのである。事前に学校に知らせていないハプニングだった。勢いで入っていったのであるが、その時、学校の先生か誰かがマイクで感動的なアドリブのスピーチでパレードを熱烈に歓迎してくれたのである。いま統一の想いを込めて三つの学校がパレードしていると。バザーに来ていた保護者や関係者の中にも感動して泣いておられる方もたくさんいた。

実は、大阪朝鮮第四初級学校がステージやパレードに出演してくれたのは、当時の校長だった韓富澤《ハンブテク》先生の尽力のおかげだった。あとで述べるこの三校の民族学校の先生と日本の公立学校である御幸森小学校の民族学級の先生による画期的な座談会が実現したのもそうだ。韓富澤先生とは、先生が堺朝鮮学校の校長をしている時に出会って以来、心から信頼していた先生だった。ぼくの息子2人も先生がいたからこそ、大阪朝鮮第四初級学校の幼稚部に入れたのである。

また、この年のワンコリアフェスティバルへの出演がきっかけで、ぼくの母校である建国でプンムル部（今は伝統芸術部）が出来た。出演した生徒たちが、ステージで人前で演奏する醍醐味を味わったからだと聞いている。同部は結成以来、様々なコンクールにも積極的に出場して、韓国で毎年開かれている世界サムルノリ大会でも大統領賞を受賞するなど輝かしい成績を上げている。母校の後輩たちの活躍は本当にうれしいことだ。

さて、朝日新聞は、こうして実現にこぎつけた初の生野コリアタウン開催のワンコリアフェスティバルを、特集記事として4日間連載で紙面の半分以上を割いて大きく取り上げてくれた。それは画期的な連載記事だった。タイトルも「生野発ハナ」で、ワンコリアフェスティバルのハナのロゴまで使ってくれていた。

11月5〜8日に連載されたが、第1日目は、ワンコリアフェスティバルを紹介し7日にコリアタウンで開催されるという内容だった。2回目が、三校の民族学校の先生と日本の公立学校である御幸森小学校の民族学級の先生による座談会であった。はじめて実現した在日の中の南北、日本にまたがる学校の先生の座談会であった。教育問題を通して南北の和解と日本との共生をアピールできたと言えよう。

3回目は、ぼくが作家の高村薫さんとコリアタウンを歩きながら、高村さんの話を聞くと言うインタビューが掲載された。実は、この前の年、高村さんはワンコリアフェスティバルにメッセージを寄せてくださっていた。子どもの頃、コリアタウンに母親がよく買い物に来ていて、自分も連れて来てもらったという内容だった。それで高村さんにこのインタビューをお願いすることにしたのである。ここでその言葉を紹介したい。

六歳まで大阪市内の東住吉区で過ごしたわたくしは、母親に連れられて、当たり前のように鶴橋の市場に行っていました。どういうわけか、母はキムチが大好きだったのです。その辺りが在日韓国・朝鮮人の人たちの街だと知ったのは、ずっと後のことでした。

不幸なことにわたくしは、多くの日本人と同じように、戦前の朝鮮併合から今日に至る複雑な歴史の背景を学ばなかったのですが、一方では知識がなかった分、まったく偏見も抵抗ももたずに大人になったのは、ある意味では幸せな出発点だったと思います。

大人になってから、あらためて在日韓国・朝鮮人の人たちの置かれている現状を考え始めたとき、市井の一日本人には十分に理解出来ない複雑さの前で、いつも消化不良のような気分に陥ってきました。

日本人の側と在日韓国・朝鮮人の側の双方の問題が半分はあるにしても、ともに日々暮らしているわたくしたち

1999年(平成11年) 11月5日 金曜日 朝日新聞

在日の象徴的な地域「コリアタウン」

生野発ハナ

民族、文化超え 共生深まる

7日・ワンコリアフェス

初めて「まち」が舞台

去年のワンコリアフェスティバルで披露された在日コリアンの子どもたちの民族舞踊＝東京・上野公園で

Tシャツを着た新郎は生野区の歯科医洪性文さん(30)。セーター姿の新婦は北海道出身の佐藤朱美さん(30)。結婚式を一週間後にひかえた二人は先月三十一日の夕方、同区のコリアタウンにある韓国・朝鮮の結婚衣装店で、近ごろでは珍しい伝統的な挙式のリハーサルをした。新郎が新婦を迎え、顔を合わせ、結ばれるという三幕に渡る儀式を一時間半かけて練習した。"チュレ"と呼ばれる仲人の言葉遣いには古語が多く、見守っていた十人ほどの親族らも聞き取りにくそうだった。

七日午前十一時半に二人の結婚式が始まる。そして、式の始まりとともに十五年目を迎える「ワンコリアフェスティバル」が開幕する。洪さんは「地域の日本人だけでなく、民族のことをあまり知らない若い在日にも、コリアンの風習に触れてもらえれば」と話す。当日、コリアンの青い民族服を着る朱美さんは「きれいな民族服を着ることで、相手の家庭にも、地域にも溶け込めそうです」とほほ笑む。

◇

ワンコリアフェスティバルは、日本に住むコリアンがまず「ハナ」(韓国・朝鮮語で「一つ」)になり南北統一のシンボルになろうと、一九八五年に大阪城公園で第一回が開かれた。在日三世の鄭甲寿さん(45)が実行委員会をつくり、在日や南北コリア、日本のミュージシャンや舞踊家らが参加した。九四年からは東京へ、去年は米国・ニューヨークへも広がった。

これまで舞台での公演が中心だったが、今回は区民の四分の一が在日韓国・朝鮮人という生野区のまちが初めて会場になる。会場の中心となるコリアタウンは、生野区でかつて猪飼野といわれた御幸森地区にあり、東西約五百メートルの通りにコリアの食材や飲食店、民族服を取り扱う店などを中心に約百五十店が並ぶ。

鄭さんは「民団、総連が入り交じる在日の象徴的な地域。在日が地域に溶け込んで北も南も関係なく仲良く暮らしていることを全国、海外のコリアンに発信したい」と言う。

御幸森小学校を主会場に、コリアの食材・飲食店が並ぶコリアタウンでも食と物産展が開かれ、焼き肉やキムチの食べ歩きも楽しめる。「商店街は日本社会との共生そのもの。一帯を会場にすればいい」と商店の若手が提案した。

小学校を借りる交渉や交通規制の許可申請には、地域の自治会長ら日本人が協力した。御幸森中央商店会の梁政弘会長(54)は「コリアタウンと呼ばれ始めた十年前は『勝手に朝鮮人の街にするな』と脅迫電話を受けた。共生が深まったんやね」と感慨深げだ。不況に苦しむ小さな商店街にとっては、コリアタウンとして観光ルートになることが宣伝にもつながっている。

ニューヨーク在住のイラストレーター黒田征太郎さん(60)は、フェスティバルのポスターを毎回、無償でデザインしてきた。「米国では、人間には差別する気持ちがあると自覚した上で、多民族が一緒に暮らすためのマナーを持っている。民族ごとのパレードも盛んで、それが対立のガス抜きになり、お互いを認め合うことにもなる。"ワンコリア"とコリアタウンが日本を変えていく一つの力になるといいね」と期待をかけている。

◇ ◇

十五年目を迎えるワンコリアフェスティバルの会場となる生野から、地域での多文化共生を考える。

南北統一願い 催し多彩

結婚式・舞踊・パレード

日本に住む韓国・朝鮮人が南北統一を呼びかける「ワンコリアフェスティバル―inいくのコリアタウン」(同実行委員会主催)が七日、生野区の御幸森小学校やコリアの食材や雑貨店が集まるコリアタウンで開かれる。

御幸森小で午後一時から始まる舞台公演には、韓国・風舞楽芸術団、朴保バンド、朝鮮舞踊研究所、南北の民族学校や御幸森小民族学級の児童らが出演する。司会はタレントの諸口あきらさん。入場料は前売り千五百円、当日二千円。小学生以下は無料。

コリアタウンでは、コリアンの伝統的な結婚式が公開で挙げられるほか、御幸森小民族学級、民団系の建国、金剛学園両小学校、総連系の大阪朝鮮第四初級学校の児童たちが民族衣装でパレードする。問い合わせは実行委員会(06・6717・6645)へ。

……リアフ……場とな……あると……薫さんにコリアタウンで話を聴かせてもらった。在日韓国・朝鮮人をしばしば作品に登場させる高村さんは、フェスティバル賛同人の一人でもあり、「同じ土地で暮らしている人たちの肉声がワンコリアという形で結実していくのを見るのは、日本人のわたくしの目にも何かしら希望の一端が開けていくようです」と期待を寄せている。

生野発ハナ

高村薫さんと歩く コリアタウン

フェスを機に 共生期待

言葉よりまず行動

鄭甲寿さんにまちの話を聴く高村薫さん。店頭にはいろんな種類のキムチが並ぶ＝生野区のコリアタウンで

「ああ懐かしい」。買い物客が行き交うコリアタウンの中ほどにあるキムチ専門店の前で、高村さんは足をとめた。ダイコン、キュウリ、ハクサイなど野菜のほか、イカやカキなど海産物を加えたいろいろな種類のキムチが並んでいる。

東住吉区で生まれ、幼少期を過ごした高村さんは、母に連れられてよくこの辺りを歩いた。韓国・朝鮮の食材や雑貨の店が並び、「当時は朝鮮市場や国際市場と呼ばれていた」と振り返る。

「母は自分で漬けるほどキムチ好きで、日本の唐辛子では辛すぎると、本場のものを買いに来ていたんです。近所の商店街に比べて色が派手で、普段見かけない野菜や魚があってここに来ると楽しかった」と思い出す。

その後、京都へ転居し、高校時代に「在日」という言葉を知り、同時に差別する日本人がいることに気づいた。「子どもが自然になじんでいても、大人の言動で差別が継承されるんです」

食材店の前では、ワンコリアフェスティバル実行委員長の鄭甲寿さんが「キムチの人気が出ると、宅配を取り次ぐ米屋さんも現われたんです」と地域のつながりについて話した。

「日本社会を写真で撮れば当然在日も写ります。日本で小説を書くときに、一緒に暮らしている在日が入ってくるのは当たり前なんです」と作品について説明する。

デビューした九年前、編集者から「朝鮮はタブーだ」と言われたことを今も良く覚えている。ベストセラーとなった「レディ・ジョーカー」でも、朝鮮総連を登場させることに、出版社が一時、難色を示したという。「多くの出版社は東京にあるからか、大阪とは感覚が違います。東京の人は焼き肉を食べても、在日を実在のものとは考えない。また、在日は南北対立による政治的な問題を抱えており、下手に触れない方がいいという判断もある」と分析する。

立ち寄った焼き肉店では「これさえあれば満足です」と、真っ先にダイコンのキムチに手を伸ばした。

「在日の側も日本を憎んで小さな韓国や朝鮮をつくった面もある。いまの日本人の大半は在日と穏やかに共存したいと思っているでしょうが、在日同士で仲が悪いと近づくことができない。だから、在日が"ハナ"(一つ)になろうというワンコリアの趣旨には賛同します」

近年、外国人の定住を踏まえ、自治体などが「多文化共生」を提案している。

「生まれ育った土地を愛せないことほど不幸はない。二十一世紀にはコリアン・ジャパニーズになっていく在日も愛せるような日本をつくっていかないといけない。ただ、理性で『共生』と唱えても実現は難しい。ワンコリアフェスティバルのような機会に日本人も参加して、垣根をすぐに壊すのは無理でも、なし崩し的に融合が進んでいけばいいんですけど」

朝日新聞で４回にわたって連載された記事「生野発ハナ」（1999年11月）

の頭越しに、政治や国家がかってに困難な状況を作っている部分が半分はあるのだろうと、今は感じています。

その意味で、日々同じ土地で暮らしている人たち自身の肉声が、ワンコリアという形で結実していくのを見るのは、日本人のわたくしの目にも何かしら希望の一端が開けていくようで、感動を覚えます。

ワンコリアは、あくまで在日韓国・朝鮮人の人たちの問題ではありますが、同じ土地に暮らしている日本人として、運動に声援を送らずにはいられません。お隣さんの希望は、いつかわたくしたち日本人の希望にもなると信じております。


担当記者の曺喜郁君からインタビューの企画を言われた時、このメッセージを思い出して、高村さんしかいないと思ったのである。高村さんのこうした体験と想いを通して在日コリアンと日本人との共生を、肩ひじ張らずにアピールできる内容になったと思う。

最後の4回目は、前日開催されたワンコリアフェスティバルの模様を紹介する記事だった。大きく載った写真は、コリアの伝統的な結婚式の場面だった。ちなみに好評だったこの伝統的結婚式は翌年にも、結婚予定、もしくは新婚カップルを募集したが、日本人のカップルが体験することになり、本当にいい思い出になりましたと喜んでもらった。これも異文化理解のいい企画だったと思う。

この朝日新聞の連載記事のおかげで、コリアタウンは、通行することも困難なほど盛況を極めたのである。記事は約3万人が来場したと書いていた。ところで、この大成功の立役者である、コリアタウン開催を提案してくれた李容柱君と朝鮮学校の出演に尽力してくれた韓富澤先生は、ガンのために若くして亡くなられてしまった。これはぼくにとってもワンコリアフェスティバルにとっても、あまりに辛いことだった。ここに改めて心からの感謝をお伝えしたい。

コリアタウンに関わるマスコミ報道では、もう一つ忘れられない思い出がある。その年1999年から2000年にかけて、つまりミレニアムの年に、NHK「ゆく年来る年」にワンコリアフェスティバル新年会の模様が生野コリアタウンから生中継されたのである。

本来ナレーションだけの静かな同番組で、ワンコリアフェスティバルのテーマソング「ハナの想い」(作詞・康珍化、作曲・吉屋潤)の合唱と「21世紀のワンコリアを目指して頑張りましょう。ハナ!」の呼びかけとともに、参加者全員による「ハナ！　ハナ！　ハナ！」のかけ声が全国に放映された。これは大きな反響を呼んだが、これもその年、ワンコリアフェスティバルがコリアタウンで開かれたことが新聞、とくに朝日新聞に大きく取り上げられたからだろう。

新聞に関して最後に、毎日新聞の論説委員だった藤田昭彦さんが書いてくれたコラムのことに触れておきたい。１９９４年、ぼくは韓国生まれの金希姃《キムヒジョン》さんと結婚したのだが、結婚式は1月7日だった。この結婚式のことを藤田昭彦さんが「ワンコリアフェスティバルでハナと言い続けてきた鄭甲寿さんが、私生活でもハナになりました」とコラムに書いてくれたのだが、その掲載された日が、なんと阪神・淡路大震災の日の朝だった。そのため関西でコラムを目にした人はほとんどいなかっただろう。

思えば、以来、金希姃さんには苦労ばかりかけてきた。まるでコラムの運命が暗示していたかのように。それでも彼女はワンコリアフェスティバルを支えて続けてきてくれた。妻というより、同志と言った方がふさわしいだろう。本当に感謝している。

コリアタウンでは２００１年までの3年間開いていたが、この盛況ぶりを見た大阪市から、なんと大阪城公園の太陽の広場でワンコリアフェスティバルをしてくれませんかという依頼が来たのである。太陽の広場は、85年の第1回でほとんど人が来なかった辛い思い出があるところだ。ぼくは、今度こそ太陽の広場を人でいっぱいにしたいと思い、この提案を受けることにしたのである。

１９９０年代、日本のメディアでも大きく取り上げられるようになるとワンコリアフェスティバルは、様々な方面から関心が寄せられるようになった。

ピースボートから、北朝鮮に行くクルーズのゲストにと声をかけられたのもその頃だった。ぼくは、もちろん行きたかったので即ＯＫした。ところが、その後になってピースボートから今回は難しいという連絡が来た。北朝鮮の対外連絡部署の責任者から来たという答えは、驚くべきものだった。なんと「鄭甲寿氏は、我々もよく知っている、彼を統一運動家として評価している」と言ったという。しかし、「ピースボートは、朝日友好のためにわが国に来るのであって、統一はわが民族内部の問題なので、鄭甲寿氏はピースボートで来る必要はない。しかるべき時にわれわれが招待するだろう」と言ったというのである。

体のいい断りかと思ったが、それにしても役者が一枚上だと思ったのも事実だ。こんなふうに言われては、上陸できなくても乗ろうかとも思ったが、無理に行くことはできないと諦めざるをえなかった。ピースボートが朝日友好のためだと言っても、統一支持は訴えていたのであり、ぼくが行けない理由はないとしか思えなかったのだが。ぼくは、「それでは、ぼくを呼んでいただければいつでも行きます」と伝えてもらうことしかできなかった。この後北朝鮮に行くことができたのは、２００５年だった。

第6章

海を越えたワンコリア

ワンコリアフェスティバルへの関心は、１９９０年代後半から、日本を越えて、アメリカや韓国にも広がり、２０００年代に入ると、さらに中国、ロシア沿海州にも波及していった。もともとグローバルな存在である６００万人以上（韓国国籍を持つ約３００万人および中国、米国、日本、ロシア、中央アジア等に集中的に居住している約３００万人他）の海外コリアンに注目し、その役割を強調してきたが、そうした海外コリアンとの実際の交流が始まるのである。

初のニューヨーク開催

１９９７年、韓国の新聞でワンコリアフェスティバルのことを知ったアメリカの在米コリアンの団体から、アメリカに招請された。4月から5月にかけて、ニューヨーク、ワシントンを回ったが、統一運動や権益擁護運動、文化運動、韓人会など多くの団体、個人と会い、意見交換ができた。その成果として翌年にニューヨークでワンコリアフェスティバルを開催しようということになった。

また、アメリカでは韓国のメディアが現地で新聞を発行しており、在米コリアンはラジオ局ももっていた。記者会見まで組んでもらい、朝鮮日報、中央日報、韓国日報など新聞とＡＭコリア、ラジオコリアなど現地の主要メディアのほとんどが集まってくれた。それらのすべてが、日本におけるワンコリアフェスティバルを紹介し、98年にニューヨークでワンコリアフェスティバルが開催されることを大きく報道してくれたのである。

この報道がまた、多民族合同公演芸術団「Ｗｅ ａｒｅ Ｏｎｅ」の日本巡回公演につながる。「Ｗｅ ａｒｅ Ｏｎｅ」は、「ロス暴動」をきっかけにできた芸術団だった。１９９２年、ロサンゼルス市で黒人男性に暴行を加えたとして起訴された白人警察官に地裁陪審（12人の陪審員のなかに黒人はゼロ）が無罪判決を言い渡したことに対して、人種差別への黒人の怒りが爆発したのが「ロス暴動」である。

その時、大きな被害を受けたのが実はコリアタウンだった。１００軒以上の商店が集中的に狙われ、あるスーパーマーケットでは、プロの警備員20人と韓国人の若者有志30人が銃で武装し、黒人20人、ヒスパニック10人の襲撃隊と2時間にわたって交戦した。居住人口の1割に満たない韓国人の受けた被害は、ロサンゼルス全体の4割を占めた。前年に韓国人の商店主が黒人少女を間違って射殺、韓国系と黒人の感情的対立が続いていたことも一因だった。

「We are One」は、この傷を癒し、黒人、ヒスパニックと和解するために創られた多民族合同の芸術団だった。「We are One」のチョウ・ヒョンジュ代表は、ワシントンの新聞を通じてワンコリアフェスティバルの主張と活動が、自分達のそれと合致することを見出し、ぜひワンコリアフェスティバルに参加して在日同胞や日本の人々と連帯し、交流したいと申し出てくれた。私達もまた、ロス暴動後のこうした貴重な動きをぜひ紹介したいと思った。しかし、手づくりのボランティアによってなりたっているワンコリアフェスティバルにとって、それは大きな決断を要するものだった。

そこで、他の団体・個人にも彼らの来日にあわせて「We are One」単独公演開催を呼びかけ、ご協力をお願いした。うれしいことに様々な団体・個人が答えてくださり、日本各地での公演開催が決まった。しかも、それらの公演は国際理解や阪神大震災の被災者へのチャリティー、北朝鮮への食料支援など意義深い主旨と目的をもって開催されることになった。

「We are One」の東京公演

こうして、この年、以下の各地で「We are One」の巡回公演をしたのである。

10月5日　東京　ワンコリアフェスティバル
10月8日　横浜　スペースオルタ
10月9日　静岡　メディアホール
10月10日　大阪　生野区民センター
10月11日　神戸　神戸朝日ホール
10月12日　大阪　ワンコリアフェスティバル

10月14日　堺　サンスクエア堺
10月15日　西宮　アミティホール

ところで、この時の堺公演は堺朝鮮学校の主催だった。前述の韓富澤校長先生が声をかけて下さり、実現したものだった。韓富澤先生とはこの時が初めての出会いだった。そのすぐ後、韓富澤先生は生野コリアタウン近くの朝鮮第四初級学校に校長として赴任して来られ、99年から生野コリアタウンで開催したワンコリアフェスティバルへの朝鮮第四初級学校出演などにつながったのである。

また、翌年の3月再びニューヨークを訪ね、前年出会った在米同胞を中心に準備委員会作りを始めた。在米コリアン社会の中で最も影響力がある韓人会とキリスト教教会協議会の代表が共同代表に名を連ねバックアップし、複数の若者の団体が行動してくれることになった。あとは実務的な責任者を決めるだけになった。これも何度か説得した結果、キム・ドンチャンという責任感と行動力のある青年が引き受けてくれた。またまた記者会見して来たる8月15日、ニューヨーク・ワンコリアフェスティバルを開催することを明らかにしたのである。

しかし、何もかも順調だったわけではない。反共教育の強かった60年代、70年代に移民してきた在米コリアンの中にはワンコリアすなわち統一問題を前面に掲げると警戒心や抵抗感をもつ人が多いので、第1回目は、祖国の解放を祝う光復節の記念を前面に出した方がよいという判断が大勢だという連絡が入った。ニューヨークでは光復節でさえ記念する行事がなかったという。

実行委員長を引き受けてくれたキム・ドンチャン氏の立場も苦しそうであった。彼らの苦労を思えば、名称にこだわるより、まず始めることが大切だと考え、彼らと話し合った結果、「祖国光復53年記念同胞祝典8・15（パリロ）フェスティバル・フォー・ワンコリア」という実に長い名称になった。想えば日本でぼくたちが始めた時も「8・15〈40〉民族・未来・創造フェスティバル――ワンコリア」という長い名称であった。

こうしてついに1998年8月15日、アメリカ・ニューヨークの「ラガーディア・パフォーミング・アートシアター」においてワンコリアフェスティバルが実現した。日本と同様アメリカでも「8・15」を出発としたことは、「解放」「光復」

の歓喜において民族はハナ（ひとつ）だった原点から、あらためて統一の未来に向けた再出発を期そうという決意を込めることはできた。

白いチマ・チョゴリに身を包んだ司会の「ラジオコリア」のアナウンサー、チャン・ミソン氏が快活に開会を宣言し、この催しが単に光復53周年を祝うものではなく、祖国の統一を願う深い意味をもつものであることを静かに語りかけて始まった。

オープニングは子ども達のプンムル隊の演奏である。日本よりももっと祖国から離れたここアメリカで一生懸命民族楽器を叩く子ども達を見るのは嬉しい。続いて青年達のサムルノリ。かなりの力量だ。次に一転してニューヨーク芸術歌曲研究会会長、ソ・ビョンソン氏（テナー）によるコリア歌曲が披露される。

日本からは沢知恵さんに参加してもらった。沢知恵さんは、牧師だった両親と韓国、アメリカで長く生活したことがあり、トリリンガルの歌手だ。父が日本人、母が韓国人のダブルでもあった。沢さんとは前年出会い、ワンコリアフェスティバルに出演していただいていた。その時のインタビューの内容と合わせ、ニューヨークで開くワンコリアフェスティバルには沢さんがもっともふさわしいと思ったのである。そのインタビューも紹介したい。

私はこれまで、コリア色の強い組織に関わることはありませんでした。私は半分、韓国人ですが、それはたまたまそうであったわけで、そのことでシンボル化されるのは嫌でした。もちろんワンコリアフェスティバルの存在は知ってましたし、音楽を通してそういうことを表現する人たちがいるのは素敵だなあと思っていました。ただ、関わるにしても自然な出会いでないと嘘だと思うので、自分から働きかけたりはしなかったんです。

ところがたまたま、大阪で私のプロモーションをしている会社に、ワンコリアフェスティバルの制作を手伝っている方がいた。その流れで、実行委員長の鄭甲寿さんから声がかかって。本当に自然な流れだったので、出会うときが来て出会ったという感じで、今はとても楽しみにしています。

私は大学で、「北朝鮮のイデオロギーと音楽」というテーマで卒論を書きました。民族音楽が専攻で、ジャズを勉強するつもりだったんですが、あるとき学食で食事をしていたら、突然降ってきたんです。北朝鮮って。それで先

在米コリアン青年によるプンムル隊（1998年ニューヨーク）

テナー歌手ソ・ビョンソンの独唱（1998年ニューヨーク）

鄭泰春さんとサムルノリ合奏（1998年ニューヨーク）

生に相談したら、今まで誰もそんなことやっていないから、ぜひやるべきだ、パイオニアになれるといわれました。それに歌を歌っていく上で、いろいろな意味で自分を知らなければならない。女性であること、日本人であること、韓国人であること……。いろいろな私の側面の中で、避けられない部分の一つがコリア的なもので、一度そこを通過しなければならなかったということもあると思います。

その研究をして思ったことは、一言で言えば、「ワンコリア」ということです。韓国と北朝鮮は、今ではずいぶん違うように思えますけど、音楽を取り上げても、イデオロギーを超えて本当に似ているものがあります。旋律も似ているし、リズムもそうです。よくラテン気質とかノリがいいという言い方をしますよね。そういう目に見えない先天的な血の部分については、アカデミックな記述をするのが一番難しいのですが、私は興味があって、卒論にそういう意味での「コリア的なもの」に出会え、ますます北も南も一緒じゃない、と思えるようになりました。

　それに、韓国では北の資料が手に入りませんが、日本だからたくさんあるんです。恵まれていました。そういう意味では、日本はワンコリアフェスティバルをやるにふさわしい場所だと思います。北と南がこんなに混在していて、お互いをなんとなく意識しながら存在している感じがあって、それはそれで何かいいなとわたしは思っています。


沢さんほどふさわしい人はいないと思ったぼくの想いが分かってもらえると思う。

　日本から唯一参加した沢さんは、まずは、日韓混血である自分を歌う「私は誰でしょう」を韓国語で歌う。観客にけっこう受けている。韓国の「故郷の春」と日本の「ふるさと」を続けて歌った時は、観客の多くも「故郷の春」を一緒に歌っていた。また、様々なものの間に引かれる線は　あなたであり私自身でもあると英語で『The line is me, the line is you／Ther's no line anymore／There's no line』と歌う「The Line」は象徴的な曲で印象的だった。

　次は韓国から招いた鄭泰春《チョンテチュン》・朴恩玉《パクウノク》の夫婦デュオである。在米コリアンの間でも人気が高かったからである。抜群の実力でメッセージの込もったすばらしい歌を披露してくれた。アンコールがなりやまない。これがきっかけでその後日本でも出演していただいた。

　引き続き米東部地区国楽人協会副会長、イー・ギヨン氏の京畿民謡のメドレー、次はアメリカ生まれの2世であり、ラップ歌手であるジェーメーズが全て英語で歌う。韓国語は出来ないという。彼もその後日本でもアメリカからの参加者として出演してもらった。いよいよトリの登場という雰囲気で韓国から来た男性デュエット「ヘバラギ」がステージに現われる。在米コリアンの間でも非常に人気があるという。

　途中、韓人会会長、シン・マヌ氏のあいさつがあり、キム・ドンチャン氏とぼくの労をねぎらってくれた。

　私もあいさつすることになった。私にはどうしてもしたいことがあった。「ハナ・コール」である。あいさつの後さっそく「ハナ・コール」を説明し、ぜひ一緒にしましょうと呼びかけた。ニューヨークはすごい。いきなり盛り上がった。全員がひとさし指をつき出して「ハナ」を唱和してくれたのである。本当にニューヨークまできてよかったと感激した。

この後フィナーレは、青年達によるプンムル隊の迫力ある演奏でしめくくられた。午後7時半から11時までの公演が幕を降ろした。アメリカは車社会なので電車の時間を気にする人はいない。ほとんどが最後まで残っていた。

この時、ワンコリアフェスティバルが播いた種がどのくらい実ったか、それは正直分からないが、それでも今でも在米コリアンとの関係は続いており、近く再びワンコリアフェスティバルを開催する動きが出てきているのも事実だ。

この時の模様は、日本のNHKのニューヨーク支局のドキュメンタリー番組として取り上げられ、日本でも放送された。偶然見たという姜尚中さんが、アメリカにまで進出しているのを見て驚いたが、在日コリアンとは違う在米コリアンと出会い、ワンコリアフェスティバルがさらに多様性をもったことは素晴らしいと言ってくれた。

生まれて初めての祖国

海外に広がったワンコリアフェスティバルは、韓国にも波及した。この年、韓国で〈38度線〉にもっとも近い街、議政府の関係者から私に連絡が来た。ニューヨークで開かれたワンコリアフェスティバルの記事を韓国の新聞で読み、「ONE KOREA FESTIVAL」という、「統一芸術祭」を英語ではどう表記しようかと、自分たちが苦労して考え出した同じ名前で、日本では既に10数年前から開かれていたと知り、非常に驚いたという。ぜひ実際に見てみたい、そして交流したいと申し出て下さった。その後何度も連絡を取り合った結果、実際に来日されることになったのである。

イ・フンジェ議政府「芸術総連合会」会長、ヒョン・ソンジュ同事務局長をはじめ5名の役員方が、東京ワンコリアフェスティバル前日に日本に到着した。翌日公演を観、公演後には打ち上げにも参加、出演者、スタッフとともににぎやかに交流した。さらに翌日ぼくたちと懇談会をもち、和気あいあいとした雰囲気の中で率直に互いの意見を交換し合った。この席で、議政府側から「ハナ!」コールが感動的だった。ぜひ議政府でもしてほしいと要請されたのである。

それまで私は祖国を一度も訪れたことがない。もちろん行きたかったが、行くなら38度線を通って南北同時に行きたいという思いがあった。しかし、今回の要請には応えたいと心が動いた。「芸総」という民間の団体が同じ名前で開催していたことに、私も感激していたからでる。それでもその後ずいぶん考えた末に、よし行こうと決心するに至ったのである。

前年訪日した金大中大統領の懇談会に呼ばれていたこともあって、朝鮮籍であっても何の問題もなく初めて臨時パスポー

韓国で初開催となった議政府ワンコリアフェスティバル（1999年）

トを取得して行ったのである。

かくして、１９９９年４月30日、生まれて初めて祖国の地を踏んだ。金浦空港から出た時、ニューヨークのコリアタウンに何度か行ったせいであろう、何となく見慣れた光景に見えた。空港には議政府の関係者が迎えに来て下さっていた。さっそく議政府に行くと、そこで待っていた昨年東京で会ったイ・フンジュ会長らと再会を喜び合うことができた。

議政府の「ＯＮＥ ＫＯＲＥＡ ＦＥＳＴＩＶＡＬ」は街あげてのお祭であった。人口30数万の街だけにその規模は、私達の想像以上であった。行政も全面的に支援しており、市庁内、市庁前の広場などを自由に使っていた。うらやましいと思ったほどだ。市庁前広場の特設野外ステージもかなり大きく、客席側も５０００人以上収容できそうである。

〈38度線〉に近く、軍事施設も多いこの街だからこそむしろ、一般市民の統一への願いや想いも強いのかもしれない。

私達もまず軍事境界線の「チョンマンデ展望台」に案内してもらうことにした。一般の観光客は入れないところだそうだ。その展望台から見た北の祖国側のイムジン川は、実に美しかった。この美しい川を南北に隔てるこんな軍事境界線は1日も早くなくならなければならないと改めて痛感した。

翌日5月1日の夜に、前夜祭として私達を歓迎するレセプションパーティーが催された。議政府市長や国会議員も参加して私達を暖かくもてなしてくれた。私もゲストとしてスピーチさせていただいたが、ここで最初の「ハナ！」コールを、いわば練習のつもりでしていただいた。パーティー最後には、全員が同じテープをもって「ウリエソウォン 私達の願いは統一」を合唱した。統一への想いが本番に向けて高まっていった。

5月2日本番当日。朝から地元の音楽家や舞踊家、演劇人らの公演、一般参加ののど自慢などが続いている。私達には来賓席が用意されていた。夕方早い時間頃から見させていただいた。いよいよ公演ラストのフィナーレに向け、日本とソウルから来た出演者の出番となった。時間はなんとすでに10時に近い。

日本のワンコリアフェスティバルに出演している在日コリアンの田月仙、韓国で有名な新村ブルース、韓国で活動している日本の風舞楽（プン・ムアク）芸術団、最後は日本と同様在日コリアンの朴保と続き、会場は大いに盛り上がった。

ついに私が祖国の数千人の同胞とともに「ハナ！」コールをする瞬間がやってきた。時間は11時をとっくに回っている。大阪、東京、ニューヨークでする時とほとんど同じ前口上である。すなわち「宇宙はひとつ、地球はひとつ、アジアはひとつ、そしてわが民族もひとつです。私達はひとつです」と。嬉しいことに全員が「ハナ！」コールの呼びかけに応えて連呼してくれた。田月仙から始まった終盤は、日本でのワンコリアフェスティバルとほとんど変わらない雰囲気であり、まさに「私達はひとつ」であると感じることができた。

翌日、イ・フンジェ会長、ヒョン・ソンジュ事務局長らとあらためて会合をもち、今後交流を一層深めることを確認して、ぼくたちは議政府を後にした。「ONE KOREA FESTIVAL」はその後も2005年イ・フンジェ会長の死によって終わるまで続いた。シンガーソングライターの沢友恵さん、李政美《イジョンミ》さん、舞踊家の白香珠《ペクヒャンジュ》さんら、日本から毎年ちがうアーティストに出演していただいたものだった。終わってからもヒョン・ソンジュ元事務局長は、節目ごとに日本のワンコリアフェスティバルへ何度も来てくださった。

ロシアの「高麗人」と中国の「朝鮮族」の交流

２０００年代に入ると韓国と海外のコリアンとの交流はさらに広がっていった。とくに２００３年以降、重要な国際会議に頻繁に呼ばれるようになった。

まず２００３年6月にソウルで開かれた南北首脳会談3周年にちなんだ二つの国際会議に招かれた。一つは、民族和解協力汎国民協議会主催の「世界平和と韓半島の統一国際学術会議」であり、もう一つは、東アジア平和連帯主催の「東北アジアコリアンネットワーク国際会議」であった。

前者の「世界平和と韓半島の統一国際学術会議」には、日本からぼくと和田春樹先生、民主党の首藤信彦議員が参加した。アメリカからは『二つのコリア』で有名なドン・オーバードファー先生が来ていた。その他30名ほどの学者、専門家、活動家が参加していた。様々な討論があったが、もっとも印象に残っているのは、ドン・オーバードファー先生の発題だった。先生は、直前に北朝鮮を訪ね、当時世界に衝撃を与えたアメリカ・ブッシュ政権のケリー国務長官に北朝鮮の核開発を認めた姜錫柱外務次官に直接会って、北朝鮮の真意を問いただしたのである。朝鮮戦争にジャーナリストとして従軍して以来北朝鮮と関わりを持ってきたが、今ほど危険を感じたことはないと述べていた。

ぼくも同感だった。2カ月前の4月に北京で「朝・米・中」会談が持たれたのを受けて、ぼくは、韓国が当事者として、日本とロシアも周辺国として参加する「六カ国会談」のような多国間の枠組みをできるかぎり早く形成すべきだと意見を述べた。北朝鮮が対米交渉のみにこだわることは常々危険だと思っていたからだ。核開発にしても対米カードの面があっただろう。その後「六者協議」は実現したが、成果を上げることなくいまだに再会の目途も立っていないのは残念である。

当時は前年の２００２年に初の朝・日首脳会談が開かれ、「ピョンヤン宣言」で「東北アジア地域の平和と安定」に言及し、両国がはじめて地域の枠組みを示していただけに、それは十分可能であったし、また実際に何度か「六者協議」は持たれたわけである。しかし、同時に北朝鮮は日本人拉致を認めて日本との関係が行き詰まってもいた。

そういう時に、同会議の結論も、北朝鮮には多国間協議に応じるよう求め、アメリカには対北強硬政策の転換を求めるものだったのは、きわめて妥当なものだったと言えよう。

翌日の6月15日、南北共同宣言3周年のその日は、南北をつなぐ象徴とも言える鉄道「京義線」の連結を記念する式典にも招待された。会場は、韓国最北端の都羅山駅だった。この歴史的な意義のある式典に参加できたことは、本当に感慨深かった。

特設ステージでは、アピール、歌、子どもたちの踊りなどが披露されていた。ワンコリアフェスティバルに何度も出演してくれていた婦人コーラス「キョレハナ合唱団」も合唱で出演していた。最後は、民衆歌手から大衆的人気まで博するようになっていた安致環《アンチファン》氏の公演だった。安致環氏とは日本でも会っていたが、この時も後日ソウルで会って楽しく飲んだものだ。

さて、後者の「東北アジアコリアンネットワーク国際会議」は、東北アジアのコリアンである中国の朝鮮族、ロシアの

筆者が参加した「第３回高麗人文化の日フェスティバル」（2003年10月）

高麗人（カレイスキー）、在日コリアンが韓国の市民団体、NGO、専門家とともに、東北アジアにおけるコリアンの連携を深めようという趣旨であった。とくに、高麗人の状況には多くのことを考えさせられた。本などで彼らの運命が、在日コリアンより過酷だったことは知っていたが、旧ソ連崩壊後、新たな試練に見舞われていた。

かつてスターリンにより日本が支配する朝鮮と隣接する旧ソ連地域から、中央アジアに強制的に移住させられた高麗人は、旧ソ連崩壊後は再び沿海州に移住して来ていた。筆舌に尽くしがたい苦労の末に中央アジアのカザフスタンやウズベキスタンなどで成功していた高麗人が、旧ソ連崩壊後の独立によって、当地の民族語が公用語となり、ロシア語しかできない高麗人は生活が苦しくなり、ロシア語が通じる沿海州に戻っているというのである。とはいえ、生活基盤を一から作っていかなければならない。それは容易なことではないのだ。

韓国のNGOは、そんな高麗人の支援をしていた。当時、盧武鉉政権の時代だったが、盧武鉉大統領が掲げていた「東北アジア中心国家構想」が、それを後押ししていた。この構想も金大中大統領の「(東)アジア共同体」構想を受け継ぎ、韓国の役割を同地域の「バランサー」として位置付けていた。

実は、そのソウル滞在中、盧武鉉大統領誕生に大きな役割を果たし、当時も支持勢力の中心だった「ノサモ（盧武鉉を愛する会）」の代表を務めていた俳優の明桂南《ミョンゲナム》さんに会った。韓国のNHKに当たるKBSのドキュメンタリー番組「韓民族リポート」でワンコリアフェスティバルの活動が取り上げられたのを見て感動した明桂南さんが、2年前にわざわざぼくの家を探して訪ねて来てくれて知り合ったのである。チャイムが鳴って出てみると、テレビで見ていた韓国の有名俳優が玄関の前に立っていたので驚いた。

明桂南さんは、「盧武鉉大統領と個人的関係はまったくなく、大統領の革新的姿勢とビジョンに共感して応援している」と語ってくれたことにも共感した。実をいうと革新系の大統領が2代続いたこの頃から、韓国国籍を取得することを考えるようになったのである。韓国の市民団体、NGO、友人たちともっと自由に交流を深める時期にきたと思ったのである。このことは後で詳しく述べよう。

ところで「東北アジアコリアンネットワーク国際会議」でぼくが発表した内容にも言及したい。ぼくのテーマは、「ワンコリアフェスティバルと在日コリアンの運動」であった。在日コリアンの主体的な統一運動の模索の過程と「アジア共同体」を展望し、構想するに至ったぼくの考えを述べた。これに対し若い研究者から、統一運動とアジア共同体はどのような関係にあるか、という質問があった。韓国の大統領が二代続けて「(東)アジア共同体」を志向していても、まだそういう発想は一般的ではなかった。

ぼくは、世界秩序が国民国家単位を基本としてきた中での統一は全民族的な国民国家の樹立を目指すものであるが、グローバリゼーションの中で、EU、NAFTAに見られるように、リージョナリズム(地域統合)が進んでおり、国民国家が相対化され、変容しつつある世界の流れを、同時に視野に入れていかなければならないからだと答えた。すでに述べたように、ワンコリアフェスティバルのシンポジウムでは、2000年から統一運動とアジア共同体をテーマにしてきていたが、その成果は韓国での議論にも反映されたと言えよう。

これらの韓国の国際会議の日程を終えてすぐ東京に行ったが、それも、姜尚中さん、和田春樹先生が中心となって開かれた「東アジアの平和を求める市民シンポジウム」に出席するためであった。ワンコリアフェスティバルのビジョンと主張が広がりをもってきたことを実感したものだった。

この時ひとつ忘れられないエピソードがある。東京から明日大阪に帰ろうという時に、突然テレビ朝日の「朝まで生テレビ」からパネラーとして出演依頼の電話がかかってきたのである。しかも、今夜の番組に出演してほしいという。「朝まで生テレビ」にはその4年前に一度パネラーとして出演したことがあった。

実は、この数年の間にも番組のプロデューサー、ディレクターから何度も熱心に出演の依頼を受けていた。これもワンコリアフェスティバルが注目されだしたからだったが、ぼくは、その度に、「ワンコリアフェスティバルは、南北に代表されるような対極にある者同士が仲良くなれるように開いているので、対極にある者どうしが議論を闘わせる番組に、ぼくが出るのはふさわしくない」と言って断っていたものだった。

それでもなぜ4年前に出演したのかは少し説明を要する。その時は、プロデューサーから、こういう提案をいただいた。「鄭さんが立場上論争を避ける気持ちは分かります。しかし、今回は在日コリアンをテーマにしています。パネラーは在日コリアンと他の在日外国人、日本の専門家から構成したいと思っています。その上で在日コリアンのパネラーは鄭さんの推薦される方を優先します」と。ここまで言われてはぼくも引き受けるしかないと思って出たのである。ちなみにその時ぼくの横に座っていたのが辛淑玉さんだった。彼女に小声で「ふだんあんなに喋るのに、今日はおとなしいわね」と言われたことを思い出す。ぼくは発言をできるだけしなくてもいいように、梁石日さん、朴慶南さんたちぼくが信頼する論客を推薦させていただいたのであるが。

そういう経緯があって、まさかまた依頼が来るとは思わなかったので驚いた。聞くとテーマは「どうする北朝鮮」だという。当時北朝鮮が核開発を認めて世界に衝撃が走っていた頃だった。もともと北朝鮮側の立場で出演するはずだった人が今日になってドタキャンしてきたという。困って梁石日さんに相談したところ、鄭甲寿くんに頼んでみたらと言われたという。

ぼくは、「少し考えさせてほしい。まず主旨、出演者等をFAXで送ってください。それを見て返事します」と答えた。結局、梁石日さんにも確認して、「梁さんの推薦なので出ることにします」と伝えた。プロデューサーには、出演しますが、「ぼくは北朝鮮の立場で話すわけにはいきません。公平な立場では話すつもりですが、それでもいいですか」と。ぼくは北朝鮮が核開発することには反対で、外交的手段としても危険だと考えている。そもそも核保有国の既得権益のためにあるようなNPT体制には問題があり、すべての核は全廃すべきだと思っている。

4年前はほとんど発言しなかったが、こんどは最低限言うべきことは言おうと思って出たのである。この時は横に姜尚中さんが座っていて、核開発をしている北朝鮮にたいして「太陽政策」をしていることが核開発にもつながっていると、金大中大統領を批判する右派のパネラーと激しく論争していた。

今でもよく覚えているのが、右派のパネラーが金大中大統領が南北首脳会談のために巨額の秘密資金を北朝鮮に送った、それは核開発にも回っているのではないかと韓国政府を責めた時に、姜尚中さんは、戦争を防ぐ費用としてはあり得るのではないかと擁護したのである。これが右派の付け入るところとなって、さすがの姜尚中さんもやや苦しい立場に立たされた。姜尚中さんは、小声で「チョン君、厳しいね」とぼくにささやいた。ぼくも困ったものだと思いながら、効果的な反論を言えなかったことが苦い思い出である。

さて、この2003年、海外コリアンとの交流はさらに続いた。10月には、ロシア沿海州で開催された「第3回高麗人文化の日フェスティバル」(主催・ロシア沿海州高麗人民族文化自治会)に招待された。関西空港からウラジオストック空港まで約2時間の距離であり、沿海州が地理的には東北アジアの一部であることが実感できた。

当時、沿海州には約3万人の高麗人（コリアン）がいた。その頃中央アジアには約40万人以上が住んでいた。その年は高麗人移民140周年に当たる年であり、同フェスティバルにはロシア人やユダヤ人ほか様々な少数民族も参加していたが、その移住の苦難を想起する意義もあった。ここで高麗人の苦難に言及しないわけにはいかない。

1937年、日本人と似ている朝鮮人が日本のスパイとして潜り込むことを恐れたスターリンは、本来同志のはずの共産主義者を含む朝鮮人の主だった指導者をモスクワに呼びつけて処刑したとされる。その後わずか1カ月で17万人もの朝鮮人を、強制的に貨物列車で中央アジアの荒野に送致したのである。この移動で多くの朝鮮人が死亡し、とくに3歳以下の子どもは全員死んだという過酷なものだった。スターリンのしたことは、朝鮮民族に対するジェノサイドだと言わねばなるまい。しかし、南北分断の中では、戦後になっても長らくその不当性を追求できなかったのだ。

それでも必死に開拓し、荒野を中央アジア最大の穀倉地帯に変え、ついにはもっとも豊かな民族となり、学者、医者など社会的にも高い地位につけるようになった。しかし、ソ連崩壊後、また苦難に会っていることは、すでに述べた通りである。

「高麗人文化の日フェスティバル」の最大の特徴は、東北アジアに住むコリアンが交流する場だということであった。この時は、北朝鮮から「国立ピョンヤン芸術団」、韓国からは「東北アジア平和連帯」と韓国最高の児童芸術団「オンヌリ国学芸術団」、中国からは朝鮮族の「延辺活劇団」、そして日本からは毎年ワンコリアフェスティバルに出演してくれている「姜輝鮮《カンフィソン》朝鮮舞踊研究所」と東京の民族楽器演奏団「民楽」が参加した。

それぞれが舞台公演やパレードに出演し、宿泊所であった青少年キャンプ場で各地のコリアンとガーデン・パーティをしたり、部屋を訪ね合ったりして親睦を深めていた。ぼくは、北朝鮮の芸術団一行の宿を訪ねた。交渉の末入ることができ、くつろいだ雰囲気の中で語り合うことができた。その年のワンコリアフェスティバルのチラシを見せるとすぐにハングルの「ハナ」のロゴに気付き、「ウリヌンハナ（私たちは一つ）」と何度も乾杯を重ね、楽しいひと時を過ごした。

北朝鮮とロシア沿海州の国境線はわずか17キロしかないが、中国とも接し、海をはさんで日本とも向き合う沿海州は、今後その重要性を増すだろうと思った。そのためにも周辺諸国との良好な関係をどう構築するか、また維持するかが大きな課題で今もある。

２００４年8月には、中国で開かれた二つのシンポジウムに招かれた。一つは、北京で開かれた「東北アジア青年知識人フォーラム」であり、もう一つは、中国朝鮮族の自治区延辺で開かれた「延辺東北アジア環境経済文化発展シンポジウム」である。

前者の「東北アジア青年知識人フォーラム」は、テーマが「平和と共同繁栄の東北アジア共同体を目指して」であった。韓国、中国朝鮮族、中国人の研究者、活動家が参加していた。日本からのパネラーはぼくだけであった。ぼくの論題は、「ワンコリアフェスティバルのビジョンを中心とした在日同胞の統一運動」であった。そこで「東北アジア共同体」より広い東南アジアを含む「(東)アジア共同体」を目指すべきことを強調した。東北アジア地域の強いナショナリズムと歴史の断絶と対立を緩和するために、すでに地域協力と統合に向けて進んでいたASEAN(東南アジア諸国連合)と連携することが有効であると。

実はこの時、本来議題になかった「高句麗問題」がホットな議論として浮上した。中国が、「東北工程」という新たな歴史研究の枠組みを打ち出していたが、「東北工程」は、高句麗を中国の一地方として研究しようとしていたからである。そこに参加していた中国人の学者は、中国政府が「東北工程」に莫大な研究資金を投じているので、研究資金目当てで加熱している面があるので過剰反応しない方がいいと言いながら、高句麗の遺民が中国側と朝鮮半島南方の両側に移動したため、高句麗史は共有するべきだと見解を述べていた。

韓国側からは、当然中国政府と学者への批判がなされたが、それでも高句麗の後継国である渤海のことも含め高句麗史に対する学問的、実証的研究が不足していることも自己批判していた。これも冷戦体制と南北分断の下では難しかったのだが。

「東北工程」や「高句麗」に関する議論を聞きながら、その時同行していた韓国人が、中国東北地方はかつての高句麗の遺地であり、このあたりは地下水も豊富で資源に恵まれているとか、韓国人は南北、海外コリアンを合わせれば8千万人の人口を持つ民族であり、ソ連のロシア人の人口も8千万人だったが、一時世界に覇を唱えた、というようなことをさかんにいうことが気になっていた。

韓中国交正常化以来、たくさんの韓国人が中国に進出するようになり、今より貧しかった中国で当時経済発展著しかった韓国人が、中国の地でこういうことを声高に言っていたとしたら、中国が警戒するのも当然だろうと思った。延辺朝鮮族自治区に漢族がたくさん移住するようにし、延辺朝鮮族自治区の人口は、いつ自治区を外されても不思議ではないほど、人口比も逆転しているとも聞いた。それと「東北工程」が無関係だとは思えなくなったのである。

ぼくは、同行の韓国人たちに、そういうこと――8千万人で世界に覇を唱えるのも可能なようなことを言ったら、周辺の国だって統一を支持できなくなりますよと伝えた。ただでさえ、周辺の国は南北統一を積極的に支持しているわけではないんですからと。だいいち大国を目指すことほど愚かなことはない。大国は政治、経済、軍事、文化などすべての面に万遍なく投資しなければ維持できない。それは所詮長続きするものではないのだ。永遠の覇権国などありえないことは歴史が証明している。

後者の「延辺東北アジア環境経済文化発展シンポジウム」は、主に環境問題と経済発展の両立は可能かという問題を中心に議論された。その中にぼくがもっとも衝撃を受けたテーマがあった。「朝鮮族社会に〈野人時代〉は来るか」という論題もショッキングな報告発表は、現役の高校の朝鮮族の校長が、教育崩壊の実態を語ったものだった。「野人時代」というのは、韓国で大ヒットしたドラマで植民地時代から解放後にかけて実在した朝鮮人のやくざが主人公である。

両親が子供を祖父母などに預けて韓国や日本など外国に出稼ぎに行くので、子供たちは学校に行かなくなり、街で遊ぶ中で非行化しているという。たしかに、延辺の街でそういう若者を見かけたものである。周辺に点在する村にも行ったが、非常に空き家が多く、老人と小さな子どもが多かった。

新たな歴史の発見もあった。独立運動家にして農学者であった柳子明《リュウジャミョン》先生のことを知ったことだった。朝鮮独立運動の中で、金九先生ら民族主義者と共産主義者双方と親交があり、自身は無政府主義者であったという。しかし、南北ともにその存在が埋もれてしまっているのである。こうした人物を掘り起こすことは、コリアの近現代史の全体像を描くために欠くことのできない研究である。

こうして、アメリカ、東北アジア各地のコリアンと交流を深めれば深めるほど、世界に離散したコリアンの歴史をつなぐことによって、南北分断によって生じた歴史の断絶と空隙をもつなぐ重要な存在であることを実感した。

この頃、ロシア沿海州や中国に集中的に行き、各地のコリアンと交流した成果は、その年（２００３年）のワンコリアフェスティバルに、韓国の「東北アジア平和連帯」をはじめ、ロシア高麗人、中国朝鮮族も多数参加してくれたことに結びついた。

「太陽の広場」への帰還

この頃は、２０００年のシンポジウム開催以来、ワンコリアとアジア共同体をテーマとしたシンポジウムやフォーラムを毎年のように重ねていた時期でもある。詳しく紹介することができないが、当時のワンコリアフェスティバルの問題意識が表れていると思うので以下に列挙してみよう。

2001年、「ワンコリアフェスティバル東京2001フォーラム」
テーマ「21世紀のワンコリアとアジア共同体の展望―在日コリアンと日本人の役割」
パネラー　和田春樹東京大学名誉教授、李鍾元立教大学教授、吉田康彦大阪経済大学教授、鄭章淵《チョンジャンヨン》駒澤大学教授
コメンテーター　康仁徳《カンインドク》元韓国統一院長官、趙誠宇《チョウソンウ》民族和解協力汎国民協議会執行委員長、都相太《トサンテ》三千里鉄道代表
コーディネーター　文京洙立命館大学教授

2002年、「ワンコリアフェスティバル2002―N東京ワンコリアフォーラム」
テーマ「21世紀のワンコリアと東アジア地域構想―朝日国交正常化交渉の行方」
パネラー　姜尚中東京大学教授、和田春樹東京大学名誉教授、吉田康彦早稲田大学名誉教授
コーディネーター　金泰明大阪経済法科大学教授

2003年、「ワンコリアフェスティバル2003―N神戸ワンコリアフォーラム」
テーマ「21世紀のワンコリアと東アジア地域構想―盧武鉉新大統領登場の意味」
パネラー　李鍾元立教大学教授、朴一大阪市立大学教授

コーディネーター　鄭甲寿ワンコリアフェスティバル実行委員長

この頃、こうしたシンポジウムやフォーラムを重ねながら、ワンコリアフェスティバルのビジョンと考え方が各方面に徐々に理解されるようになっていったが、イベントとしてのワンコリアフェスティバルもまた新たな転機を迎えることになった。先に述べたように生野コリアタウンで１９９９年から3年間ワンコリアフェスティバルを開催していたところ、ある日、大阪市の観光課の担当者から連絡が来た。

驚いたことに大阪城公園・太陽の広場でワンコリアフェスティバルをしてくれませんか、という要請だった。無料で使用できるようにするだけではなく、広報においても大阪市が全面的に協力するという申し出だった。太陽の広場は、１９８５年にワンコリアを初めて開催した時の３日目の会場だった。先に書いたように、数万人でも入れるところに、まったく人が来なかった場所である。ぼくは、今度こそ、ここを人でいっぱいにしたいと思った。大阪市も観光の目玉になると考えてくれたようだった。

ワンコリアフェスティバルが大阪城公園太陽の広場に帰還した2002年のパンフレット

コリアタウンでの開催は軌道に乗っていたが、実はワンコリアという名称が商店街のイベントとしては政治的だという意見がなかったわけではなかった。そこで、これを機にコリアタウンのイベントは商店街の人たちに任せることにした。すでに3年間でノウハウは蓄積されていたので、商店街の皆さんの力で開催できるようになっていた。

こうして２００２年からは、会場を大阪城公園・太陽の広場に移したが、この年は、大阪市のシンボル的な歴史的建造物である中之島中央公会堂がリニューアルした年でもあった。大阪市からリニューアルに際して秋にオープニングのイベントをしたいが、何かいいアイデアはありませんかと聞かれた。この年の春には、すでに述べたように、国立民族学博物館の要請により、「ワンコリアフェスティバルＩＮみんぱく」を開催していたが、その実績が買われたのかもしれない。

ぼくは、すぐにアイデアを思いついた。ちょうど、映画『夜を賭けて』が完成したばかりで、これから上映の日程を決めようとしていたところだったからだ。この前の年２００１年、ワンコリアフェスティバルのパンフレットで、映画『夜を賭けて』の特集を大きく組んでいた。この映画にはワンコリアフェスティバルが少なからず関係していたからだ。その時、大セットが作られていた韓国で映画撮影が着々と進んでいた。

特集では「２００２年秋日韓同時公開」と予告していたが、その通り完成したのである。監督の金守珍さんはもちろん、主演俳優の山本太郎さん、山田純大さん、ヒロインのユ・ヒョンギョンさんにインタビューしていた。プロデューサーの郭充良《カクチュンリャン》さんと脚本の丸山昇一さんには対談してもらった。この対談で郭充良さんは、こう言ってくれている。

「ワンコリアフェスティバルが15年以上続けてきた。始めは軽く見ていた人も、熱心に見ていた人も、さすがに10年を超えると、このエネルギーはいったい何だろうと思い始める。そうやって継続するなかで、いろいろな人たちが、『ワンコリアの鄭甲寿を知っている』という接点をもつようになる。たとえば梁石日さんもワンコリアに賛同してくれている。黒田征太郎さんもそう。今回、監督をつとめる金守珍は、ワンコリアの演出を何度もしているし、音楽監督の朴保もずっと出演している。そして僕と鄭甲寿は、大学の時からの腐れ縁です。そんなふうに、いろんなところで接点があった人たちが、ワンコリアが続いているうちに、会いやすくなったんですね。甲寿が東京に来ているから飲もうか、みたいな感じで集まるようになり、会えばみんな、いろいろなことを考えているし実践している人たちだから、面白い話が出てくる。そうして面白い話のなかに、大きな吸引力をもって、『夜を賭けて』が存在していたんです」と。

ぼくはまず、映画を監督した金守珍さんにこの話を伝えた。金守珍さんは、ありがたいことだと大賛成してくれた。そこで大阪市に、大阪を舞台にした映画ができたばかりなので、封切りに先駆けて中之島中央公会堂のリニューアルオープンでこの映画の試写会をしてはどうでしょうかと提案した。映画の内容が、アジア最大の兵器工場であった大阪城のすぐ近くにあった大阪造兵廠跡近辺の朝鮮人集落に住む当時「アパッチ」といわれたコリアンが、大阪造兵廠跡に忍びこんで鉄を盗む話なので少し不安があったが、開高健の『日本三文オペラ』や小松左京の『日本アパッチ族』もこのテーマで小説を書いていますと説明した。大阪市も面白がってくれた。

こうして、中之島中央公会堂のリニューアルオープンを記念して『夜を賭けて』が、大阪城公園・太陽の広場で開かれるワンコリアフェスティバルの前日、前夜祭と位置付けて上映会がもたれたのである。山本太郎さんに舞台あいさつに来てもらったが、ぼくはその場で翌日のワンコリアフェスティバルでも舞台あいさつをしてほしいとお願いした。山本さんは快く承諾してくれた。以来、何度かワンコリアフェスティバルに出演や対談で協力していただいている。今は政治家としても活躍していることは周知のとおりである。

さて、この2002年以降、大阪城公園・太陽の広場に大きなステージを設置し、屋台が何十店と並ぶスタイルのワンコリアフェスティバルが続くことになった。大阪市の広報のおかげもあって、人がたくさん来てにぎわっていた。会場が分散していたコリアタウンの時よりお祭りらしい雰囲気になったかもしれない。

ところで、2004年の東京ワンコリアフェスティバルは、学生が中心になって代々木公園で開催された。東京の学生たちが、ワンコリアフェスティバルを自分たちの手でやらせてほしいと申し出てくれたのである。代表は在日コリアンの学生だったが、日本の学生と一緒に運営していた。若者らしい斬新なアイデアもたくさん登場した。中でもよさこいソーランを取り入れて、各地のよさこいソーランチームが結集するとともに、出演チームとしてアリランをミックスした「よさこいアリラン」チーム「はなコリア」を結成していた。

この企画は、この年さっそく大阪も取り入れ、各地のよさこいソーランチームと「はなコリア」にも来てもらった。それだけではなく、東京ワンコリアフェスティバルの学生たちが、大阪の若者と交流にも来てくれた。太陽の広場にテントを設置し、夜遅くまで討論したり、交流したりした。若者たちから刺激を受けられることは、本当にうれしいことだった。東京ワンコリアフェスティバルの学生たちを、長くワンコリアフェスティバル東京の事務局長を務めてくれている金淳次さんが、事務所を手当てするなど、フォローしてくれていたことも、ありがたいことだった。

ところが、学生による東京ワンコリアフェスティバルは2008年まで続いたが、不可解な事件のために、学生によるワンコリアフェスティバルはそれ以上継続できなくなった。ワンコリアフェスティバルには時々不可解なことが起きるのだが。あまり愉快な話ではないし、東京の事件はプライバシーにも関わるのだが、別の例を一つだけ書いておこう。

ワンコリアフェスティバルが3年目以後、急速に拡大し発展していた1990年代はじめ、出演者も年々豪華になっていっていった頃のことだ。ステージ公演が盛り上がっていた時、突然音響がストップした。白竜さんが歌っている時だった。いくら待っても音響が回復しない。ぼくもミキサーのところへ飛んで行ったが、ミキサーのエンジニアは首を振るばかりだった。

その時、白竜さんが「音響はもういいよ！　ぼくらはワンコリアのために、ここに集まっていることが大事なんだ。みなさん、アカペラで歌います！」とアカペラで歌ってくれたのである。それでどんなに救われたことか。ミュージシャンからすれば怒って主催者を責めても当然のところだ。しかし、白竜さんのおかげで、むしろ会場は一体となり、かえって盛り上がったのである。

音響会社は今回が初めてではなく、何年もやっていてくれた会社だった。社長さんも信頼できる人だった。社長さんは、何度も頭を下げて謝っていた。ところが、ミキサーのエンジニアは謝りもしないのである。それどころか、当日の打ち上げにまで来ていた。音響、照明の業者の人が打ち上げに来ることはほとんどない。彼はなぜか隅で一人飲んでいた。彼に今日はどうしたんですかと聞くと、なんと「ぼくも日本人ですから」とまったく不思議なことを言ったのである。後に社長さんから彼が辞めたことを聞いた。しかも新しい音響会社を作ったと。これが何を意味するのか、とにかくこういう事実があったのである。

それにしても、打ち上げは例年以上に大いに盛り上がった。あの彼は打ち上げの雰囲気を確認に来たのだろうか？　出演者たちが今日の音響のことで怒って当たり前だったのだから。もちろん、音響の失敗を責任者としてぼくは謝ったが。どんな理由があれ、主催者のミスはミスだときちんと指摘してくれるアーティストもいた。ワンコリアフェスティバルのために言ってくれていることが伝わって来て、本当にありがたかった。

韓流ブーム到来

ところで、「東京ワンコリアフェスティバル」が代々木公園で開催された2004年は驚くべき社会現象が起こった年でもある。NHKで放送された韓国ドラマ「冬のソナタ」が空前の人気を博し、主人公のペ・ヨンジュンさんは、「ヨンさま」と呼ばれ、日本のご婦人方の憧れの俳優となったのである。戦後、外国ドラマと言えば、ほとんどがアメリカのドラマだった日本でこんなことが起きるとは想像もできなかった。

この年のパンフレットにさっそく「韓流」の特集を組んだ。タイトルは「『韓流』から『東アジア共同体』へ」と、ワンコリアフェスティバルらしい切り口で取り上げ、黒田福美さんと朝日放送のプロデューサー吉村誠さんの対談、映画プロデューサーの李鳳宇《イボンウ》さん、ルポライターの姜誠《カンソン》さん、エッセイストの篠藤ゆりさんによる座談を掲載した。

黒田福美さんは、当時すでに20年間も韓国文化の紹介と日韓交流に尽力していた。李鳳宇さんも、韓国映画の紹介と崔洋一監督『月はどっちに出ている』などの映画製作でパイオニアの役割を果たしていた。吉村誠さんも、黒田福美さんの良き理解者としてテレビで韓国を紹介してきたし、その当時は、梁石日原作・崔洋一監督『血と骨』の協力プロデューサーもされていた。姜誠さんも篠藤ゆりさんも、取材や市民レベルの日韓交流を長くしていた。

こうした「冬のソナタ」ブームのはるか前から韓国文化の紹介や日韓交流をしてきた真の「功労者」だからこそ、「韓流」ブームの到来の意義と今後の展望を語ってほしいと思ったのである。また、この年各界から寄せられたメッセージの中で、「韓流」と結びつくことの重要さをいち早く指摘していたメッセージがあった。友人の大学教授金泰明さんからだった。ワンコリアフェスティバルの「存在理由」について書いてくれている箇所を含めて、ここに引用したい。

「ワンコリア（朝鮮の統一）は、本質的には政治的課題である。こうした政治的課題は、しばしば、それに関わる人々に、『責任』や『義務』として重くのしかかる。しかし、ワンコリアフェスティバルは、ワンコリアを重たい責務ではなく、自分の心から楽しめる願いとして、解き放ったと思う。だから、自ら進んで楽しくワンコリアを語り、踊り、歌うことができる。ここに、ワンコリアフェスティバルの存在理由がある。

今、時代は『韓流』である。『韓流』に身を任せ、時代を楽しむ人々の思いが、どこかでワンコリアとつながってほしいと願うのは、私だけではないだろう。それができるのは、ワンコリアフェスティバル以外になかろう」

ワンコリアフェスティバルの「存在理由」を端的、明快に書かれているのを見て、さすがに専門の人権論において、人権を「責任」や「義務」から自らの「欲望」にもとづくものとして「解き放った」金泰明さんらしいと思ったし、なるほど深く納得でき、以後ぼくも同じように説明させてもらっている。

ここで、金泰明さんとの再会について述べたい。金泰明さんもぼくも、ともに「北のスパイ」とされた在日韓国人「政治犯」を救う運動に関わって知り合ったことはすでに述べた。その後、金泰明さんは15年も在日韓国人「政治犯」の救援運動を続け、さらに人権団体のリーダーとして活動したが、44歳の時、人権について深く研究するために大学院に入り直し、イギリスにも留学して学者となった。

２０００年頃、10数年ぶりに金泰明さんと再会した時、金泰明さんは大学の先生となっていた。再会して意気投合したのは、お互いにルソーを高く評価していたからだった。知り合った頃は、当時のご多聞にもれずともにマルクスに傾倒していたが、お互いまったく違う道を通ってルソーにたどり着いていたのである。ともに人間の欲望を直視して社会の構成、民主主義の原理を追求していたルソーに立ち返って、市民社会の可能性を考え直さなければならないと考えるに至っていたのである。真理は孤立せずと思ったものである。以来親交が続き、最近は「市民社会の哲学原理研究会」を一緒にしている。

せっかくなので、金泰明さんの人権論についても言及したい。金泰明さんは、最初の著書『マイノリティの権利と普遍的人権概念の研究―多文化的市民権と在日コリアン』をはじめとして、次々に人権に関する本を出し、独創的な人権論を展開している。それらは、少し大げさに言えば、人権論のコペルニクス的転換と言っていいような、人権に対するまったく新しい視点を提起したものだった。

普通、人権と言えば、「人間の尊厳」「不可譲の権利」「生来の権利」と言われるように、無条件かつ絶対的な価値とされている。しかし、無条件かつ絶対的な価値としての人権は、往々にして「死んだ人権思想」になるとも金泰明さんは言っている。そのため「よそよそしい」権威的で建前的な説教臭いものになりがちだと。世界人権宣言をはじめ、今日の人権に関する国際法、各国の憲法、条約などは、すべて無条件かつ絶対的な価値としての人権に基づいているにもかかわらず。

ぼくも、時々学校や行政から講演に呼ばれることがある。その度、金泰明さんが言っていることを実感させられることが多い。一つ例を上げよう。ある有名な進学校の高校で講演した時のことである。

全校生徒約１５００人ほどが講堂に集められていた。先生は、ぼくを紹介する時、今日まで学期末試験があって疲れているだろうけど、大事なお話だから講師の先生の話をしっかり聞きなさいと言われた。ぼくは、生徒たちに今日まで試験だったら眠たいでしょう。眠たかったら遠慮なく寝てください。こんな日に人権の話を聞かされるなんて、それこそ君たちの人権を無視していますね、大事な話と思うなら君たちが元気な時に設定して欲しかったですねと言ったところ、生徒から拍手が湧き起こり、1時間半の話の間、誰一人寝ないで聞いてくれた。

生徒は、毎年この時期に人権に関して、高1の時は部落差別、高2の時は障害者差別、高3の時は民族差別というように、年に1回「人権の話」を聞くことになっていたのである。これでは、彼らにとって人権の話は、「よそよそしい」権威的で建前的な説教臭いものでしかなかっただろう。

また、人権と言えば、差別問題だけのことだと思ってしまうだろう。それはステレオタイプな見方をさせ、それこそ差別を助長するような見方をさせてしまいかねないことだ。だから、ぼくは敢えて、民族差別の問題より、世界で起こっている戦争や環境汚染などの話により時間を割いたのである。

先生方も終わった後、今日は本当に貴重な指摘ありがとうございました、いつの間にか人権の講演はしなければならないもの、人権はマイノリティや社会的弱者救済のものだと決めつけていたのではないかと反省させられました、と言ってくださった。

金泰明さんが、人権が「死んだ人権思想」になっているというのは、こういうことなのだ。金泰明さんは、人権を「生きた人権思想」にするためには、人権には2つの原理があり、それをしっかり把握し、それを「技法」として使えるようにしようと言っているが、それが「価値的人権原理」と「ルール的人権原理」である。

「価値的人権原理」とは、人権の根拠を「人間の尊厳」という超越的、絶対的な価値に置く原理であり、人びとは人権を尊重する「善い人間」を目指すべきだと言う。これを「道徳としての人権」とも言っている。それに対して「ルール的人権原理」とは、人権を、超越的、絶対的な価値からもたらされるものとは考えず、人びとが互いの欲望や自由を認め合い、互いの合意や同意に由来するものと考える。人権に対する見方を「道徳」から「哲学」へ、「義務」から「自由の相互承認」へと視点を移すことを説いているのである。こうした視点の重要さがもっと理解されるべきだと、ぼくは思っている。

さて、次の年から、ワンコリアフェスティバルが「韓流」を積極的に取り込んでいったことは、言うまでもないだろう。「韓流」特集の翌2005年、さっそく「冬のソナタ」に出演している俳優を呼べないかと追求した。これができるのは、ワンコリアフェスティバルの副実行委員長を務めていた韓国語ネイティブスピーカーの金希姃さんしかいない。彼女は韓国に飛んで、芸能関係者に会い、なんと準主役と言ってもいい、ペ・ヨンジュンさんの先輩の次長役、権海孝《クォンヘヒョ》さんを説得してワンコリアフェスティバル出演を実現したのである。

その後、「冬のソナタ」のヒロイン、チェ・ジウさんの同僚ジョンア姉さん役、朴賢淑《パクヒョンスク》さんも加わり、さらに、「冬のソナタ」に次いで韓国ドラマ「チャングムの誓い」が大人気となると、主役のイ・ヨンエさんの母親役の金恵善《キムヘソン》さんや王様役の任《イム》虎《ホ》さんを招いた。金恵善さんには、トークだけでなく「チャングムの誓い」ファッションショーにメインモデルで出ていただき、任虎さんには、ドラマの中で王様が宮廷料理を試食していう台詞「マシイックナァ（美味しい）」を舞台で演じてもらったりした。同時に、この頃から積極的にＫ‐ＰＯＰの歌手にも出演してもらうようにもした。

「韓流」が最盛期だった２０００年代末までが、参加者の人数という意味ではワンコリアフェスティバル史上もっとも多かった時期だった。毎回2、3万人が集まり、ピークの２００5年には5万人にも達したのである。とにかく盛り上がりに盛り上がっていた。「韓流」も今はかなり下火になってしまったが、それでも確実に定着しているのもたしかだろう。何より、「韓流」ファンとして観に来たのがきっかけでボランティア・スタッフになってくれた日本人がたくさんいることが大切なことであり、今も中心メンバーとしてワンコリアフェスティバルを支えてくれているのである。

平壌訪問と38度線往来

韓流ブームが空前の盛り上がりを迎えた当時、忘れがたいエピソードがある。

ワンコリアフェスティバルにも、たくさんの韓流ファンが来てくれるようになった２００6年、北朝鮮が初の核実験をした。会場の太陽の広場の最寄り駅である大阪城公園駅の前では、右翼の街宣車が大挙押し寄せ、「市民のみなさん、ワンコリアフェスティバルに騙されてはなりません！」「行ってはなりません！」とがなり立てていた。そのうち街宣している男が責任者を出せと押しかけて来ているとスタッフが知らせてきた。「どうしましょう？」と言うので、ぼくは会うことにした。

会うなり男は名刺を差し出した。そこには、いかにも右翼団体らしい名前と有名な暴力団の組名が印刷されていた。ぼくは「それで?」と聞いた。男は、「北朝鮮の核実験はけしからん、あんたらはどう思ってるんだ」と聞いてきた。

実は、北朝鮮の核実験については、核保有国の不平等なNPT体制にたいする批判と核全廃の訴えと共に、批判的なコメントを発表していた。まずそのことを告げた。その上でぼくは、「君たち右翼が愛国を主張するなら、他国の愛国も認めるのが筋だろう。ワンコリアフェスティバルも国を愛しているから統一を願っているんだ。まさか自分たちの愛国だけが最高だと思っていないだろうね。それは愛国ではなく国粋だ。そうなると究極はお互いにぶつかるしかないだろう」と、彼らの心情に訴える語り方をしてみた。男は納得して街宣車を引き上げた。それから毎年、年賀状と暑中見舞いが来るようになった。それらには彼らの世界独特の様式があり、時に坂本龍馬の肖像が印刷されていた。

この時期、イベントとしてのワンコリアフェスティバルとは別に、ワンコリアフェスティバルのビジョンと発想に関わる重要な出来事があった。ぼくは、２００５年「南北共同宣言5周年記念南北・海外共同大会」に日本側代表委員として参加することになったのである。この行事は6月にピョンヤンで「6・15民族統一大祝典」、8月にソウルで「8・15民族大祝典」と連動していた。この時ぼくはピョンヤンに初めて行ったのである。

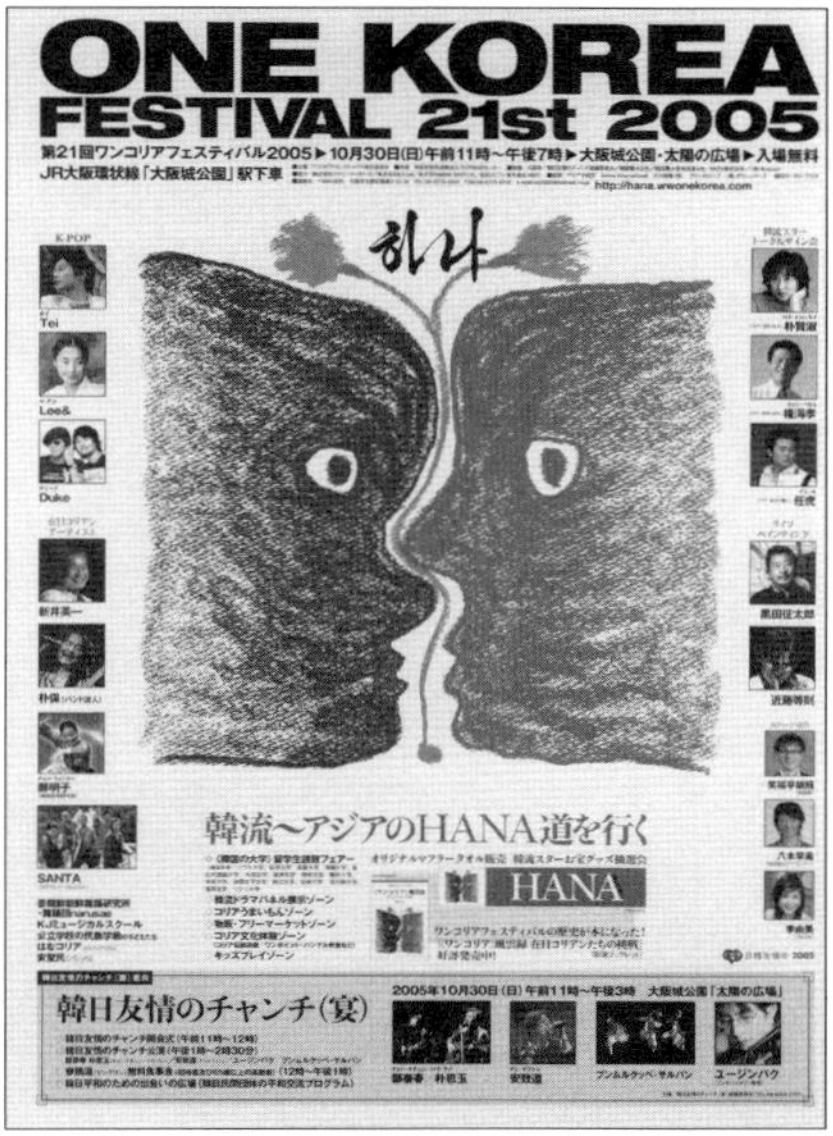

韓流ブームのまっただ中で開催された2005年のポスター

その経緯をここで記しておきたい。実は、１９９０年から「汎民族大会」という統一を目的とする大会が毎年開かれていた。南北、海外コリアンが集まって統一について討論しようと持たれていた。しかし、盧泰愚政権、金泳三政権の時の韓国政府はこの大会に反対していた。韓国から参加する団体、個人は、どうしても反体制的な団体、個人に限られてしまっていた。当然日本の民団も参加していなかった。

ぼくも当初から誘われていたが、民団、総連の間のバランスを大事にしているワンコリアフェスティバルの立場上、民団が出ない大会に出ることはできなかった。ぼくは、汎民族大会は、残念ながらまだ「汎」ではなく「半」なので参加できないと丁重に断っていた。日本からは総連と在日民主統一連合（以下、韓統連）が毎年、ピョンヤンその他の地で開かれる同大会に参加していた。

しかし、2005年は盧武鉉政権の時で、ピョンヤンとソウルで連動して開かれるという。参加する韓国国内の団体も保守的な団体、個人まで網羅されていた。ぼくは、「汎」に一歩近づいたと思い、東京で開かれる日本地域会議に初めて出席することにした。出席を決めてから民団の幹部と韓統連の幹部を引き合わせて、なんとか民団にも出席してもらいたいと努力した。

何度か実際に話し合いも持った。民団の幹部は、民団、総連共同代表で韓統連が副代表なら参加してもいいという考えだった。韓統連の幹部は、3者共同代表でなくてはならないという考えだった。ぼくは、率直に言って3者共同代表は難

筆者も参加した「6・15民族統一大祝典」（2005年、平壌）

しいと感じていた。韓統連は、もともと民団なので、民団からすれば除名した人たちの団体だった。それと共同代表ということは自己矛盾をきたすきらいがあった。総連の幹部にも言ったが、総連も民団とは共同行事をしたことがあっても、元総連の対立的なグループとはしたことがないではありませんか、民団も同じでしょうと。

はっきりした結論が出ないまま、それでもぼくは日本地域会議に出席した。ぼく以外は、やはりほとんど総連と韓統連のメンバーだった。ぼくは、この会議でも民団も参加できるようにしましょうと意見を言った。民団が参加するためには民団が総連と共同代表になるべきではないでしょうかとも言った。そのために韓統連は一歩譲歩して副代表でもいいのではないでしょうか、それこそが歴史的な統一への貢献になると思いますと言ったのである。すると議長で司会をされていた韓統連代表の郭東儀《クァクトンウィ》先生が激しく民団を批判し出した。

ここで韓統連について説明が必要だろう。韓統連は、もともと民団内部で朴正熙大統領の独裁体制であった維新体制に反対してできた「自主民団」が前身だった。野党の党首で民主化運動の指導者だった金大中先生を支持していた。1973年に「韓国民主回復統一促進国民会議」(韓民統)を結成し、1989年、団体名を「在日韓国民主統一聯合(韓統連)」に改めたのである。1978年に「国家保安法」の「反国家団体」に指定され、金大中大統領、盧武鉉大統領の時代に韓国に入国できるようになったが、「反国家団体」は解除されずに今に至っている。

ぼくは、韓民統時代から政治犯救援運動に関わっていた関係から、幹部の人とも個人的には付き合いがあった。人間的に信頼できると思っていた。先に述べたように、1990年に始まった汎民族大会に毎年のように、ぼくを誘っていたのも総連ではなく、いつも韓統連だった。

韓統連を代表から外そうとする民団を批判した郭東儀先生にとって、三者共同代表が最大の譲歩のようだった。生涯を韓国の民主化と祖国の統一に献身してきた郭東儀先生の心情は理解できたが、政治的な判断としては、ぼくには残念な疑問が残った。それでも韓国から多様な団体、個人が参加するこの機会に、ぼくも参加しようと決めたのである。そうそう北朝鮮に行ける機会もないだろうとも思った。

90年代初頭にピースボートで北朝鮮に行こうとして行けなかったことはすでに述べたが、実は、統一運動をするなら一度北朝鮮に行くべきだと言われたこともあった。しかし、なぜか秘密で行くように言うので、ぼくは行く時は堂々と行きますよと断ったこともあったのである。今回は堂々と行ける機会だった。

それにしても、祖国に行くことが何故にこれほど難しく複雑なのか。韓国に初めて行ったのが１９９９年だったことはすでに触れたが、その前にぼくの身に不可解なことが起こっていた。その数年前のことだったが、ある日、ぼくが信頼している総連の幹部の先輩から、会って聞きたいことがあると連絡が来た。会うと「カプストンム、韓国に行ったというのは本当か」といきなり聞かれた。鄭甲寿は密かに韓国に行った、だから信用できない、という内容の文書が総連内部で回っていると言うのである。

ぼくはあきれて先輩に言った。ぼくがなぜ隠れて韓国に行かなければならないんですか、行くなら堂々と行きますよ、とこの時も答えた。さらに、そんな文書を流す人間こそスパイじゃないですか？　その出所を追った方がいいと思いますよと付け加えた。南北分断と対立は、個人の祖国往来にも多大な影を、いや実際にも立場によって大きな壁となっているのである。

さて、２００５年6月の14日から16日までピョンヤンで開かれる「6・15統一大祝典」に参加するため、北京経由で北朝鮮の高麗航空便に乗り、ピョンヤン順安空港に降り立った。この空港は5年前、南北首脳が歴史的な握手をした空港だ。ついに北朝鮮に「堂々と」入ったのである。

ホテルは最高級ホテルの高麗ホテルだった。部屋は元在日韓国人「政治犯」で「在日韓国良心囚同友会」代表の李哲《イチョル》さんと一緒だった。滞在中、最高の待遇でもてなしてくれた。様々な行事や会議に参加し、観光もできて、海外コリアンだけの総括会議が最後の公式日程だった。その会議は、郭東儀先生と文益煥先生の弟さんで在米地域の代表だった文東煥《ムンドンファン》先生が共同議長として議事の進行がなされていた。

ほかに意見がなければこれで会議は終了とします、と議長が言われたので、民団の話がまったく出てこないのは問題だと思い、ぼくは手を上げて言わせてもらった。ここにお集まりの世界各地から来られた代表のみなさんは、なぜ在日同胞の重要な団体である民団が来ていないのか、ご存知ないと思います、日本地域委員会から民団が参加しなかった経緯を説明してくださいと求めた。

日本地域委員会の説明は不十分だと思ったが、今後民団が参加できるように努力するという言葉があったので、ぼくもそれ以上は何も言わなかった。こうして全日程が終わって日本に戻ったのである。民団は、8月にソウルで開かれた「8・15民族大祝典」には参加したが、日本地域委員会とは別の参加だった。

同大会はその後も毎年開かれていたが、ぼくは参加しなかった。結局、民団が参加できるようにはしていなかったし、実際参加していなかったからである。にもかかわらず、毎年声はかけてもらっていた。2008年も声をかけられ、今回は朝鮮随一の名勝地金剛山《クムガンサン》で開かれるという。ぼくは、無理を承知で、それでは金剛山に韓国から陸路で入りたいと要望した。日本側代表委員は、全員いつも中国の北京経由なのである。

ぼくは朝鮮籍だったので、韓国には臨時パスポートで入り、北朝鮮には2005年の時取得した北朝鮮のパスポートで入りたいと提案したのである。もちろん、帰りは北朝鮮のパスポートで出て、韓国の臨時パスポートで再び韓国に入り、韓国を出て日本に帰りたいと。国籍ひとつ取っても複雑な在日コリアンの立場から、統一に寄与する案ですと提案したのである。

正直言って通らないだろうと思っていた。ところが、韓国政府も北朝鮮政府も認めてくれたのである。こうして、ぼくは日本から韓国、韓国から北朝鮮に入り、金剛山で開かれた共同行事である「6・15民族統一大会」に日本側代表委員として参加して、北朝鮮から韓国、韓国から日本にというコースを、歴史上はじめて合法的にたどることができたのである。

しかし、ぼくらが金剛山を離れた直後、金剛山観光をしていた韓国人が立ち入り禁止区域に入ったとして射殺されるという痛ましい事件が起こった。日本に戻って今回の成果をアピールするつもりだったが、それも憚れる気持ちになった。同大会も今日まで中断してしまったのである。

公益財団法人を目指して

翌2009年は、ワンコリアフェスティバル25回目の節目でもあった。この節目の年に、新たな挑戦として、これまでの成果と実績を土台に、さらなる飛躍と人財育成のために、日本における公益財団法人の承認を目指すことを明言した。

この年、自民党政権から民主党政権に変わった。民主党は、アジア重視を明言し、当時の鳩山首相は「東アジア共同体」を目指すことを宣言した。それまでマスコミにほとんど取り上げられることがなかった「東アジア共同体」が、連日マスコミに登場するようになり、やっと日本の人々も関心を持ち始めてきた。時を同じくして韓日中首脳会談でも「共同声明」に「東アジア共同体に向けて協力する」ことが明記された。

日本の政権与党が「東アジア共同体」を公約として唱え、マスコミでも注目し出したことは、ますますワンコリアフェスティバルのビジョンの先見性を証明するものと受け止められた。それは、この年の祝辞やメッセージにさっそく反映されていた。

2009年の祝辞で民主党の中野寛成衆議院議員は、「ワンコリアフェスティバルが、コリア問題だけにとどまらず「東アジア」全体に目を向けておられることは目的達成にむかって誠に有意義なことです。民主党の外交政策も「東アジア共同体」構想を基盤とし、日米関係を基軸に「国連中心主義」を掲げておりますが、ワンコリアフェスティバルの精神と共通しているものと思います」と評価していた。

同様に（東）アジア共同体に言及してくれたメッセージもいくつか引用しよう。

李鍾元立教大学教授「日本の新政権は『東アジア共同体』を掲げ、日中韓の首脳がその推進に合意しました。『国家』と『市場』の思惑によるレトリックに終わらないように、国境横断的な市民社会の連携と力量が問われる時代になりました。ワンコリアのより一層の発展を祈ります」

金守珍新宿梁山泊代表「最近民主党政権が誕生し、その中で鳩山首相がワンコリアと同じメッセージ『東アジア共同体』を唱えていたことに驚きを隠せません」

寺脇研京都造形芸術大学教授「『ワンコリア』が『ワン東アジア』につながっていく日は間近である」

朴一大阪市立大学教授「ワンコリアフェスティバルが主催する『ワンコリアと東アジア共同体』をテーマにした『ワンコリアフォーラム』を私も共にしてきたが、日本の政権与党まで『東アジア共同体』を公約にする時代が来たことに感慨深いものを感じるのは私だけではないだろう。これからがワンコリアフェスティバルの本当の出番だろう」

ワンコリアフェスティバルが掲げてきた（東）アジア共同体の方向に、日本もまた舵を切ろうとしていたこの時、まさに日本において公益財団法人格の取得を目指したのである。残念ながら民主党政権は、政権運営の未熟さから3年後に政権の座から落ちてしまったが、それでもこの頃は、日本の多くの人々が新しい時代を予感していた時代だった。実際の政策においても自民党ではできない改革を、ある程度実現してもいた。

寄付金控除が受けられる公益財団法人は一般財団とは違って資格取得が難しい、とくに外国人の団体が取得するのは極めて難しいと言われる。しかし、日本が（東）アジア共同体を志向するなら、ワンコリアフェスティバルが日本の公益財団法人を取得することも不可能ではないと考えたのである。

その準備と支援の呼びかけのために、韓国でも後援会を結成することにした。（東）アジア共同体は、韓国と日本がまず協力していかなければならないと思っていたので、韓国でも関心を高める必要があった。幸いぼくたちの呼びかけに応えてくれて、２００９年8月30日、「ワンコリアフェスティバル韓国後援会」が結成された。韓国の元老、統一運動の指導者、政治家、在外コリアン問題の専門家など錚々たるメンバーが結集してくださった。その時の役員の方々を紹介しよう。

常任顧問　徐英勲《ソヨンフン》（在外同胞教育振興財団理事長・元大韓赤十字総裁）
顧問　金徳竜《キムトンヨン》（民族和解協力汎国民協議会代表常任議長・大統領国民統合特別補佐官）
　　　李昌馥《イチャンボク》（民族和解協力汎国民協議会常任議長）
諮問委員　李光奎《イグァンキ》（海外同胞フォーラム理事長・元在外同胞財団理事長）
　　　李求弘《イグホン》（海外僑胞問題研究所理事長・元在外同胞財団理事長）
会長　金泳鎮《キムヨンジン》（国会議員・元農林部長官）
副会長　洪性完《ホンソンワン》（連合ニュース・ハン民族センター本部長）
　　　李亨模《イヒョンモ》（在外同胞新聞代表）

徐英勲元大韓赤十字総裁は、第一回南北赤十字会談の代表も務めた先生だったが、先生をはじめとして、これ以上望みえない陣容であったと言えよう。この結成のことは、韓国の聯合ニュースでも、「ワンコリアフェスティバル財団創立のための会合がもたれた」と報じられた。

ところで、この時、会長を引き受けてくれた金泳鎮議員にある相談をした。それは、韓国国籍の取得に関してだった。その時は李明博政権だったが、ぼくは、金泳鎮議員に、韓国の市民団体、個人など各界各層との交流が増えているが、今後さらに自由に韓国を往来して交流を深めたいと思っている。ついては韓国国籍を取得したいと思っているが、実は、盧武鉉政権の時に韓国国籍取得を何度か韓国の領事館に申し出ていたが、その度に担当領事から「鄭先生の朝鮮籍は南北の橋渡し役として貴重なので、そのまま維持してください。韓国への渡航はいつでも許可しますから」と言って認めてくれないと相談したのである。

領事はそう言っても、韓国に行くたびに臨時パスポートを発行してもらうために領事館に行って手続きをしなければならず、もう30回は臨時パスポートで韓国に来ている。また、財団設立の重要な目的である（東）アジア共同体を目指す上で、韓国と日本の市民団体・NGOの連帯と協力が重要だと思っているが、それを訴えるためにも今後は韓国国籍が便利だと説明した。

金泳鎮議員は、領事館が韓国国籍取得を認めないことに驚いていた。ぼくが韓国国籍を取得することは、むしろ当然だと思っていた。金泳鎮議員は、大阪の総領事は私の大学時代の後輩だ、今から電話して韓国国籍を取得できるように話してみようと、その場で電話してくれた。電話で総領事が了解したようだった。金泳鎮議員は、ぼくが数日後に日本に帰るのを知っていたので、日本に着いたらそのまま大阪領事館に行くようにと言った。

言われたとおり関西空港から領事館に直行して、総領事に面会した。実は、副総領事には何度か面談していたが、総領事に面談するのは初めてだった。総領事は、さっそく韓国国籍取得の手続きをしてくれた。こうして何年もできなかったことが、わずか1時間足らずでできたのである。

この年の趣旨文で、はじめて財団を目指すことを明らかにした。

「さて、25周年を機に、新たな挑戦として、これまでの成果と実績を活用し、さらに発展させるために、財団設立を目指したいと思っています」

その意義についても書いている。

「日本が『東アジア共同体』に関心をもてばもつほど、相互の信頼関係を築くことの重要性にも思いを致し、とくに過去のアジア侵略と植民地支配への徹底した反省が求められる」としたうえで韓国後援会結成を報告し、「ワンコリアフェスティバルは、民主化し、アジアでももっとも発展した市民社会に成長している韓国社会との関係を年々深めてきましたが、今後この後援会を拠点に、いっそう韓国の市民・NGOなどとの提携を深めながら、東アジアの市民社会発展に貢献していく所存です」

東アジアにおける市民社会の可能性

この意義を広くアピールするために、2010年9月には、「竹田青嗣と朴元淳《パクウォンスン》が語る人間の未来と希望─東アジアにおける市民社会の条件と可能性」をテーマに東京でシンポジウムを開いた。朴元淳さんは、いまはソウル市長2期目を務めているが、当時は韓国にとどまらずアジアを代表する市民運動のリーダーであった。竹田青嗣さんは、先に紹介したように1993年の座談会でも重要な発言をしてくれていたが、近代市民社会の原理と可能性を探求している哲学者として、ぼくがもっとも信頼していた哲学者だ。

ここで少し、ぼくの竹田青嗣さんとの関わりも述べておきたい。竹田青嗣さんのことは、ワンコリアフェスティバルを始める前から本を読んで知っていた。その本は、竹田さんの最初の本であった『〈在日〉という根拠─李恢成・金石範・金鶴泳』だった。3人の在日1世、2世の作家を取り上げていた評論だった。当時流行のポストモダンの影響を受けていたように感じたので、ヨーロッパ亜流の日本のポストモダンを評価していなかったぼくは、高く評価することはできなかった。それでもテーマがテーマだけに面白かった。

とくに理念型の李恢成より、実存的な金鶴泳を評価していたことにも共感できた。ところが、あとがきを読んでがっかりしてしまった。なぜ本名ではなく、日本名のペンネームを使うかということについて、長々と弁解を書いていたからである。いや、弁解はあっていい。きちんと説明できればそれでいいことだ。だが、その正当性をフーコーの言葉に託したことにぼくは不満だった。あとがきにこう書いていた。

「しかし、こんな風に考えてみてもまた結局は弁解のように聞こえてしまうのかも知れないので、私はむしろある歴史学者の言葉を借りて自分の実感を代弁させてみよう。それはつまり『わたしが何者であるかをおたずねなさるな、わたしに同一の状態にとどまるようにおっしゃるな。同一であることは戸籍の道徳であり、この道徳が、われわれの身分証明を支配している。書くことが問題なときには、われわれはそれから自由になって然るべきであろう』（M・フーコー『知の考古学』）というのである」

これは典型的なポストモダンの語り方なのだが、ヨーロッパのように、近代つまりモダンと格闘し、主体というアイデンティティつまり同一性を疑うに至った必然的な過程を抜きに、日本ではただの流行にしかすぎない言説を、竹田さんは無批判に援用していると思ったのである。それからは竹田さんに関心がもてなかった。

ところが、10年ほどたった頃、スタッフをしてくれている学生たちの間で竹田さんがよく読まれていたのである。それもすごく面白いというのである。真面目な彼らがそういうので、それでは読んでみようと思って見てみると、文芸評論家だと思っていたのに、なんと哲学書、それも現象学だったことに驚いた。

読んでみると、竹田さんは現象学を分かりやすく論じたり、解説していたりしていた。ぼくにとって現象学は、主観と客観という問題を、ヘーゲルの主観と客観の絶対的統一という観念論を超えて、新しい客観的認識を構築しようとしていた哲学として、弁証法的唯物論に近い考え方だと親近感をもっていた。ぼくは、若いスタッフたちに竹田さん、たしかにいいね、これは弁証法的唯物論の親戚みたいなものだと言ったものである。念のため言うと、ぼくは弁証法的唯物論をマルクス主義の専売特許だとは思っていない。一般的な科学的認識の方法だと思っている。

実は、金泰明さんが人権を学問的に深く探究するために大学に入り直した時、志願して師事したのが竹田さんだった。それを聞いた時、すでに竹田さんの哲学書を読んではいた。だからこそ竹田さんにはワンコリアの座談会にも出ていただいたが、金泰明さんが師事していたことについては疑問を感じたものだった。活動家として実践していた金泰明さんが、なぜ今さら現象学の竹田さんに学ばなければならないのか、ふつう学者より実践している活動家の方が認識において深いものだと常々思っていたぼくには、その時はあまり理解できなかったのである。

しかし、そのことはワンコリアフェスティバルにとっても実り多いものをもたらしてくれることになった。２０１０年の竹田青嗣さんと朴元淳さんがメインのシンポジウムも、その恵みと言えるだろう。その頃金泰明さんは、竹田さんと師と弟子というより信頼し合っている友人のようになっていた。お互いに認め合っていたように見えた。だからこそ、竹田さんも、このシンポジウムに信頼と期待をもって出席してくれたと思う。

当日のコーディネーターは、朴元淳さんとも親しい文京洙さんにお願いしたが、準備の段階で事実上のコーディネーター的な役割を担ってくれたのは金泰明さんだった。当日は、コメンテーターをしてもらった。こうして「竹田青嗣と朴元淳が語る人間の未来と希望—東アジアにおける市民社会の条件と可能性」をテーマに東京で「財団法人ワンコリアフェスティバル設立準備シンポジウム」を開いた。最高の理論家である竹田青嗣さんと最高の実践家である朴元淳さんの討論は、当初の予想以上に議論がかみ合い、期待以上の成果があった。

竹田さんは、「市民が社会全体のデザインを構想する運動は日本には乏しかった。今回朴元淳さんたちの活動を知って、アドボカシーの運動からソーシャル・デザインへと持続的な活動を続けてきた韓国は、いまや市民運動の先進国だと認識でき、多くのインスピレーションを得た」と評価し、朴元淳さんは「竹田先生の人類の歴史発展を踏まえた近代市民社会に対する本質的な捉え直しの議論に共感するとともに、日韓の市民社会を基盤に、具体的な実践活動を通してアジアに成熟した市民社会を広げて行きたい」と応じていた。

2人とも非常に刺激的な議論になったと喜んでくれた。これには、韓国と日本の社会と歴史に精通し、韓国語も堪能な文京洙さんのコーディネートによるところも大きかった。もちろん、コメンテーターを務めてくれた企画の当事者でもある金泰明さんの役割なしには、この成功はなかっただろう。また、朴元淳さんが作られた市民団体である希望製作所の日本側のパートナーである日本希望製作所の全面的な協力もありがたかった。

このシンポジウムの議論を通して、市民の立場から南北統一と（東）アジア共同体を構想し、実現するための財団法人を目指すワンコリアフェスティバルの役割がより明確になった。すなわち、韓日の市民社会の担い手である市民団体、NGO、地域自治体をつなぎ、グローバルなコリアンネットワークと合わせて、多様な議論の場を創出することで、統一と（東）アジア共同体に向けたメッセージを世界に向けて発信することの重要性を確認できた。

この翌年（2011年）に朴元淳さんは、なんとソウル市長となり、いまや2期目を務めているが、この当時は誰も、ご本人も想像もしていなかっただろう。市長となっても、あくまで市民の目線で、できる限り市民の声を聞き、参加を促進しながら市政を運営していたからこそ、2期目も当選（2014年）したのである。韓国の政治家にありがちな権威主義とも無縁だ。

ポスト3・11のワンコリア

朴元淳さんがソウル市長になってから毎年5月に開かれているソウル市主催の「地球村分かち合いハンマダン」にも招かれるようになった。「地球村分かち合いハンマダン」は、韓国に駐在している各国の大使館を中心に数十万人が集まる大規模な国際的フェスティバルであり、民間団体としてはワンコリアフェスティバルが初めて参加することになったものである。ブースが提供されワンコリアフェスティバルの広報をしたり、ソウルに支部ができるまでに広がった「よさこいアリラン」のチーム「はなコリア」がブースの前で踊りを披露してくれたりした。

話は前後するが2011年6月には、「ワンコリアフェスティバル韓国後援会」が主催して「ワンコリアフェスティバル韓国後援の夕べ」がソウルで開かれた。与野党の国会議員も参席する中、多彩なプログラムが進行した。韓国の歌手やコメディアン、マジシャンが公演してくれた。日本からは朴保さんも駆けつけてくれた。

さらにアメリカから、在米コリアンであり、「地球村農業協力と食糧分かち合い運動」代表のキム・ピルチュ女史が会場に来てくれたことは、大きな意味があった。キム・ピルチュ女史は、北朝鮮の農業を支援していたからである。キム・ピルチュ女史は、故金日成主席から三顧の礼をもって北朝鮮農業への協力をお願いされたという逸話をもつ。

この日、会場に日本から公益財団法人として内閣府から認定されたという知らせが届いた。この年の1月にまず一般財団法人として登記し、4月には公益財団法人の認定の申請をしていたのだが、さすがに2カ月後に認定されるとは予想していなかった。会場でもお祝いの乾杯をし、より一層盛り上がった。

日本もグローバル化への対応を求められ、時の政権与党であった民主党が「東アジア共同体」に積極的だったので、認定されるという自信はあった。それでもこんなに早く認定されるとは思っていなかった。理事が全員韓国国籍の団体としては日本で初めての認定となったのである。

この時に公益財団法人の理事になっていただいたのは金熙哲《キムヒチョル》さん、文京洙さん、金泰明さんと、ワンコリアフェスティバルを最初から支援してくれていた申俊雨《シンジュヌ》さんと李民實《リミンシル》さんだった。実業家の申俊雨さんはぼくの立命館大学の先輩で、長い間コリアン同窓会である「立命館大学ウリ同窓会」の会長を務めていた。ぼくは事務局長をさせていただいていた。李民實さんは病院経営をされているお医者さんだが、いつもこちらがお願いする前に寄付を送ってくれていたが、そのお礼をしたのは20年も経てからだった。それでも寄付し続けてくれたことにただただ頭が下がる。

ワンコリアフェスティバルが公益財団法人になれば、財政を安定させる努力をして、ぼくが活動経費以外に給料を取れるようにと、理事のみなさんは話してくれていたが、その後も不景気が続き、それもなかなか難しい。今までもワンコリアフェスティバルは、広告や寄付で運営されているが、その広告、寄付もほとんど自分で集めているので、それがどんなに尊い気持ちから出ているのかを実感でき、自然と大事に使わせてもらうことが当たり前になっている。

たとえば、さんざん書いているように、東京での宿泊もホテルで泊まることなく、多くの人の好意で自宅や関連施設で泊まらせてもらっているので、ほとんど宿泊費はかからない。しかし、遠距離移動だけはどうしても交通機関を利用しないわけにはいかない。

東京に出張する時は、新幹線か飛行機を利用するしかなかったが、ある時、夜行バスが驚くほど安いことに気付いてからは、法人化する前の２００５年ごろからはもっぱら深夜の高速バスを利用している。回りからは疲れないかと心配されるが、まったく疲れないと言えば嘘になるが、活動に支障があるほどではない。子どもの頃から体力には人一倍恵まれていた。親に感謝だ。

深夜に走る高速バスの料金は、平日が安く、土、日、とくに週末の金曜日が高い。そこで、できるだけ往復は平日になるように出張のスケジュールを組むようにしている。そうすると4～５０００円程度で往復できるのである。どうせ夜中は寝るだけだから時間の節約にもなる。こうなると、片道で1万５０００円もする新幹線に乗る気がしなくなる。ちなみに今までの一番安い往復料金は、２８００円だった。それは皆が避ける、最前列の席であるが、この席は足が伸ばせて楽なのである。高速バスに安く乗るには、チケットを申し込むタイミングにコツがあるのだが、海外に行く場合も、もっとも安い格安航空で行くことは言うまでもない。体力が続くかぎり、そうするつもりだ。

この2011年には、前年の「財団法人ワンコリアフェスティバル設立準備シンポジウム」に続いて「財団法人ワンコリアフェスティバル設立記念シンポジウム」を開いた。ワンコリアフェスティバルのプレイベントとして、「東アジア共同体の未来に向けて――市民・地域交流を中心に」をテーマにもたれたが、韓国人、日本人、中国人、中国朝鮮族、在日コリアンの専門家による熱い議論が交わされた。

この年3月、東日本大震災が起こり、福島原発事故まで引き起こした。今回のシンポジウムは、この日本の福島原発事故による海洋放射能汚染、同年の中国最大の海上油田である渤海湾の海底油田における原油流出、海洋資源やTPP（環太平洋戦略的経済連携協定）をめぐる中国、日本、ベトナム、フィリピンなどの対立等々、東アジアが緊張と対立を深めつつあるという問題意識のもと、東アジアの情況をより深く掘り下げ、この緊張を緩和し、対立を克服するために「（東）アジア共同体」と関連する東アジアの未来を、市民の立場から展望しようとの趣旨でもたれた。

パネラーは、韓国からの李元範《イウォンボン》東西大学教授、中国人研究者の王柯《ワンク》神戸大学教授、日本人研究者の勝村誠・立命館大学教授、在日コリアンの朴一・大阪市立大学教授で、コメンテーターは、中国朝鮮族の研究者、李鋼哲《イグァンチョル》北陸大学教授とぼく、コーディネーターは、いつも安心して任せられる文京洙・立命館大学教授。また、李鍾元立教大学法学部教授から特別メッセージを寄せてもらった。

「ポスト3・11」の日本外交と東アジア共同体

東日本大震災は、「パワーシフト」と「パラダイムシフト」が交錯する東アジアの巨大な転換期と重なっており、「ポスト3・11」の日本外交がどのような方向性を示すのか、重要な分岐点を迎えている。震災と原発事故という悲劇の中で、韓国や中国など東アジア各国でも日本に対する関心が広がり、ある種の「共同体」的な絆も見られた。日本の復興のために、日中韓を中心とした東アジアの地域協力が欠かせないという認識も高まった。

しかし、その反面、日本の「内向き化」を懸念する声もあり、領土や歴史問題などをめぐって、韓中ロなど近隣諸国との間で摩擦が広がりつつあるのも事実である。予想以上の勢いを見せる「中国の台頭」は日本の警戒感をさらに強め、民主党政権が掲げた「東アジア共同体」への政治的、社会的動力も低下している。「中国の台頭」にどのように対応し、安定的な地域秩序を構築すべきか。各国の思惑が錯綜し、地域情勢も不透明さを増しつつある中、日本外交は明確な方向性を見いだせないでいる。

11月の東アジアサミットには初めて米ロが正式参加し、今年と来年のAPECはハワイとウラジオストクで開催される。各国で政権（権力）交代が相次ぐ2012年にかけて、「東アジア」という地域の枠組みをめぐる大きな外交の季節を迎える。日本をはじめとする「ミドルパワー」にとって、米中による「G2」のような覇権的秩序ではなく、「共同体」的な地域秩序を築く正念場でもある。

２０１１年　李鍾元

このメッセージからも窺えるように、今回のシンポジウムは、これまでのシンポジウムより強い危機感をもって開かれた。

最初の発言者である李元範教授は、「東アジア共同体」については、韓・日・中とも政治レベルでは総論賛成、各論反対で前に進まないが、民間レベルでは「韓流」「日流」の交流が活発であり、とくに韓国の「日流」の現れとして一般的にはアニメや小説を連想すると主張された。さらに、創価学会、天理教などの日本の新興宗教が韓国社会に急速に広まっているという意外な事実を指摘し、その社会的背景として核家族化、一人世帯の急増など日本との共通性を挙げたうえで、それは東アジア共通の価値観を基礎とするものであり、社会的課題も共通するとされ、こうした東アジアにおける市民社会の共通性をもとに、消費運動、環境問題などで連帯することから「東アジア共同体」へ接近すべきだと語った。

２人目の発言者である朴一教授は、東アジア認識の共有を図るために、文化・学術交流とともに、とくにインターネットによる交流の重要性を強調した。また、今日本で賛否両論の激しい政治的イシューとなっているＴＰＰに関して、１９９７年の「アジア通貨危機」や２００８年の「リーマン・ショック」を想起させながら、ＴＰＰに日本が入ることの危険性、とくに米国の危機に常に巻き込まれることになることを指摘し、「東アジア共同体」を目指すためにも、今後中国と建設的相互批判にもとづく関係を構築することが重要だと語った。その例として原発に対する市民による国境を越えた相互監視も必要だと問題提起した。

　３人目の発言者である王柯教授は、最近の中国に対する日本の報道があまりに偏っていることに懸念を示され、そこには「東アジア共同体」をめぐる中・日の主導権争いが、東南アジアとの領土、海洋資源の葛藤もからんで関わっていると指摘した。したがって、「東アジア共同体」の議論以前に、東アジアには共通認識自体が欠如しているため、共通の知恵、知識、伝統的価値観などを掘り起こし、「東アジア共同知」を発見または再発見することから始めるべきだと問題提起した。そのためには、学問の方法も転換する必要があると指摘され、ミクロな分析よりマクロな分析にもとづいて東アジアの共通性を発掘、発見しなければならないと語った。

　４人目の発言者である勝村誠教授は、東アジア地域内ではかってなく相互依存が深まっており、その中で中国、インドが台頭し、東アジア地域における国家間の力関係も大きく変化していると指摘した。そして、「東アジア共同体」はＥＵとは違い、地域秩序形成の不断の営みであり、ゆるやかに共同体に向かっていくイメージを共有することが重要だと述べた。また日本が東アジアに向き合う時、歴史認識問題にも正面から向き合い、歴史との理性的で粘り強い国民的な対話を続けていかなければならないと語った。具体的な例として日韓の学生交流の取り組みをパワーポイントを使って説明した
　その後、会場からの質問にも答えながら、コメンテーターを交えた討論をしたが、結論として「東アジア共同体」が現状では実現困難な課題であることを認めるとしても、市民一人一人が政府の情報やマスコミ報道を鵜呑みにせず、国境を越えた多様な、とくに文化、芸術、学術、青年のネットワークを構築しながら意識を高めていくならば、夢から現実へと進むことができるという共通認識に達したのである。

　この年のワンコリアフェスティバル自体も、東日本大震災と福島原発事故を念頭におき、シンポジウムの内容と関連して、テーマとして「海でつながる東アジアの未来」というスローガンを掲げた。この頃は毎年のように「（東）アジア」をテーマにスローガンを掲げていた。「韓流〜アジアのＨＡＮＡ道を行く」（２００５年）、「チング、ともだち、朋友―ＨＡＮＡ東アジアの友情」（２００６年）、「ＨＡＮＡになる！・東アジアの未来」（２００７年）、「ＨＡＮＡ×《香る》東アジアの未来」（２００８年）、「一つになれる東アジアの絆」（２０１２年）、「在日コリアン文化ルネッサンスが開く東アジアの未来」（２０１３年）など。

なにより、東日本大震災の被災者を少しでも支援しようと、支援チャリティーを企画した。大阪に避難してきている被災者に食事券付招待をさせていただき、また、韓日の女性たちを中心に立ち上げられた被災者支援プロジェクトと協力して、韓日の有名ブランド商品のチャリティー販売をした。ステージでモデルでありタレントのアン・ミカさんに特製Tシャツを着ていただいてアピールしてもらった。

山本太郎さんも駆けつけてくれた。山本さんも特製Tシャツを着てチャリティーのアピールしてくれたが、とくに脱原発を訴えてきた立場から、原発の危険と廃止を強くアピールしてくれた。この2011年のパンフレットには、30年以上脱原発、反核を訴え続けてきたミュージシャンの朴保さんとの対談も掲載した。この日のステージでも、山本太郎さんが主演し、朴保さんが作った映画『夜を賭けて』のテーマソング「いつの日にかきっと」をともに熱く歌ってくれた。

思えば2010年代は、まさに激動の幕開けとなり、それは今も続いている。韓流に対して「嫌韓流」に代表されるような反韓の流れが作られ、さらに反中の雰囲気が日本社会に広まり、その中で「在特会」やネトウヨによるヘイトスピーチまではびこるようになった。大きな背景としては、「失われた20年」いや、25年と言われる日本経済の停滞と、それと反比例するように成長著しいアジア諸国、とくに急速に台頭してきた中国の存在があるだろう。

そんな中で、その頃ワンコリアフェスティバルは、先のスローガンを掲げながら、実際に中国だけでなく、タイやフィリピン、インドなどアジアの文化を紹介し続けていた。ステージでは音楽や舞踊、会場では食や民芸品などのブースで、アジアの文化を楽しみ、連帯感を醸成することに努めていたのである。こうした努力は今後、日本社会の中でもっと展開されなければならないだろう。

「ピンポンさん」と「ハナ！　奇跡の46日間」

翌2012年には、ある映画をきっかけに重要な出会いが生まれた。この年の初め頃、千葉の金床憲《キムサンホン》さんから、『KOREA』という韓国映画ができたのですが、素晴らしい映画なのでぜひ日本でも紹介したい、まずは千葉で試写会を実現したい、ついては協力してほしいという連絡がきた。金床憲さんは、千葉在住でありながら、古代史の探訪のため生野区の遺跡をよく調べに来ていて知り合った仲だった。今回は古代史のことではなく、映画のこと、それも千葉でする試写会なので、ぼくは、なぜ大阪のぼくに声をかけてくれるのか聞いた。
すると、この映画はテーマが統一すなわちワンコリアなんです、カプスさんにはぜひ関わってほしいんですと熱く語られたのである。映画は、１９９１年千葉県幕張で開催された世界卓球選手権に、史上初めて南北の統一チームが出場し、優勝した実話をもとにした映画だった。だから金床憲さんは千葉にこだわっていた。映画の撮影中には千葉でロケができるように市当局とも掛け合ったりしていた。

ぼくも俄然興味が湧いてきた。毎月1回のペースで試写会に向けた実行委員会が開かれることになりその度に千葉まで行ったが、それも間近で金床憲さんの活動と情熱を見ているとそうしたくなるのである。映画製作会社を動かし、市当局を動かし、千葉県卓球連盟と千葉市卓球協会を動かして実行委員会結成にまでこぎつけていた。映画製作責任者、卓球連盟、卓球協会の代表、行政関係者が実行委員会に参加していた。

とくに驚いたのが、映画のモデルとなった玄静和《ヒョンジョンファ》さんが毎回参加していたことだった。玄静和さんは、かつての韓国卓球界のエース、フィギュアスケートでいえばキム・ヨナに匹敵するような韓国卓球界のレジェンドだ。会議が終わると、近くにあった金床憲さんの韓国料理のお店で打ち上げをしていたが、玄静和さんの酒豪ぶりにも驚いた。いくら飲んでもまったく変わらないのである。

こうして映画『ＫＯＲＥＡ』特別試写会が4月20日、千葉市民会館大ホールで開催された。映画は実話にもとづき、分断という現実から生じるさまざまな葛藤や制約の中で、北と南の選手たちの間に生じた友情を描いたものだ。この日は、ムン・ヒョンソン監督のほか、主演のハ・ジウォンさん、ペ・ドゥナさんらが来日し舞台挨拶するとあって、千葉市民や在日コリアンらで１０００人収容の会場がほぼ埋め尽くされた。熊谷俊人・千葉市長も出席し、挨拶。上映中は、前半は笑い声が、後半は涙をぬぐう音がたえなかった。

元祖韓国通と自己紹介された女優の黒田福美さんが司会をつとめ、ぼくも実行委員の一人として舞台に立たせていただき、紹介してもらった。ヒョン・ジョンファさんも舞台挨拶に登場した。そのヒョン・ジョンファ選手役を演じたハ・ジウォンさんは、挨拶で感極まり言葉を詰まらせるシーンもあった。最後に、南側卓球チームの監督役をつとめたパク・チョルミンさんが、コミカルな動きとユーモアたっぷりのコメントで会場の爆笑を誘いながら、「私たちみんなにとって共通していることは、ワンコリアだということ」と締めくくったことに感動した。

この映画は、この日に先立ってソウルで試写会が行なわれ、5月3日から韓国で公開されることが決まっていた。しかし、日本での一般公開は、まったく見通しが立っていなかった。試写会でこの映画を観て感動したぼくは、すぐにある人物に電話をした。日本の映画界で一世を風靡した映画プロデューサー李鳳宇さんだった。この映画を日本で上映できるのは彼しかいないと思ったのである。

李鳳宇さんの会社は、その数年前に倒産していたが、2011年にまた映画会社を立ち上げていた。これも縁というものだろう、先に山本太郎さんと朴保さんに対談してもらったことは書いたが、その対談の場で、山本太郎さんが、最近撮った出演映画は李鳳宇さんの映画『EDEN』ですと言ったのである。来年公開されますと。その時李鳳宇さんは倒産していたと思っていたので、驚きながらもうれしく思った。その場で李鳳宇さんに電話して復帰を喜んだものである。

映画『ハナ～奇跡の46日間』のポスター

それから1年後に、今度はこの映画の上映のために李鳳宇さんに電話することになったのである。ぼくが彼に『KOREA』という韓国映画を知っていますか」と聞くと知らないという。ぼくは、千葉での試写会の話を伝え、いま千葉にいるが、これから東京に行くので会って話したいと頼んだ。会って李鳳宇さんに話すと、彼はその場でこの映画の製作会社の「CJエンターテイメント」の鄭泰成《チョンテソン》社長に電話した。すると鄭泰成社長も「すごくいい映画だよ。実はあなたに見せようと思っていた。今度のカンヌ映画祭でも上映する」というのである。

李鳳宇さんは、1カ月後にカンヌ映画祭に観に行った。彼も『KOREA』に感動し、ぼくにすぐ連絡をくれた。「日本で上映することにしました」と。実は、『KOREA』には李鳳宇さんもぼくもよく知っている俳優が出ていた。いまや韓国で知らない人がいないほどの名優となっていたキム・ウンスさんである。北朝鮮の監督兼南北統一チームの監督役で出演していたのである。

キム・ウンスさんとは、彼が日本に映画の勉強をしに来ていた時に知り合った。キム・ウンスさんは、もともと舞台俳優だったが、１９８９年韓国に公演に来ていた新宿梁山泊のテント芝居『千年の孤独』を見て感動し、かねてより日本に行って当時韓国より進んでいた日本の映画を勉強しようと決心したという。ちょうどその頃、日本映画学校出身で劇集団「劇団１９８０」を主宰する藤田傳さんと出会い、その紹介で日本映画学校に入学したのである。

キム・ウンスさんは、映画学校の校長だった今村昌平監督に「ドキュメンタリーが大事だ」と言われたこともありドキュメンタリー映画を学んでいた。その映画コースで企画案の中から一番面白い企画と認められれば映画製作費も出るというコンペで、キム・ウンスさんの企画が採用された。それはなんとワンコリアフェスティバルのドキュメンタリーだった。キム・ウンスさんの監督デビュー作であった。大阪のぼくの家にも泊まりながら、ずっとワンコリアフェスティバルのために駆け回っているぼくに密着して撮ってくれた。その後、韓国に帰り有名な俳優となったのである。この年のパンフレットには、キム・ウンスさんと李鳳宇さんに対談してもらった。

ところで、『ＫＯＲＥＡ』という原題を日本ではどうするかが問題になっていた。ぼくは、「ハナ」はどうかと深く考えもせず言ったが、結局日本でのタイトルは『ハナ～奇跡の46日間』になったのには感激したものである。翌年（２０１３年）の春に日本公開ということまでトントン拍子に決まった。ぼくは、ワンコリアフェスティバルとしても大いに宣伝しなければならないと思い、この年のワンコリアフェスティバル前夜祭として大阪でも特別試写会をすることにした。

そこで映画のことをもっと良く知るために、１９９１年に千葉県幕張で開催された世界卓球選手権に、どうして史上初めての南北の統一チーム出場が実現したのかを調べることにした。それで知ったのが、当時の世界卓球連盟会長だった荻村伊智朗さんの存在だった。荻村伊智朗さんの評伝『ピンポンさん』（城島充著、角川文庫）を読んだのである。ぼくは魂が震えるほど感動した。その時の感動をフェイスブックにこう書かせていただいた。

１９９１年、千葉で開かれた世界卓球選手権大会において南北統一チーム「コリア」を実現した最大の功労者、荻村伊智朗・元世界卓球連盟会長の評伝『ピンポンさん』を読みました。近年これほど感動した本はありません。

世界選手権のタイトルを12個も獲得し、日本卓球の全盛期をリードしたその人は、高校生にして「天才中の天才」を目指し、人に「君には卓球の素質がない」と言われても「大事なのは、『まれに見る素質』じゃなくて、『まれに見る努力』だってことですよ」と言ってのけ、それを実行した、すごい人です。

かつて小林秀雄は、「天才とは努力しうる才」だと言いました。普通、努力は誰でもできると思われがちですが、天才は、努力しようと思って努力するのではなく、努力「してしまう」人だという意味だと思います。そのすさまじい修練、それゆえの孤独との闘い、やがて頂点を極めた彼の天才は、現役を引退して、指導者の立場に立ってから、さらに輝きました。

世界中のどの国、どの地域の卓球振興にも公平に努力し、たとえ日本のライバルであってもその指導は、純粋に強い選手を育てる厳しいもので、実際、指導を受けた選手は、世界チャンピオンの日本人選手にも勝って、その座を奪ったりしています。

世界卓球連盟の会長にまでなり、世界平和のために、全てを捧げて献身しました。文化大革命で世界から孤立していた中国を、周恩来を説得して、再び世界選手権に引き戻し、中・米国交樹立につなげ、「世紀のピンポン外交」へ導きました。中国もその功績を高く評価しました。

そして、南北統一チームの実現のために、大韓民国に20回、朝鮮民主主義人民共和国に15回も渡って交渉した末に、ついに南北統一チーム「コリア」を実現させたのです。彼は、その後も世界卓球選手権大会の「南北共催」を提案したり、来るべきオリンピックなどのスポーツ大会にも南北統一チームによる参加を構想し続けました。

しかし、統一チーム実現からわずか3年後、62歳の若さで、この世を去りました。

世界とアジアのスポーツ界にとって、いや世界平和にとって、痛恨の喪失だったというしかありません。彼が願った世界的大会に、再び南北統一チームで参加する夢は、いまだに実現していません。

韓国映画『ハナ〜奇跡の46日間』に出会ってなかったら、この本に出会うこともなく、荻村伊智朗先生の生き方を知ることもなかったかもしれません。あらためて、この出会いに心から感謝します。

こんなすばらしい日本人がいたことを、もっとたくさんの人に知ってほしい。

真の天才には、シューマンがショパンの才能を見出して言った、この言葉こそふさわしい。
諸君、脱帽したまえ、天才だ！

２０１２年６月

日本と韓国の関係が良くない時にこそ、荻村伊智朗さんのことを知ってもらうことが今何より大事なことだと思った。この本をきっかけに、彼が残した事業を受け継いでいるという愛弟子の織部幸治さんにも出会うことができた。織部さんに、荻村さんのこと、南北の統一チーム実現のことを詳しく聞くためにお会いしたが、会ってみると歳も同じで、すぐに意気投合し、今では旧知の仲のように親しくさせてもらっている。

この年（２０１２年）の11月3日、『ハナ～奇跡の46日間』の特別試写会を、大阪国際交流センター大ホールで、主演女優のハ・ジウォンさん、監督のムン・ヒョンソンさんを招いて開催した。会場は、事前に申し込んでいただいた参加者で満員となった。

この時の事前の新聞の取材記事や告知でも常に荻村伊智朗さんの功績を強調していたので、スタッフから当日の広報が心配ですと言われてしまったほどだった。それでも満員になったのは、何と言ってもハ・ジウォンさんが来てくれたからであるが、彼女は交流パーティーまで出席してくれた。韓流は根強いファンに支えられていることも、改めて実感することができた。

翌２０１３年、いよいよ一般公開されることになり、春から東京、大阪で立て続けに『ハナ～奇跡の46日間』公開記念先行上映会を開催した。この時も、新聞の取材記事では荻村伊智朗さんの功績を中心にさせてもらったのである。

まず4月に、東京新宿の文化服装学院で公開特別記念イベントを開催した。会場には約１５０名の参加者が参加し、日本における南北統一チームの様子を記録した当時の貴重なドキュメンタリー映像が流され、梁石日さん、佐高信さん、辺真一さん、宋富子《ソンプジャ》さん、寺脇研さん、朴慶南さん、李鳳宇さん、金床憲さん、何度もワンコリアフェスティバルの司会をしてくれている李由美《イユミ》さんが応援スピーチやこの映画に込められた思いを語ってくれた。

この年のワンコリアフェスティバルに招請していた新宿梁山泊の三浦伸子さんに、芝居『百年～風の仲間たち』の１シーンで、ちんどん隊の演奏と統一への熱い思いが伝わる場面を披露してもらった。さらに『百年〜風の仲間たち』の原作者であり、この芝居の元となった歌「百年節」の作者でもある趙博《チョウバク》さんのミニライブも行われた。新宿梁山泊は、受付、会場設営、現状復帰など裏方から、金守珍さんと渡会久美子さんによる司会まで担ってくれた。

驚いたことに、荻村先生の娘さんの直実さんが、新聞を見て来てくださり「みなさんが、父のことを忘れずにいてくれているのがうれしくてと」言ってくださり感激したことも忘れられない。

続いて6月には、大阪・十三の映画館、第七芸術劇場で、関西公開記念先行上映会を開催した。事前申し込み制で定員に達していたが、立ち見覚悟で来てくれた方が何人もいた。主催者を代表して、ぼくが挨拶させていただいたが、荻村先生のおかげで統一チームができたこと、日本の千葉で実現したこと、ぼくがプロデューサーか監督なら、映画のどこかで、荻村先生が登場する場面を入れたこと、それこそが、韓国の人と一味ちがう在日コリアンの想いと発想であると話した。

また、アジアと世界の平和に先生はなくてはならない人であったこと、享年62歳というそのあまりに早い逝去が残念でならないこと、今のこんな先生の願いと想いに逆行している日本だからこそ、いっそう先生の不在が大きく痛感されること、それでも、その意思を継ぐ日本の人が出てくることを信じたい、いや、みなさんが出来ることで、継いでほしいと、挨拶した。

映画上映後は、荻村先生の評伝『ピンポンさん』の著者・城島充さんと対談させていただいた。城島さんはこの時に『ハナ』を初めて観られたので、その感想からお聞きしたのだが、その際の一問一答を紹介したい。

城島充　たいへん感動し、最後の方は涙腺が崩壊しました。当時の事実はよく知っていますが、映画が事実とかなり違うことを踏まえても、全体的に見て南北関係の現実を深く反映していると思いました。

たとえば、1988年ソウルオリンピックの参加、共催、分催をめぐって揺れていた、その年の5月、新潟で開かれていたアジア卓球選手権で、実際に北朝鮮のチームが大会途中で帰国するトラブルが起こりました。当時マスコミは「つまずいた荻村構想」と報じたといいます。しかし、荻村先生のすごいところは、この時の悔しさをバネに、3年後の千葉で開かれる世界卓球選手権を見据えて、統一チーム実現に向けて南に20回、北に15回も渡り、障害となっていた合宿地もすべて調整し、ついに南北統一チームを実現したことです。

鄭甲寿　この映画のいいところは、分断とその克服の意味を分かりやすく描いているところにあります。事実としては、南北互いに国家代表として、トップアスリートとして、よく協調、協力し、全民族の期待に応えて、中国の９連覇を阻止し優勝するという、すばらしい結果を残した。「小さな統一」が、本当に統一すれば、どれほどの可能性を開くものであるのかを実感させてくれた。そのままドキュメント映画にしても十分感動的なものになったでしょう。

しかし、統一とは、朝鮮戦争で同族が殺し合い、憎しみ合い、不信を募らせてきた現実と歴史を乗り越えて実現しなければならないものなのです。この映画は、それを表現するために、あえて葛藤を誇張して描いたのだと思います。

ぼくは、監督や主演俳優のみなさんとも、じっくり話す時間をもつ機会がありましたが、その統一への想いは純粋で、深いものがありました。一部で、（北朝鮮に批判的な）李明博時代だから、こんな描き方になったという非難もありますが、とんでもない誤解です。

ぼくも中国やロシアで南北、在外同胞が集う大会に招かれて参加したことがありますが、ほかの地域、国の同胞とは自由に交流できましたが、北朝鮮からの代表とは、公式行事以外では、自由に接することができませんでした。ぼくは図々しい性格なので、直接宿舎も訪ねました。

朝鮮民主主義人民共和国のパスポートと大会発行の身分証明を見せても、入口で止められましたが、それでも食い下がってやっと一緒に飲むことができました。ですから、映画では、そういうことも誇張していますが、たんにステレオタイプとは言えないと思うのです。

城島　荻村先生は、スポーツの役割について哲学とビジョンがとくに明確でした。「スポーツの本質を曲げずに政治が歩みよりやすい場を設定する。それがスポーツ側にいる人間の力量です。スポーツが政治を動かすことはできないが、援護射撃はできる」と。

鄭　文化の力で政治を歩みよりやすく働きかけようとしているワンコリアフェスティバルに通じますね。もちろん、荻村先生にはまだまだ足元にもおよばないのですが。

城島　さらに荻村先生は、こんなプランも南北の関係者に伝えていたと言います。「次は南北で世界選手権を開催しませんか。前半の団体戦をピョンヤン、後半の個人戦をソウルでやるんです。団体戦のあと、世界各国の選手が板門店を通って韓国に入る様子を世界中のメディアが伝えれば、朝鮮半島を取り巻く環境が大きく変わるかもしれません」と。

荻村先生が、その後すぐお亡くなりになっていなかったら、どうなっていただろうかと思わずにはおれません。もっと長生きされていたら、ノーベル平和賞を受賞されたかもしれません。私は、ルポライターとして、多くのすばらしいスポーツ選手を第一線で取材してきましたが、荻村先生ほどの人物は、二度と現れないのではないかと思いますね。

荻村先生が若手政治家の会合で講演をしたとき、そこにいた若き日の小沢一郎も、今すぐ日本の首相が務まる人物と感嘆したと言います。

また、サプライズのお客様も来てくださった。元卓球世界チャンピオンで荻村先生とダブルスを組んだ江口富士枝さんだった。江口さんも新聞を見て、事前申し込みをし、わざわざ来て下さったのである。もうお一人荻村さんの会社で長く事務員をしていましたという女性も来てくださった。荻村先生の人徳が偲ばれる本当にうれしい出会いだった。

最後は、大阪でも趙博さんの「百年節」で締めくくってもらった。「百年節」は、在日コリアンの百年に及ぶ日本と南北祖国にからむ苦難とそれでもたくましく生きてきた歴史を、十数分に見事に凝縮した歌だが、この歌に基づいて生まれた芝居が新宿梁山泊の「百年～風の仲間たち」(脚本・趙博　演出・金守珍)だった。

荻村伊智朗さんへの感謝をこめて

それまで日本、韓国各地で上演され、上演するごとに進化し続けている芝居だったが、ワンコリアフェスティバルのプレイベントとして大阪城公園・太陽の広場で3日間公演することになっていたので、東京でも大阪でも最後をこの芝居の歌で締めくくることによって、そのままワンコリアフェスティバルへとつなげたのである。

その「第29回ワンコリアフェスティバル２０１３」は、大阪城公園・太陽の広場に新宿梁山泊の紫龍テントを建て、テントを中心に『百年～風の仲間たち』、『風・パラム伝説』の上演、そしてワンコリアフェスティバルを、９月の27～29日の３日間にわたって開いたのである。

この年のワンコリアフェスティバルは、テーマとして「在日コリアン文化ルネッサンスが開く東アジアの平和」を掲げ、在日の文化を代表する音楽、舞踊、映画、演劇などのトップランナーを招待し、３日間にわたる総合的文化イベントとして開催しようと企画したものだが、在日コリアンの文化の素晴らしさ、文化的エネルギーを十分に示すことができたと思う。『百年～風の仲間たち』は、在日コリアンの日本における１００年近い苦難を乗り越えてきた歴史の物語であり、テントでは今回が初公演だった。実はテント芝居は日本にしかない芝居形式であり、新宿梁山泊は日本独自の文化であるテント芝居を受け継ぎ、日本の俳優たちとともに在日コリアンのテーマを直接、間接に込めて描いた演劇で国際的に高い評価を受けてきた。今回のテーマである「在日コリアン文化ルネッサンス」にふさわしい公演としてテントでしてもらったのである。ストレートに在日コリアンのテーマを描き、テントならではのダイナミックな演出で大きな感動を呼び起こした。

ワンコリアフェスティバルでは１９９４年にも15周年記念特別企画として、新宿梁山泊の芝居を上演したことがある。それもワンコリアフェスティバルの公演のために台本から作り上げた、統一をテーマとする完全なオリジナル作品だった。芝居の題は『夢向石の詩』で、よりよい未来のために闘う人々を、伝説の「石」の数奇な運命に託して描いたものだった。東京・水道橋の韓国ＹＭＣＡで３日間上演したが、その時職員だった金明弘さんにはずいぶん便宜を図ってもらった。『風・パラム伝説』公演も、このテントを使って公演するユニークな企画であり、金剛山歌劇団出身のアーティストを中心とした日本のアーティストとのコラボレーションライブは、聴衆に深い感動を与えた。

在日コリアンの出演者たちは、朝鮮学校、金剛山歌劇団出身のアーティストでありながら、南北それぞれの伝統芸術を学び、韓国でも伝統芸術の先生にまでなり、日本のアーティストとも積極的にコラボレーションするなど、祖国南北、日本をまたいで、さらには世界で活躍している、文字通りマージナル性と多文化性を兼ね備えた芸術活動を展開していたアーティストたちである。これもまた「在日コリアン文化ルネッサンス」にふさわしい、祖国南北、日本を結ぶ芸術だ。『ハナ～奇跡の46日間』日本上映実現とその応援も「在日コリアン文化ルネッサンス」の一環でもあった。『ハナ』が、いかに素晴らしいかはすでに述べた。

しかし在日コリアンの立場からは、映画ではすっぽりと抜け落ちている南北統一チーム「コリア」実現の最大の功労者、荻村さんにスポットを当て、日本とコリアの文化交流の最高の模範としてクローズアップしようとしたが、これも在日コリアンならではの役割だと思うからだ。

この時ワンコリアフェスティバルのステージでは、映画で統一チームの監督役を見事に演じた、1年前はパンフレットの李鳳宇さんとの対談で登場してもらったキム・ウンスさんを招いて、ぼくと映画のエピソードを中心としたトークをしてもらったが、かつてワンコリアフェスティバルのドキュメンタリー映画を作ったことなど、ワンコリアフェスティバルとの深いかかわりも語ってくれた。

この年は、最後に韓国で「ワンコリア・オンヌリ・フェスティバル・ソウル」で締めくくった。オンヌリとは世界という意味で、世界各地のコリアンとの交流を表現するためだった。11月2日、ソウル市庁8階の多目的ホールで開催したが、これも朴元淳市長のおかげだろう。

前日にはワンコリアフェスティバル海外同胞歓迎の宴があり、日本、アメリカ、中国、カナダなどからたくさんの同胞が集まり楽しく交流した。『ハナ～奇跡の46日間』のムン・ヒョンソン監督も駆けつけてくれた。

翌日、「ワンコリア・オンヌリ・フェスティバル・ソウル」は、平和と統一を願って多彩なイベント、パフォーマンスが披露され盛大に催された。日本からは、ミン・ヨンチさんがチャンゴ演奏を披露してくれた。

丁世均《チョンセギュン》議員をはじめ与野党の国会議員や各界の来賓の方々が出席してくれたが、中でも国会議員の金星坤《キムソンゴン》さんの挨拶は印象深かった。いま厳しい状況にある南北関係、韓日関係ともに、なんとか打開していかなければならないとしながら、在日同胞の役割が重要だと言われた。とくに、ワンコリアフェスティバルが東アジア共同体を主張してきたことにも注目していると。ご自身が参加されたセミナーをまとめた『東アジア平和共同体の構築と宗教の役割』（アーユスの森新書）とご自身の著書『道の政治』もいただいた。

ワンコリアフェスティバルのビジョンが、韓国にも着実に広がっていると実感することができた。

翌２０１４年のワンコリアフェスティバル東京は、さらに荻村先生への感謝を込めて一部を特別卓球イベントとして開催した。ワンコリアフェスティバル東京を4月27日にしたのも、翌日から世界卓球選手権東京大会が始まる日程に合わせるためであった。荻村伊智朗先生への尊敬と、そのご恩に、コリアンの一人として少しでも報いたいと思ったからである。

ワンコリアフェスティバル東京の前日には前夜祭として『ハナ〜奇跡の46日間』の上映会を、民団中央本部のホールをお借りして開き、ヒョン・ジョンファさんのトークとサイン会もした。

翌日ワンコリアフェスティバル東京が、明治大学リバティホールで開かれたが、ホールの横にあった図書館の入り口にオーギュスト・ロダンの言葉が掲げられていた。「肝心なことは、感動すること、愛すること、望むこと、身ぶるいすること、生きることとです」と。それがこの日を、そのまま表していたように思え、感慨深いものがあった。

同ホールは、明治大学の寺島善一教授のつながりでお借りできたのだが、寺島さんは、ご自身陸上選手出身のスポーツマンで、植民地時代にベルリンオリンピックのマラソンで金メダルをとった孫基禎《ソンギジョン》さんと交流があり、日韓交流にも尽力されていた。

さて、一部の卓球イベントは、予想以上に盛り上がった。テレビ東京の世界卓球選手権大会の解説のため忙しい中駆けつけてくれた元日本チャンピオンの松下浩二さんは、韓国卓球のレジェンド元世界チャンピオンのヒョン・ジョンファさんと対戦出来るのがうれしいと語り、白熱のゲームを展開した。

また、『ハナ〜奇跡の46日間』の監督・俳優陣で結成された「コリア卓球団」と、著名なデザイナーの浅葉克己さん率いる卓球クラブチーム「東京キングコング」との親善試合を行なった。

浅葉さんは、千葉の世界卓球選手権では、荻村伊智朗さんの盟友としてトータルに演出し、大阪での２００１年世界卓球選手権の公式ポスターのデザインも手がけられたこともあり、熱烈な卓球愛好家として知られていた。この年のワンコリアフェスティバル東京のポスターをデザインしてくださっていた。

「キングコング」と「コリア卓球団」の親善試合も、まるでシナリオがあるかのようなスリリングな展開となった。また、中国からは元ダブルス中国チャンピオンの馬佳蒙選手が、参加してくれた。

親善試合の後、映画『ハナ〜奇跡の46日間』に主演していた、ハ・ジウォン、チェ・ユニョン、イ・ジョンソクのワンコリアフェスティバルへのビデオ応援メッセージが披露された。

続いて、ヒョン・ジョンファさん、浅葉さんと荻村先生の愛弟子の織部幸治さんを交えて、１９９１年初の南北統一チームを実現された荻村先生の話を中心に話していただいた。ヒョン・ジョンファさんは、統一チームに参加した後、祖国の統一に力を尽くそうと考えるようになったが、スポーツ人として荻村先生の意志を継いで、スポーツを通して世界の平和に貢献していかなければならないと、改めて決意していると語った。

何より織部さんが、ここに荻村先生がいたらみなさんに感謝していることでしょう、ぼくが荻村先生に代わってみなさんに心からのお礼を申し上げますと言ってくれた時は、思わず涙が出た。この会場に荻村先生の長女と次女のお2人も見えていますと紹介してくださったことにも。

一部の締めくくりも恒例のハナ・コールでしたが、今回は荻村先生自ら製作された白地に青の「統一旗」を振ってハナ・コールをした。実は、統一チームのために統一旗を自らデザインし、西陣で染め、色見までして作ったのは荻村伊智朗先生その人だった。ところが、この事実をほとんど誰も知らない。統一チームの実話を元に創られた映画『ハナ―奇跡の46日間』にも一切出てこない。監督をはじめ映画関係者もそのエピソードを知らなかったのである。ぼくは、監督や関係者に、統一チームと統一旗について荻村伊智朗先生への感謝のメッセージを、エンドロールにたとえ一行でも入れるべきだったと苦言を呈した。彼らも驚き、しかし感動してくれた。

第二部のライブでは、第一部から引き続いて李由美さん、長谷川裕子さんのコリア・日本コンビによる司会で進行し、裵美香《ベミヒャン》さん（韓国舞踊）と裵美香さん率いる劇団遊戯（南かおりさん、小林咲子さん、泉正太郎さん、田代健二さん）と在日本朝鮮文学芸術家同盟・東京支部舞踊部（群舞）、高定淳《コウジョンスン》さん（朝鮮舞踊）、のスタイルのちがう南北の舞踊が披露された。

ライブは、趙博さん、田月仙さん、李政美さん、矢野敏広さん、白竜さん、朴保バンドとワンコリアフェスティバルゆかりのアーティストが盛り上げてくれた。朴慶南さん、金希姃さんの詩の朗読もあった。

翌日、統一旗をもって世界卓球選手権東京大会に応援に行ったことは言うまでもない。

応援と言えば、初めて軍事境界線（DMZ）で開催することになったワンコリアフェスティバルのために行った韓国では、ちょうどアジア大会の期間中だった。ぼくが行った日は、サッカー女子決勝の日で、北朝鮮と日本の対戦だった。イ・チャンボク・6・15共同宣言実践南側委員会常任代表議長とヨンダム僧侶・ソロトッキ（助け合い）運動共同代表と一緒に応援した。見応えのあるいい試合だった。北朝鮮の勝利で金メダルを獲得し、日本は銀メダル、3位決定戦に勝った韓国が銅メダルだった。在日コリアンのぼくにとって、3カ国が並ぶ姿は、感慨深いものがあった。

韓国の人たちは、テーハンミングッ（大韓民国）の代わりにトーンイルチョーグッ（統一祖国）と叫んで北朝鮮を応援。すぐ横では、完全アウェー状態の中で、日本を懸命に応援する日本の応援団がいた。ぼくは彼らにもエールを送りたい気持ちになった。試合後は、韓国の応援団も日本選手に拍手を送っていた。スポーツのように、南北が気持ちを一つにし、日本と互いに切磋琢磨しながら、互いを尊重することができれば、と思わずにはおれなかった。

「イムジン河」

この年10月3日、初めて韓国の軍事境界線（DMZ）に近い臨津《イムジン》閣平和公園で「2014DMZワンコリアオンヌリフェスティバル」を開いた。同フェスティバルの前夜祭として、前日「ワンコリア ハン民族 世界組織委員会 後援の夕べ」が持たれた。韓国国内はもちろん、アメリカ、中国、日本など世界各地から参加者が集まり、日本で始まったワンコリアフェスティバルが世界に広がるよう力を合わせましょうと盛り上がった。多彩なパフォーマンスが繰り広げられ、美味しい食事を味わいながらの楽しい交流の場になった。

翌日の「2014DMZワンコリアオンヌリフェスティバル」は、与野党の国会議員や各界、また各国の来賓の方々の出席の下、平和と統一を願って実に多彩なイベント、パフォーマンスを繰り広げた。公式行事は、午後2時からだったが、午前10時からステージ

「2014 DMZ ワンコリア オンヌリ フェスティバル」のポスター

ではコンサートが始まり、市民による統一念願メッセージリレーや写真大会などが行われていた。京畿道、波州市、外交部、統一部、在外同胞財団、世界韓人貿易協会、在外同胞教育振興財団など多くの団体が後援してくださった。

250人以上が出演し、国民的歌手ソルンドさんをはじめとする韓国の多くの歌手やアーティスト、在日コリアンの朴保さん、田月仙さん、在米コリアンの「韓米公演芸術アカデミー」代表であり、1997年日本に「We are One」を率いて来てくれたチョウ・ヒョンジュ、ソ・ジュンヒ夫婦、在中コリアン(中国朝鮮族)のチェ・ミンさん、10数か国の子どもたちで構成された「仁川多文化子ども合唱団」、各大学の応援団、チアガールのチームらが、南北の和解と統一を訴えたのである。

韓国の国民的歌手ソルンドさんには「ワンコリア賞」が授与された。受賞に当たってソルンドさんは、これからも一層、ワンコリアとともにグローバル・コリアンの発展のために自分にできることをしていきたいと語ってくれた。在日コリアンの2人の出演者、朴保さんと田月仙さんは北朝鮮の名曲「イムジンガン」を歌ったが、ここに在日コリアンの想いが凝縮されていると思った。

何より海外同胞と韓国の市民が共に参加し、平和と統一への想いを共有した場であった。30年前大阪で始まったワンコリアフェスティバルが、分断の象徴であるDMZの真近で、分断を乗り越えて行こうと開催され、さらに世界に広がる新たな一歩を刻んだと、ぼくは感慨深く思ったものである。

この日の模様は、その日の日本テレビの報道番組「ニュース24」でも紹介された。こういうコメントが記者により語られた。「北朝鮮との軍事境界線に近い韓国・坡州のイムジン閣で3日、朝鮮半島の平和と統一を願うコンサートが開かれ、韓国や在日コリアンの歌手らが南北の和解を訴えた。朝鮮半島やアジアの平和を訴える「ワンコリアフェスティバル」は30年前から大阪で毎年開かれているが、今年初めて南北の軍事境界線に近いイムジン閣で行われた。毎年イベントに出演している在日コリアンのオペラ歌手・田月仙さんは、北朝鮮で作曲され、韓国や日本でもよく知られている「イムジン河」を披露。「南北で自由に行き来する日が来ることを願う」と述べ、分断の克服を呼びかけた。イベントの主催者は「分断から70年近くがたち、韓国でも関心が薄れているが、文化的なイベントを通じ南北の和解に関心を持ってほしい」と話している。〉

このコメントを語ってくれたのが、先に紹介したいまや日本テレビ・ソウル支局長であり、学生時代からワンコリアフェスティバルに関わってきてくれていた玄昶日くんだった。

この年最後のワンコリアフェスティバルである「第30回ワンコリアフェスティバル２０１４」も、大阪城音楽堂で盛況のうちに無事終了した。大阪朝鮮歌舞団と韓国のＫ‐ＰＯＰが同じステージで公演し、趙博さん、ミン・ヨンチくんらが盛り上げてくれた。

とくに朴保バンドを率いる朴保さんは、この年、北朝鮮のピョンヤンで行われた朝日親善プロレス大会にアントニオ猪木さんと参加し、レセプションで「イムジン河」を歌っていた。そして「２０１４ＤＭＺワンコリア オンヌリ フェスティバル」が開かれた、その名もイムジン閣で「イムジン河」を歌ったわけである。

朴保さんは、南北で統一を願う在日コリアンの熱い想いを伝え、また南北の人々の統一への想い、日本との友好を願う想いを受けて、この日も最後に「イムジン河」を歌ったのである。

当日の夜、テレビ大阪のニュース番組「ニュースα」でもワンコリアフェスティバルの模様が放映され、翌日の各新聞にも大きく報道された。共同通信も全国配信してくれた。韓国最大の通信社「聯合ニュース」も、「30回迎えたワンコリアフェスティバル。大阪で和合の舞台。国籍と世代を超えて、在日同胞と現地の人びとがひとつの場に集まり、南北統一と韓・中・日をはじめアジアの平和を願う文化祝祭が盛大に開かれた」と伝えてくれた。

ワンコリアフェスティバルは、統一を願うだけでなく、日本との共生とアジアの平和を願う文化イベントとして自然に受け止められるようなったと言えるだろう。

たしかにワンコリアフェスティバルのビジョンと発想は広がってはいるが、統一と（東）アジア共同体を目指す道は、まだまだ遠い。とくに最近は、韓国と日本、北朝鮮と日本の関係も最悪であり、日本と中国の関係、そして南北関係も良くない。

戦後日本は、朝鮮戦争の特需で蘇り、ひたすら高度経済成長路線をひた走っていたが、冷戦体制の最大の受益者と言われた日本は、冷戦体制の終焉とともに「失われた２５年」の停滞と閉塞感の中で、アジア侵略と植民地支配を正当化する「歴史修正主義」が持ち上がり、最近はヘイトスピーチやヘイトデモがはびこっている絶望的状況だが、日本を良く知るぼくたちが日本に絶望することはない。

冷戦がもたらした南北関係もまた同じだ。統一は、70年に及ぶ不信と憎悪を超えて、互いに対話し、協力し、互いを尊重し、理解しょうと努力することからしか始まらない。統一は、敵対を超えて、互いが共存、共助、共栄できるように努力することからしか始まらない。

この分かり切ったことが中々やり遂げられない。ぼくたちは、たしかに何度も挫折してきた歴史を見てきた。それでもぼくたちは、けっして諦めたことなどない。

東アジアにおいて（東）アジア共同体が政治の課題として浮上してきたのも、冷戦体制の終焉がグローバル化と同時に、そのグローバル化への対応として、先駆的なヨーロッパ共同体ＥＣからヨーロッパ連合ＥＵへの発展に見られる地域統合を意識せざるをえなくなったからである。冷戦後ヨーロッパ連合は、中・東欧10カ国を加えて拡大した。と同時に東アジアでは、目覚ましい経済成長と中国の台頭があり、アセアン＋３（韓国・日本・中国）はまだ会議体だが、かつてなく地域の経済的つながりが深まってもいる。拡大ＥＵとアセアン＋３（韓国・日本・中国）は、ともにＧＤＰにおいてアメリカを抜いている。

アメリカが相対的に衰退していっている。この傾向は、今後ますます強まるだろう。この現実にどう対応するか、その中で（東）アジア共同体を展望しなければならないのだ。

とはいえ、歴史の断絶と対立が残る東アジアで、（東）アジア共同体もそう簡単にはできないだろう。それでも言いたい。変わらないものなどこの世界にはない。だが、変えるのは、ぼくたち自身なのだと。これこそがワンコリアフェスティバルの真のメッセージなのである。

あとがき

1985年の「解放40周年」に始めたワンコリアフェスティバルの歩みを、「解放70周年」であり、ワンコリアフェスティバル30周年の記念すべき年に、こうして本にまとめることができたことにまず感謝したい。一昨年、フェイスブックで知り合った同胞の後輩である朴元浩《パクウォンホ》くんから、ころからの代表木瀬貴吉さんを紹介したいと新宿ゴールデン街のクラクラで3人で一緒に飲んだのが、この本が生まれる機縁となった。

思えば、フェイスブックは、交友の範囲、共感の輪を大きく広げてくれた。そのフェイスブックを始めて3年が過ぎたが、何気なく気が向いて若い頃読んだ本のことを書いたところ、様々な反応があり、いろいろな刺激を受けて、過去に読んだ本のことを次々と書くようになった。そのことも、今回本書を書く上で大いに役立った。とくに20代で読んだ本の内容は今でもはっきり思い出せることに我ながら驚いた。最近読んだ本はすぐ忘れてしまうのに。

本文でも何度か書いてきたように、ぼくが哲学・思想の本を読んでいたのは大学生の頃から20代にかけてであり、29歳の時ワンコリアフェスティバルを始めようと決心してからは、日々刻々動く情勢を知るために新聞などのメディアを読んで分析することに、あるいは世論を知り、何より、出演者を、賛同、支持を、寄付を、それもできるかぎり南北に偏らないように集めるための時事的な読書に追われた。哲学・思想に関しては、ぼくが今も批判的にではあるが、読むに値すると思っているルソー、カント、ヘーゲル、マルクスを時々読むにとどまっていた。

フェイスブックがあったからこそ、たまたま20代に読んだ本のことを思い出したり、読み返したりしながら書くようになったが、書きながら痛感したことがある。たしかに、それらの哲学・思想書を集中して読んだのは30年以上も前であるし、またぼくは専門家でもないが、ワンコリアフェスティバルという実践をしてきたことが、それら哲学書について、とくに批判的に書く際に反映されているということだった。多少でも、ぼくのような運動家の書いたものが読むに耐えるところがあるとすれば、そのおかげであろう。

本書は、読み物として面白くするために自画自賛のきらいがあるのは否めないだろうが、ワンコリアフェスティバル30年のヒストリーと成果に焦点を当てたものなので、大目に見てほしい。当然、もっとああすれば良かった、こうすべきだったと悔やまれることも多々ある累々たる失敗と反省の連続であった。

また、１９８５年の第1回目から今日まで、民団や総連などの在日同胞内部や祖国南北政府、日本の公安などによる、誤解や誹謗中傷、妨害、破壊工作ではないかと思わざるをえないことまで、実にさまざまな困難にも直面した。今振り返ってみると、これらのすべてが、折れそうな心、おぼつかない足腰を鍛えてくれた良き「師匠」と思っている。

ところで、本書刊行の直前に集団的自衛権を行使するための「安保関連法」が強行採決された。日本の戦後の大きな転換点となるだろう。Ｇ・オーウェルが１９４８年に著した『１９８４年』に登場するスローガンを思い出す。

「戦争は平和である。自由は屈従である。無知は力である。」

周知のように、全体主義社会の恐怖を描いた不朽の名作であるが、実は今日本は、着々とその方向に向かっているのではないだろうか。日本版ＮＳＣから特定秘密保護法、集団的自衛権閣議決定から戦争法案、そしてマイナンバーと呼ばれる「住民管理ナンバー」制度等々。

他国を侵し、自国を破滅させた天皇を頂点とする政府、軍部に対して、ついに日本人自らの力で徹底的に責任を追及し、自ら徹底的に反省しなかったことが、今日の事態につながっていると言わざるをえない。

しかし、ＳＥＡＬＤｓ《シールズ》を中心とした日本の学生・若者たちが立ち上がり、ここまで「戦争法案」に反対する運動が各界各層、あらゆる世代を巻き込んで大きく盛り上がったことは、日本の戦後のこうした民主主義の限界を気づかせる契機になるだろうし、その実践の中でしか歴史の進歩はないのだ。今は一歩前進二歩後退の局面かもしれないが、ここからが日本人自らの力で真の自由と民主主義を勝ち取る本当の闘いだと思う。それは必ず、過去に向き合い、アジアと向き合うことになるだろう。

ＳＥＡＬＤｓに対して、運動論や歴史認識、「国民ナメンナ」のスローガン、あげくはファッションにまで様々な批判もあるが、ぼくは彼らの戦略、戦術はなかなかよく練られていると思っている。運動は、実践を通して認識を深め、深めた認識を実践しながら発展するものだ。ぼくも、学生時代から運動に関わってぼくなりに認識を深め実践を重ねた結果、10年後、ワンコリアフェスティバルというもっとも「軟弱な」運動を思いつくに至った。「ワンコリアという一点で手をつなごう」という趣旨だった。だからいろんな人が入ってこられた。ＳＥＡＬＤｓも「戦争法案反対」の一点で集まろうという原則だったから、ここまで運動が広がったと言えるだろう。

ワンコリアフェスティバルも、30年前始めた当時から、英語を使っている、ファッションショーをしている、権力を批判していない、政治的主張がない、闘争がない、ロックやジャズで何が統一だ、等々、いろいろ批判、非難を受けた。「確信犯」だったぼくは、それらに一々反応しなかった。

ぼくもそれまでは政治的主張や政権批判を強烈にしてきたが、ワンコリアフェスティバルは、統一を目指す明確な戦略のもと、意識的にそうしたのである。その戦略から「(東) アジア共同体」の構想も生まれ、発展させて来た。ＳＥＡＬＤｓも戦争法案反対から落選運動へと発展させようとしている。

運動は、素朴な疑問から始まって、現実とぶつかる中で意識が高まり、認識を深めながら弁証法的に発展するもので、言い換えれば、短期的には一歩前進二歩後退と、長期的には二歩前進一歩後退を繰り返しながら、螺旋状に発展・進歩するものだ。運動の主体もそうした具体的な現実の運動の中で成長するのであり、既存の思想や理論、イデオロギーとの真摯で批判的な対話を通して、それらも乗り超えながら成長していくものなのだ。

ここで思い出すのは、この夏亡くなられた市民運動の大先達の鶴見俊輔さんのことだ。鶴見さんは市民運動のリーダーのあるべき姿を示していた。気さくでユーモアがあって、分け隔てなく、党派的でなく、柔軟で、オープンで、何よりロマンをもっていること。ぼくもそうありたい願っている。

最後に今一度感謝を表したい。何よりワンコリアフェスティバル30年の営みは、多くの同胞・日本人の内外の支援者があっての賜物である。寄付、広告などのご支援をしてくださった方々、賛同、後援してくださった多くの各界各層の個人、諸団体、大阪府、大阪市、東京都などの行政、朝日、読売、東京、毎日、産経、NHKなどのメディア、参加し応援してくださった数えきれないほどの人々、そしてボランティアでワンコリアフェスティバルを共に創ってくれた出演者ならびにスタッフのみなさん、お一人お一人に感謝したい気持ちでいっぱいだ。

ワンコリアフェスティバルを支えてくれたこれらのすべての方々があってこその30年間の継続であり、そのことに改めて感謝するとともに、今後のさらなる発展を期していっそう努力していくことを決意するものである。

本書の素晴らしい表紙を描いてくださった黒田征太郎さんは、ワンコリアフェスティバルのビジュアルもまったくのボランティアで長年手掛け続けてくれたが、本当に感謝に堪えない。

原稿を読んで貴重な指摘、アドバイスをしてくれた金熙哲兄、小林恭二さん、金泰明さんに改めて感謝するとともに、本書を書くように勧めてくださり、世に出るようにしてくれたころから株式会社の皆さんに心よりお礼申し上げる。

2015年9月25日

鄭甲寿

ワンコリアフェスティバル関連年表

年	ワンコリアフェスティバル	東アジアのうごき
１９４５		日本の無条件降伏によって朝鮮が植民地から解放される
１９４７		日本国憲法施行
１９４８		大韓民国（以下、韓国）、朝鮮民主主義人民共和国（以下、北朝鮮）が成立
１９５０		朝鮮戦争はじまる
１９５２		サンフランシスコ講和条約公布。旧植民地出身者の国籍喪失
１９５３		朝鮮戦争休戦協定
１９５９		在日コリアンの北朝鮮への帰国事業はじまる。１９８４年までに約９万人の在日コリアンとその関係者の日本人が北朝鮮へ渡った
１９６５		韓日が基本条約を締結
１９７２		南北共同声明（７・４共同声明）を発表 日中国交回復
１９７３		日本国内で金大中氏が拉致される
１９８０		光州事件が起こる
１９８５	第１回開催	
１９８６	第２回開催	
１９８７	第３回開催	
１９８８	第４回開催	ソウル五輪開催
１９８９	第５回開催	

1990	第6回開催（ワンコリアフェスティバルが正式名称に）	
1991	第7回開催	北朝鮮と韓国が国連に同時加盟 世界卓球選手権に南北統一チームが出場
1992	第8回開催	
1993	第9回開催 ワンコリアフェスティバル柏田地域が開催され、これ以降「ワンコリア」の名を冠したイベントが各地で開催される	1955年体制以後では初の非自民政権（細川護煕首相）が誕生
1994	第10回開催 東京でのトークイベントを初開催（俵万智、鷺沢萠、金久美子ほか） 東京でワンコリアフェスティバルを初開催	金日成が死去
1995	第11回開催 第2回東京開催	村山首相が戦後50年談話で侵略を認め謝罪
1996	第12回開催 第3回東京開催	
1997	第13回開催 第4回東京開催 「We are One」日本公演を全国8都市で開催	
1998	第14回開催 第5回東京開催 ニューヨーク・ワンコリアフェスティバルを開催	
1999	第15回開催 第6回東京開催 ワンコリアフェスティバルを韓国・議政府市で開催	

年	ワンコリアフェスティバル	東アジアのうごき
2000	第16回開催 南北首脳会談歓迎！ワンコリアフェスティバルＩＮ東京開催（金石範、梁石日、姜尚中、小林恭二ほか） 第7回東京開催	南北首脳会談を開催。金大中大統領と金正日国防委員長が6・15南北共同宣言を発表
2001	第17回開催 第8回東京開催 東京2001フォーラム開催（和田春樹、李鐘元、吉田康彦、文京洙ほか）	
2002	第18回開催 ワンコリアフェスティバル・イン・みんぱくを開催（道場六三郎、石毛直道、鄭大聲ほか） 第9回東京開催 2002ワンコリアフォーラムｉｎ東京開催（姜尚中、和田春樹、吉田康彦、金泰明）	朝日首脳会談を行い、金正日国防委員長と小泉首相が朝日平壌宣言に署名。北朝鮮は拉致事件を認め謝罪 韓日がサッカーワールドカップを共同開催
2003	第19回開催 2003ワンコリアフォーラムｉｎ神戸開催（李鐘元、朴一、鄭甲寿）	「冬のソナタ」をＮＨＫが放映開始。韓流ブームの先駆けとなる
2004	第20回開催 大学生が中心となって東京・代々木公園で開催 岩波書店が「〈ワンコリア〉風雲録」（鄭甲寿著）を刊行	
2005	第21回開催	
2006	第22回開催	

	第2回代々木公園開催	
2007	第23回開催	盧武鉉大統領が陸路で北朝鮮に入り、金正日国防委員長と首脳会談
2008	第24回開催 第3回代々木公園開催	
2009	第25回開催	民主党政権が誕生（鳩山由紀夫首相）
2010	第26回開催	
2011	第27回開催 ワンコリアフェスティバルが公益財団法人に認可される	
2012	第28回開催 映画『ＨＡＮＡ（ハナ―奇跡の46日間）』特別試写会を開催	
2013	第29回開催 映画『ＨＡＮＡ（ハナ―奇跡の46日間）』特別上映会を東京・大阪で開催 ワンコリアフェスティバル ＩＮ ソウルを開催	
2014	第30回開催 ワンコリアフェスティバル ＩＮ ＴＯＫＹＯを開催 ワンコリア・オンヌリ・フェスティバルをＤＭＺ（非武装地帯）で開催	
2015	第31回開催	

ワンコリアフェスティバル・おもな出演者一覧（敬称略）

開催年▼1985年　日程▼8月14〜16日　都市▼大阪　会場▼大阪城音楽堂／大阪城公園太陽の広場
名　称▼〈8・15〉40民族・未来・創造フェスティバル【第1回】
出演者▼呉千恵　金良子　李真理　康優子　金泰憲　李成年　黄佑哲　林満里　洪栄雄　金ムンゴン
福井さとし　猪野としのぶ　朴鉄民　姜相根　左明建　周蓮玉　林美淑　朴聖姫　上条泉
水野弘文　青島信幸　田月仙　金成亀　呉在秀　堂迫康雄　白竜　南順孝　康和世　金秉喆　鄭安淑
朴玉美　文美奈子　青年G　杉江稔　三浦昌彦　岩本貢

開催年▼1986年　日程▼8月10日　都市▼大阪　会場▼大阪城音楽堂堂
名　称▼〈8・15〉41民族・未来・創造フェスティバル【第2回】
出演者▼グループ黎明　黄佑哲　文大進　岡本テンタ　洪栄雄　有馬　平重佳子　票下学　福井敏
金成亀　杉江稔　堂迫康雄　三浦昌彦　岩本貢　朝鮮舞踊研究所　姜輝鮮　鄭文寿
金弘美（司会）　宋君哲（司会）

開催年▼1987年　日程▼8月2日　都市▼大阪　会場▼大阪城音楽堂
名　称▼〈8・15〉民族・未来・創造フェスティバル【第3回】
出演者▼洪栄雄　金成亀バンド　朴聖姫　白竜　任哲弘　任響美　グループ黎明　康米那
姜輝鮮　民族文化祭有志　鄭瑠美（司会）　宋君哲（司会）

開催年▼1988年　日程▼8月11日　都市▼大阪　会場▼大阪城音楽堂
名　称▼〈8・15〉民族・未来・創造フェスティバル【第4回】
出演者▼ヘンリーズ　金成亀セクステッド　呉在秀　グループ黎明　康米那　朝鮮舞踊研究所
白竜&Mバンド　憂歌団　金久美子（司会）　鄭義信（司会）　朱源実（司会）

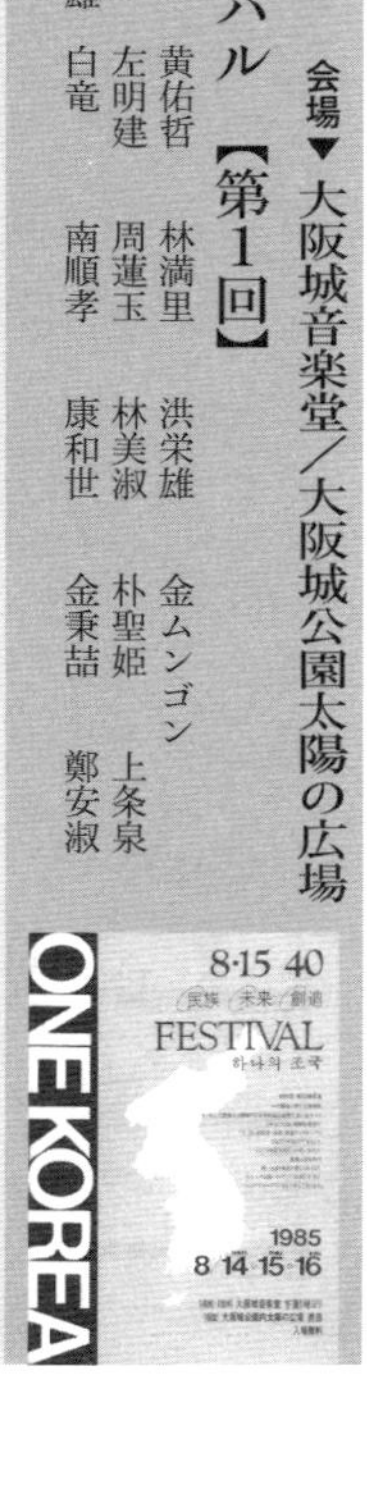

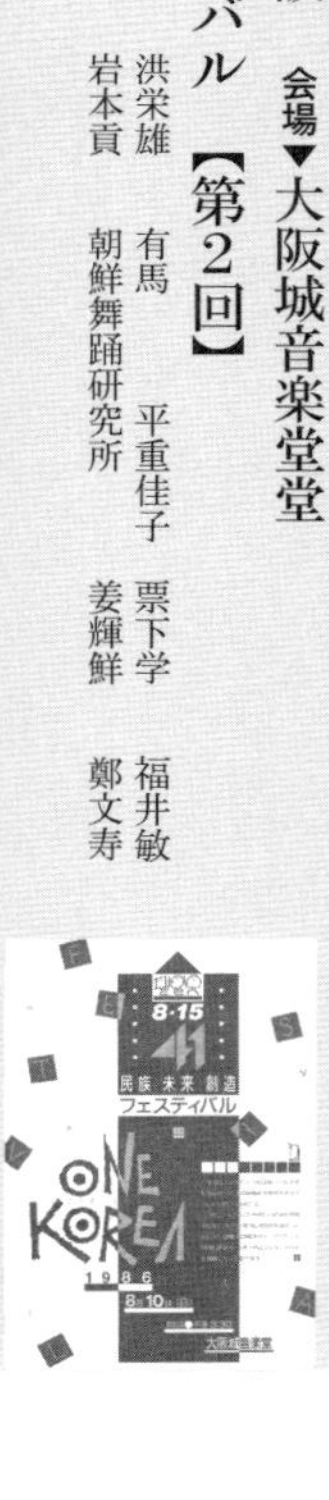

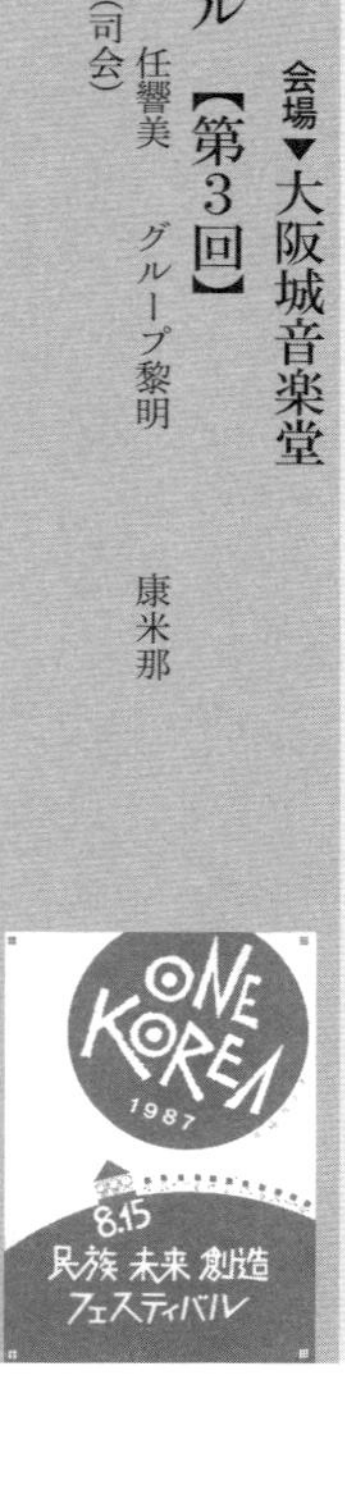

←パンフレット表紙

開催年▼1989年　日程▼7月30日　都市▼大阪　会場▼大阪城音楽堂
名　称▼〈8・15〉民族・未来・創造フェスティバル【第5回】
出演者▼グループ黎明　金成亀クインテット　朝鮮舞踊研究所　はしだのりひこ　新井英一　高橋望
呉在秀　憂歌団　サムルノリ　鄭義信（司会）　朱源実（司会）
鄭瑠美（司会）

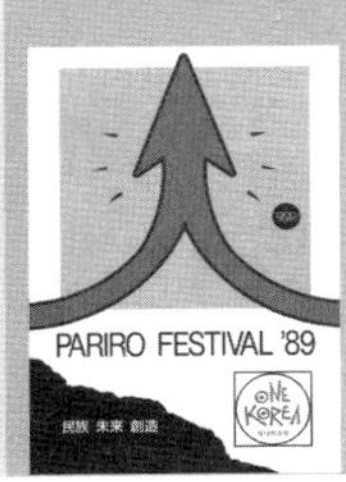

開催年▼1990年　日程▼8月5日　都市▼大阪　会場▼大阪城音楽堂
名　称▼ワンコリアフェスティバル1990【第6回】
出演者▼サムルノリ　金正規　憂歌団　金成亀　岡田修　崔風石　劉英華　李承淑　朝鮮舞踊研究所
グループ黎明　黒田征太郎　桑名正博　ジョー中山　小島良喜　金守珍（演出）
姜明秀（演出補佐）　尹英子（司会）

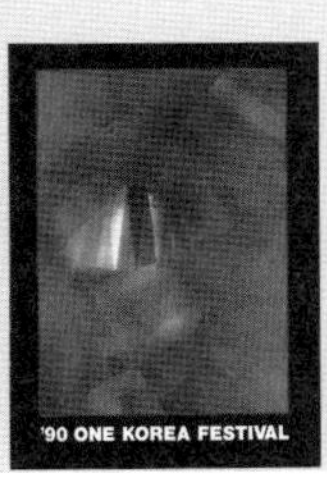

開催年▼1991年　日程▼10月6日　都市▼大阪　会場▼大阪中之島公園剣先広場
名　称▼ワンコリアフェスティバル1991【第7回】
出演者▼四柱八字　在日本朝鮮文学芸術同盟大阪　在日本大韓民国青年会　日本国際跆拳道協会
白竜　朴珠里　喜多郎　BORO　李扇鳳　黒田征太郎　爆風スランプ
金守珍（演出）　鄭智寿（舞台監督）　内田亜紀広（舞台監督補佐）　鄭瑠美（司会）
宋君哲（司会）

開催年▼1992年　日程▼10月17〜18日　都市▼大阪　会場▼大阪城野外音楽堂
名　称▼ワンコリアフェスティバル1992【第8回】
出演者▼金成亀　鄭成朝　吉屋潤　朴珠里　ギラ・ジルカ　シナウィ&大塚善章　黒田征太郎
大阪朝鮮吹奏楽団　朴保&東京ピビンバクラブ　りりィ　白竜　近藤等則　憂歌団
金蓮子　森本紀正（演出）　鄭智寿（演出補佐）　梁英姫（司会）

開催年▼1993年　日程▼10月17日　都市▼大阪　会場▼服部緑地野外音楽堂
名　称▼ワンコリアフェスティバル1993【第9回】
出演者▼朴保&東京ピビンバクラブ　汝矣島オモニ合唱団　在阪オモニコーラス「コール・アリラン」　グループ黎明　鄭成朝
ZE PINHEIRO　吉屋潤　古谷充　金成亀　大塩直哉　朴珠里　GEILA ZILKHA　白竜バンド
桑名正博　木村充輝　石田長生　リクオ　キム・ウンテ　チョエ・イクホアン　ハン・ヨンス
パク・ピョンジュン　近藤等則　レナード衛藤　サムルノリ　黒田征太郎　朴慶南（司会）　梁英姫（司会）

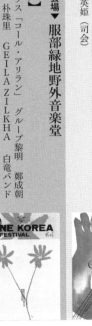

開催年▼1994年　日程▼10月2日　都市▼東京　会場▼上野公園水上音楽堂

名　称▼ワンコリアフェスティバル IN TOKYO【東京・第1回】

出演者▼新井英一　アルバトロス・カフェ S・O・S　大倉正之助 オユンナ　韓国スンシルOB合唱団
小室等　近藤等則　坂田明　朴珠里　ジョー山中　ゼ・ピュニエイロ　鄭明子韓国舞踏研究所
李京順　ミーファ佐々木　李愛美　室矢憲治　国際跆拳道協会　JUKKA　永六輔（司会）
朴慶南（司会）

開催年▼1994年　日程▼10月16日　都市▼大阪　会場▼服部緑地野外音楽堂

名　称▼ワンコリアフェスティバル1994【第10回】

出演者▼有山じゅんじ　石田長生　岡本真実　河内家菊水丸　韓国ウリハナ合唱団　金成亀グループ　ギラ・ジルカ　桑名正博
グループ黎明　コール・アリラン　小室等　サムルノリ（ノリムマチベ）　ZOUND SYSTEM　朴珠里　朝鮮舞踊研究所
鄭成朝　白竜　古谷充　諸口あきら　山本正明　ロジャー高橋　リクオ　ファンキー末吉　野村義男
渡辺秀樹　黒田征太郎　李愛珠　朴保&His Band　若一光司（司会）　梁英姫（司会）　コング桑田（司会）

開催年▼1995年　日程▼10月1日　都市▼東京　会場▼上野公園水上音楽堂

名　称▼ワンコリアフェスティバル IN TOKYO【東京・第2回】

出演者▼アン・チファン　大倉正之助　カン・サネ　キョレハナ合唱団　小室等&李政美　ジュリー・パク
ソウル・フラワー・ユニオン　田月仙　鄭明子韓国舞踊研究所　東京ビビンパクラブ　白竜
ファンキー末吉&チャイニーズバンド　白洪天民族舞踊団　李京順　永六輔（司会）　朴慶南（司会）

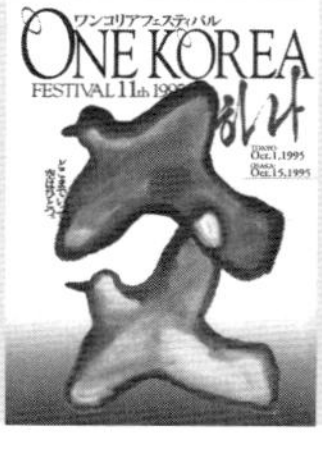

開催年▼1995年　日程▼10月15日　都市▼大阪　会場▼服部緑地野外音楽堂

名　称▼ワンコリアフェスティバル1997【第11回】

出演者▼ウヨンタナ　喜納昌吉　木村充輝　渋谷天外　スンシルOB合唱団　ソウル・フラワー・ユニオン
朴保&切狂言　大農楽隊　有山じゅんじ　桑名正博　J・公山　清水興
黒田征太郎　梁英姫（司会）　コング桑田（司会）

開催年▼1996年　日程▼9月1日　都市▼東京　会場▼上野公園水上音楽堂

名　称▼ワンコリアフェスティバル IN TOKYO【東京・第3回】

出演者▼風舞楽芸術団　白竜　朴保&切狂言　ソウル・フラワー・モノノケ・サミット　梅津和時
ファンキー末吉　鄭明子韓国舞踊研究所　東京サムルノリ　ジュリー・パク　卞仁子
ちんどん屋朝日堂　キョレハナ合唱団　田月仙　鄭香夏　張星姫　李政美　キャシー・リー
コング桑田（司会）　姜美香（司会）

開催年▼1996年　日程▼10月13日　都市▼大阪　会場▼服部緑地野外音楽堂
名　称▼ワンコリアフェスティバル1996【第12回】
出演者▼朴保&切狂言　ソウル・フラワー・モノノケ・サミット　田月仙　桑名正博　姜輝鮮　宇崎竜童
J・公山　紅龍　グループ黎明　石田長生&06バンド　スージー・キム
黒田征太郎　梁英姫（司会）

開催年▼1997年　日程▼10月5日　都市▼東京　会場▼上野公園水上音楽堂
名　称▼ワンコリアフェスティバル IN TOKYO【東京・第4回】
出演者▼朴保バンド　東京ピビンパクラブ　白竜　カン・サネ　スージー・カン　ジュリー・パク
紅龍　新村ブルース　ソウル・フラワー・モノノケ・サミット　田月仙　沢知恵
大倉正之助　ラティール・シィ　多民族合同公演芸術団　ちんどん屋朝日堂　姜美香（司会）
外波山文明（司会）

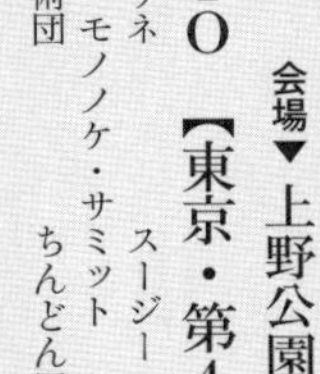

開催年▼1997年　日程▼10月12日　都市▼大阪　会場▼服部緑地野外音楽堂
名　称▼ワンコリアフェスティバル1997【第13回】
出演者▼朝鮮舞踊研究所　朴保バンド　黒田征太郎　喜納昌吉　在阪オモニコーラス「コール・アリラン」
韓国キョレハナ合唱団　渋谷天外　カン・サネ　沢知恵　ソウル・フラワー・モノノケ・サミット
ピノッキオ　多民族合同公演芸術団　梁英姫（司会）　諸口あきら（司会）

開催年▼1998年　日程▼10月11日　都市▼東京　会場▼上野公園水上音楽堂
名　称▼ワンコリアフェスティバル IN TOKYO【東京・第5回】
出演者▼朴保バンド　田月仙　沢知恵　白竜バンド　東京サムルノリ　ジェーメーズ
喜納昌吉　鄭明子舞踊研究所　東京セパラム合唱団　韓国キョレハナ合唱団　子どもプンムル（東京）
崔順姫（司会）

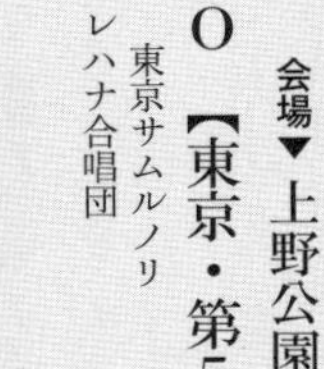

開催年▼1998年　日程▼10月18日　都市▼大阪　会場▼服部緑地野外音楽堂
名　称▼ワンコリアフェスティバル1998【第14回】
出演者▼朴保バンド　鄭泰春&朴恩玉　沢知恵　韓国伝統芸術研究院　崔慶萬　朝鮮舞踊研究所　李美玲
金桂仙　朴玉緒　ビンビンチャンゴサークル　子どもプンムル（大阪）　諸口あきら（司会）

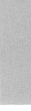

開催年▼１９９９年　日程▼11月7日　都市▼大阪　会場▼コリアタウン
名　称▼ワンコリアフェスティバル１９９９【第15回】
出演者▼韓国・風舞楽芸術団　朴保バンド　朝鮮舞踊研究所　韓国伝統芸術研究員　キョレハナ合唱団
金剛学園小学校　コール・アリラン　韓国婦人会大阪本部オモニ・コーラス部　大阪朝鮮第四初級学校
建国小学校　御幸森小学校民族学級　諸口あきら（司会）　李淳美（司会）

開催年▼１９９９年　日程▼12月24～26日　都市▼東京　会場▼スペースＹ文化センター
名　称▼ワンコリアフェスティバル　ＩＮ　ＴＯＫＹＯ【東京・第6回】
出演者▼新宿梁山泊　金守珍（演出）　裵遠（作）　朴保バンド　松山三四郎
リリー＆ＹＯ２　韓国・風舞楽芸術団

開催年▼２０００年　日程▼6月11日　都市▼東京　会場▼スペースＹ文化センター
名　称▼ワンコリアフェスティバル　ＩＮ　ＴＯＫＹＯ【東京・第7回】
出演者▼田月仙　黄秀彦　沢知恵　セパラム合唱団　尹健次　黒田福美　朴慶南　梁石日　姜尚中
小林恭二　金石範

開催年▼２０００年　日程▼8月10日、11月5日、12月10日　都市▼大阪
会場▼コリアタウン、大阪国際交流センター
名　称▼ワンコリアフェスティバル２０００【第16回】
出演者▼朴保　丁讃宇　コール・アリラン　キョレハナ合唱団　東大阪朝鮮中級学校　建国学校
金学俊　李鍾元　尹健次　朴一　文京洙

開催年▼２００1年　日程▼11月11日　都市▼大阪　会場▼コリアタウン
名　称▼ワンコリアフェスティバル２００１【第17回】
出演者▼朴保バンド　朝鮮舞踊研究所　韓国伝統芸術研究員　キョレハナ合唱団　金剛学園小学校
李敦美　コール・アリラン　建国小学校　大阪朝鮮第四初級学校
御幸森小学校民族学級

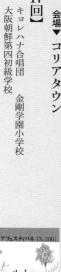

開催年▼2001年 日程▼12月2日 都市▼東京 会場▼スペースY文化センター
名称▼ワンコリアフェスティバル IN TOKYO 【東京・第8回】
出演者▼丁讃宇 田月仙 朴保バンド プンムル 和田春樹 李鍾元 吉田康彦 鄭章淵 康仁徳
趙誠宇 都相太 文京洙

開催年▼2002年 日程▼11月3日 都市▼大阪 会場▼大阪城公園太陽の広場
名称▼ワンコリアフェスティバル2004 【第18回】
出演者▼尹晶煥 キョレハナ合唱団 姜輝鮮朝鮮舞踊研究所 韓国伝統芸術院（民謡） 安聖民（ハンソリ）
沖縄エイサー 釧路リムセ保存会 太田子 李知承バンド エセアフリカン 朴保
プロデュースユニットwithSHINTECK 花岡献治 斎藤晴彦 黒テントバンド 閔栄治
サムルノリグループ SANTA&優姫

開催年▼2002年 日程▼12月22日 都市▼東京 会場▼スペースY文化センター
名称▼ワンコリアフェスティバル IN TOKYO 【東京・第9回】
出演者▼朴保 丁讃宇 田月仙 姜尚中 和田春樹 吉田康彦 金泰明

開催年▼2003年 日程▼10月26日 都市▼大阪 会場▼大阪城公園太陽の広場
名称▼ワンコリアフェスティバル2003 【第19回】
出演者▼三世打鈴バンド 釧路リムセ保存会 松本了三 ソウル・ファミリー 呂英華韓国伝統芸術研究院
color of love ムナペ・マダン 安聖民 李知承バンド
姜輝鮮朝鮮舞踊研究所・舞踊団naruse 松ちゃん・山ちゃんMY BAND 散打
朴保（バンド波人）

開催年▼2004年 日程▼3月28日 都市▼東京 会場▼代々木公園
名称▼ワンコリアフェスティバル IN TOKYO 【代々木公園・第1回】
出演者▼よさこいアリランチーム・はなコリアとよさこいソーラン各チーム CHOZEN LEE
KP SANTA バンド波打 FoZZtone
ALL's WHEEL COMPASS ラヂカルコンバーター 園田真夕

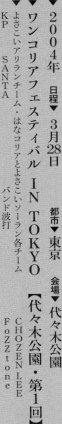

開催年▼２００４年　日程▼10月24日　都市▼大阪　会場▼大阪城公園太陽の広場
名称▼ワンコリアフェスティバル２００４【第20回】
出演者▼よさこいアリランチーム・はなコリアとよさこいソーラン各チーム　鄭桐玄
ＳＡＮＴＡ　ＫＰ　姜輝鮮朝鮮舞踊研究所・舞踊団ｎａｒｕｓｅ　呂英華韓国伝統芸術院
安聖民　文化碑マダン　小川基　李知承　ＮＩＭＡ　ＹＵＲＩＮＡ　朴保（バンド波人）　ＣＥＮＡＬ
黒田征太郎　中国延辺歌舞団　ＳＡＮＴＡ　木村充輝　朴保バンド　金民樹（司会）

開催年▼２００５年　日程▼10月30日　都市▼大阪　会場▼大阪城公園太陽の広場
名称▼ワンコリアフェスティバル２００５【第21回】
出演者▼プンムルクッペ　鄭泰春&朴恩玉　ユージンパク・Ｋｏｒｅａホン　安致還
姜輝鮮朝鮮舞踊研究所・舞踊団ｎａｒｕｓｅ　安聖民　鄭明子　ＳＡＮＴＡ　黒田征太郎
近藤等則　朴保（バンド波人）　イ・アン&セフィン　ＤＵＫＥ　Ｔｅｉ　笑福亭銀瓶（司会）
八木早希（司会）　李由美（司会）

開催年▼２００６年　日程▼４月２日　都市▼東京　会場▼代々木公園
名称▼ワンコリアフェスティバル　ＩＮ　ＴＯＫＹＯ【代々木公園・第２回】
出演者▼よさこいアリランチーム・はなコリアとよさこいソーラン各チーム　ＳＡＮＴＡ　ＴＡＷＯＯ
李花子韓国舞踊研究所　中央大学鼓央　ＫＰ　ちみん　アンデミノルムセ
ウリパラム　ＣＨＯＺＥＮ　ＬＥＥ　ＪｉＮ　波人　ＳＡＬＡ13　ＬｉＬｙ（ＭＣ）

開催年▼２００６年　日程▼10月29日　都市▼大阪　会場▼大阪城公園太陽の広場
名称▼ワンコリアフェスティバル２００６【第22回】
出演者▼金昌幸　金初夏　ＷｏｏＭｉｎ　権海孝　ウリナラ　金恵善　一楽　王昫
普天間かおり　ＣＡＲＬＹ　ＳＡＮＴＡ　笑福亭銀瓶（司会）　李由美（司会）

開催年▼２００７年　日程▼10月28日　都市▼大阪　会場▼大阪城公園太陽の広場
名称▼ワンコリアフェスティバル２００７【第23回】
出演者▼ＳＡＮＴＡ　蔚山子ども合唱団　金初夏・柳泳受　春川民芸総　千詩亜
李ユラ芸術団　朴保バンド　ＫＴＦ　桂小春團治　李京源
権海孝　黒田征太郎　姜輝鮮朝鮮舞踊研究所・舞踊団ｎａｒｕｓｅ　朴賢淑

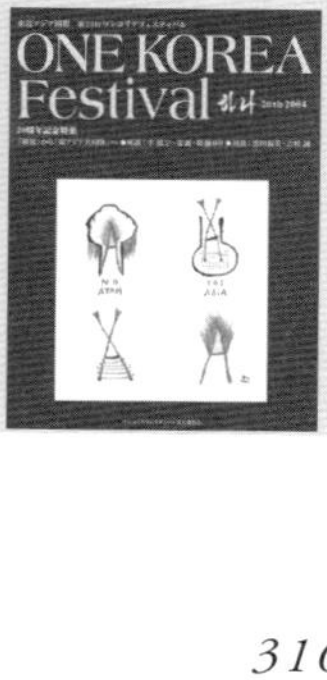

開催年▼２００８年　日程▼３月30日　都市▼東京　会場▼代々木公園
名　称▼ワンコリアフェスティバル　ＩＮ ＴＯＫＹＯ【代々木公園・第３回】
出演者▼よさこいアリランチーム・はなコリアとよさこいソーラン各チーム
寺門シモン　ＭＡＹ

開催年▼２００８年　日程▼10月26日　都市▼大阪　会場▼大阪城公園太陽の広場
名　称▼ワンコリアフェスティバル２００８【第24回】
出演者▼パク・ソンミン　クォン・ヘヒョ　韓国春川民芸総　李ユラ　呂英華韓国伝統芸術研究院
金初夏・柳英秀　チョン・ヨンロク　朴保バンド　大阪プロレス　ヤン・チウォン　風景
ＳＡＮＴＡ　ＰｅｒｍａｎｅｔＦｉｓｈ　姜輝鮮朝鮮舞踊研究所・舞踊団ｎａｒｕｓｅ
芝草合唱団　タッサーニ・タイ舞踊団　よさこいアリランチーム・はなコリア

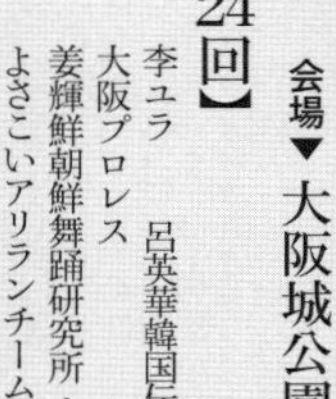

開催年▼２００９年　日程▼10月25日　都市▼大阪　会場▼大阪城公園太陽の広場
名　称▼ワンコリアフェスティバル２００９【第25回】
出演者▼クォン・ヘヒョ　梁石日　黒田征太郎　朴保バンドＳＡＮＴＡ京畿道タンクッ　春川民芸総
李ユラ芸術団　キム・ヘソン　金姫玉韓国舞踊研究所　夢幻　王昀　コールアリラン　金桂仙
姜輝鮮朝鮮舞踊研究所・舞踊団ｎａｒｕｓｅ　元京愛韓国伝統国楽院　ＣＥＮＡＬ ｓｍａｉｌ３９　権海孝　金恵仙　朴尚民李政美
タッサーニ・タイ舞踊団　韓国無形文化遺産教育開発院　チング（司会）　李由美（司会）

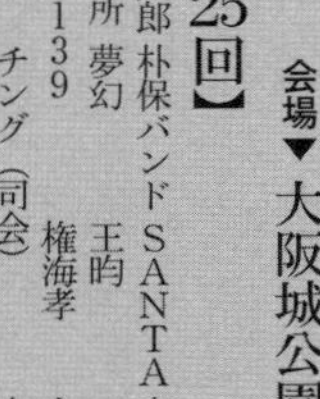

開催年▼２０１０年　日程▼10月24日　都市▼大阪　会場▼大阪城公園太陽の広場
名　称▼ワンコリアフェスティバル２０１０【第26回】
出演者▼麗水開かれた合奏団　月桃の花歌舞団　王昀　元京愛韓国伝統楽院　春川民芸総　李ユラ芸術団
姜輝鮮朝鮮舞踊研究所・舞踊団ｎａｒｕｓｅ　夫歌寛　ＣＥＮＡＬ　ＳＡＮＴＡ
キム・ヘソン　ＩＴＦ関西本部大阪道場　チョン・ハンヨン　藤篠虫丸　ペ・ダレ　朴保バンド
李由美（司会）

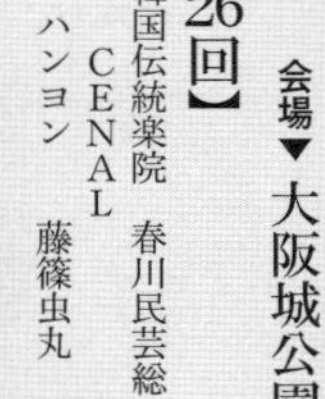

開催年▼２０１１年　日程▼10月23日　都市▼大阪　会場▼大阪城公園太陽の広場
名　称▼ワンコリアフェスティバル２０１１【第27回】
出演者▼タッサーニ・タイ舞踊　フィリピン・ダンス・カンパニー　マルガユニティー　ＩＴＦ関西本部大阪道場　王昀
ハム・ヒョンジン　アンミカ　山本太郎　ＷＨＷイニシアティブ　姜輝鮮朝鮮舞踊研究所・舞踊団ｎａｒｕｓｅ　仙道
春川民芸総　イユラ芸術団　夫歌寛　Ｖ・ＥＬＩＥＶＥ　ＳＥＥＤ　ＳＯＲＡ×Ｓｅ・Ｎ　閔栄治
朴保バンドｗｉｔｈ山本太郎　李由美（司会）　ムンス（司会）

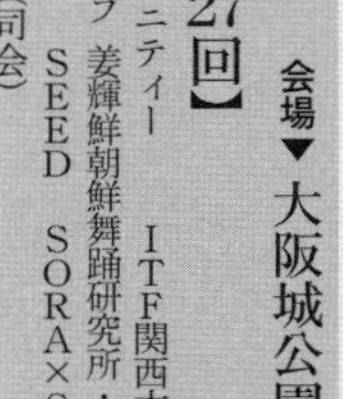

開催年▼2012年　日程▼11月3～4日　都市▼大阪　会場▼大阪国際交流センター／大阪城音楽堂
名　称▼ワンコリアフェスティバル2012【第28回】
出演者▼朴保バンド　ミン・ヨンチ＋上々颱風　趙博　ケイコ・リー　アイリア
姜輝鮮朝鮮舞踊研究所・舞踊団naruse　江原道民芸総　王昀　マルガ・ユニティ
タッサーニ・タイ舞踊　イム・ヒョンジュ　ハ・ジウォン
ムン・ヒョンソン　ムンス（司会）　李潤姫（司会）

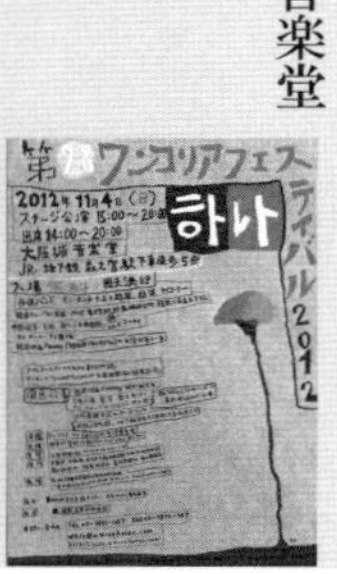

開催年▼2013年　日程▼9月27～29日　都市▼大阪　会場▼大阪城公園太陽の広場
名　称▼ワンコリアフェスティバル2013【第29回】
出演者▼朴順雅　高嶺羽　李東信　川瀬眞司　姜輝鮮朝鮮舞踊研究所・舞踊団naruse
趙博＆新宿梁山泊　ミン・ヨンチ　キム・ウンス
白竜　朴保バンド　金真実（司会）

開催年▼2014年　日程▼4月27日　都市▼東京　会場▼明治大学リバティタワーホール
名　称▼ワンコリアフェスティバルIN TOKYO【東京・第10回】
出演者▼玄静和　松下浩二　織部幸治　浅羽克己　馬佳濛　コリア卓球団　東京キングコング　裵美香＆劇団遊戯
趙博＆矢野敏弘　田月仙　高定淳　朴慶南　金希姃　在日本朝鮮文学芸術家同盟東京支部舞踊部
李政美＆矢野敏弘　白竜　朴保バンド　李由美（司会）　長谷川裕子（司会）

開催年▼2014年　日程▼11月2日　都市▼大阪　会場▼大阪城音楽堂
名　称▼ワンコリアフェスティバル2014【第30回】
出演者▼Yuyong　SONGI李知承バンド　SOULCRY　安聖民　姜輝鮮朝鮮舞踊研究所
TAE&U・G　趙博　TEAMミン・ヨンチ　N-SONIC　大阪朝鮮歌舞団
朴保　金真実（司会）

鄭甲寿（ちょん・かぷす）
1954年大阪市生野区（旧猪飼野）生まれ、在日コリアン3世。立命館大学卒。公益財団法人ワンコリアフェスティバル代表理事、韓国・東北アジア平和連帯理事。
国立民族学博物館共同研究員、大阪経済法科大学・アジア太平洋研究センター客員研究員、（特活）コリアNGOセンター共同代表、コリア国際教育振興会（コリア国際学園）副理事長などを歴任。コリアの南北統一と東アジア共同体をテーマとする「ワンコリアフェスティバル」を1985年より毎年開催、数万人規模の参加者を集める大プロジェクトにまで発展させ現在に至る。
編著書に『ONE　KOREA』（東方出版）、著書に『〈ワンコリア〉風雲録—在日コリアンたちの挑戦』（岩波ブックレット）があるほか、講演会やテレビ出演、新聞・雑誌への寄稿など多数。

ハナ
ワンコリア道草回顧録

2015年11月1日初版発行
価格2700円＋税

著者
鄭甲寿

カバーデザイン
黒田征太郎

本文組版・装丁
安藤順

パブリッシャー
木瀬貴吉

発行
ころから

〒115-0045 東京都北区赤羽1-19-7-603
Tel　03-5939-7950
Fax　03-5939-7951

Mail office@korocolor.com
HP　http://korocolor.com

ISBN 978-4-907239-17-6　C0036

ころからの本

「アジ鉄」写真集の決定版

I LOVE TRAIN　アジア・レイル・ライフ

（米屋こうじ）

20×22センチ／88ページ／全4色／2200円＋税／978-4-907239-01-5

日経新聞などで書評

7人を子育て中の日本人妻エッセイ

サウジアラビアでマッシャアラー！

（ファーティマ松本）

四六判／240ページ／1600円＋税／978-4-907239-00-8

好評2刷

ヘイトスピーチの源泉と行く末を知る

ナショナリズムの誘惑

（木村元彦、園子温、安田浩一）

B6判／160ページ／1400円＋税／978-4-907239-02-2

読売新聞などで書評

ヘイトスピーチに抗う歴史ノンフィクション

九月、東京の路上で

1923年関東大震災ジェノサイドの残響

（加藤直樹）

A5変形／216ページ／全2色刷り／1800円＋税／978-4-907239-05-3

好評4刷

アイデアをカタチに、カタチをビジネスに

長いは短い、短いは長い

なにわの事務長「発明奮闘記」

（宋君哲）

四六判／208頁／1500円＋税／978-4-907239-11-4

梁石日氏推薦

ころからの本は、すべての書店・ネット書店で購入できます。また全国約1500書店とは直取引契約（トランスビュー代行）がありますので、取り寄せ注文すれば最速翌日に書店に届きます。お気軽にご注文ください。

※直取引書店一覧→ http://korocolor.com/recommendshop.html